CIDADES ALAGADAS, MENTES INUNDADAS

Blucher

CIDADES ALAGADAS, MENTES INUNDADAS

Organizadoras

Patricia Rivoire Menelli Goldfeld

Katya de Azevedo Araújo

Cidades alagadas, mentes inundadas

Publisher Edgard Blücher
Editor Eduardo Blücher
Coordenação editorial Rafael Fulanetti
Coordenação de produção Ana Cristina Garcia
Diagramação e capa Juliana Midori Horie
Preparação e revisão de texto Equipe de produção
Imagem da capa iStockphoto

Blucher

Rua Pedroso Alvarenga, 1245, 4º andar
04531-934 – São Paulo – SP – Brasil
Tel.: 55 11 3078-5366
contato@blucher.com.br
www.blucher.com.br

Segundo o Novo Acordo Ortográfico, conforme 6. ed. do *Vocabulário Ortográfico da Língua Portuguesa*, Academia Brasileira de Letras, julho de 2021.

Dados Internacionais de Catalogação na Publicação (CIP)
Heytor Diniz Teixeira, CRB-8/10570

Cidades alagadas, mentes inundadas / organizadoras Patricia Rivoire Menelli Goldfeld, Katya de Azevedo Araújo. – São Paulo : Blucher, 2025.

424 p.

Bibliografia
ISBN 978-85-212-2634-5 (Impresso)
ISBN 978-85-212-2629-1 (Eletrônico - Epub)
ISBN 978-85-212-2630-7 (Eletrônico - PDF)

1. Psicanálise. 2. Trauma. 3. Escuta psicanalítica. 4. Clínica psicanalítica. 5. Assistência psicanalítica em emergências. I. Título. II. Goldfeld, Patricia Rivoire Menelli. III. Araújo, Katya de Azevedo.

CDU 159.964.2

Índice para catálogo sistemático:
1. Psicanálise

Sobre as organizadoras

Patricia Rivoire Menelli Goldfeld

Médica psiquiatra. Psiquiatra forense pela Associação Brasileira de Psiquiatria e psicanalista Membro Pleno com função didática e atual Presidente (gestão 2024-2025) da Sociedade Brasileira de Psicanálise de Porto Alegre (SBPdePA), instituição vinculada à International Psychoanalytical Association (IPA). Desde 2023 está em formação em psicanálise psicossomática na IPSO-Paris. Graduada em Medicina pela Universidade Federal do Rio Grande do Sul, com três anos de Residência Médica em Psiquiatria pela UFRGS e especialização em Criminologia pela Pontifícia Universidade Católica (PUC). Mestre em Ciências Médicas: Psiquiatria pela UFRGS e Doutora em Ciências da Saúde: Cardiologia e Ciências Cardiovasculares também pela UFRGS. Realizou pós-doutorado no Departamento de Psiquiatria da Faculdade de Medicina da UFRGS. É ex-Diretora Geral do Instituto Psiquiátrico Forense Maurício Cardoso (jul. 2015 a fev. 2019). Trabalhou durante 27 anos como Médica de Perícia e Análise, no mesmo Instituto, realizando perícias forenses e atendimento psiquiátrico. Foi Diretora de Relações com a Comunidade da SBPdePA nas gestões 2012-2013 e 2014-2015. Foi Diretora Científica da mesma sociedade na gestão 2016-2017. Fez parte da Comisión de Investigación da Federação Psicanalítica da América Latina de 2013 a 2017. Participou do corpo editorial da revista *Psicanálise* da SBPdePA, de 2014 a 2017. Foi Diretora de Comunicações da SBPdePA e Editora da revista *Psicanálise*, da mesma Sociedade, na gestão 2018-2019. Foi também Coordenadora de Seminários da Diretoria do Instituto de Psicanálise da SBPdePA, gestão 2020-2021.

Katya de Azevedo Araújo

Psicóloga, psicanalista pela Sociedade Brasileira de Psicanálise de Porto Alegre (SBPdePA), mestre em Psicologia Clínica pela Pontifícia Universidade Católica do Rio Grande do Sul (PUC-RS). Coordenadora do Espaço Criar – Estudo e Atendimento Psicanalítico. Diretora de Publicações da SBPdePA (gestão 2024-2025).

Sobre os autores

Aline Santos e Silva

Psicóloga pela UFRGS. Psicanalista. Membro do Instituto da SBPdePA. Membro egresso Itipoa – Psicanálise e Criatividade, com formação em psicoterapia psicanalítica de adultos, e do NIA (infância e adolescência). Coordenadora de seminário e supervisora Itipoa – Psicanálise e Criatividade. Coautora dos livros *Psicanálise e Criatividade* e *Psicanálise do PertenSer*.

Astrid Elisabeth Müller Ribeiro

Psicóloga e psicanalista. Membro titular e didata da Sociedade Brasileira de Psicanálise de Porto Alegre (SBPdePA). Ex-presidente da Sociedade de Psicologia do Rio Grande do Sul. Ex-presidente da SBPdePA.

Augusta Gerchmann

Psicóloga pela PUC-RS. Especialista em Diagnóstico Psicológico pela PUC-RS e em Psicologia Clínica pelo CFP. Membro Titular em função didática pela SBPdePA. Membro Pleno do Centro de Estudos Psicanalíticos de Porto Alegre. Docente convidada no Instituto de Ensino Pesquisa em Psicoterapia (IEPP). Docente convidada no

Itipoa – Psicanálise e Criatividade. Publicações em livros e revistas nacionais e internacionais. Diretora de Biblioteca e Publicações pelo Centro de Estudos Psicanalíticos de Porto Alegre (CEPdePA) (2001-2002). Diretora de grupos de estudo e relações com a comunidade (2003-2004). Secretária Auxiliar do Departamento de Publicações e Divulgação Febrapsi (2005-2007). Diretora do Departamento Científico do CEPdePA (2011-2012). Diretora da Escola de Psicanálise do CEPdePA (2013-2014). Coordenadora da Subcomissão de Formação do Instituto de Psicanálise da SBPdePA (2014-2015). Secretária do Instituto de Psicanálise da SBPdePA (2018-2019). Diretora Administrativa da SBPdePA (2022-2023).

Aurinez Rospide Schmitz

Psicóloga pela PUC-RS. Psicanalista – Membro do Instituto da Sociedade Brasileira de Psicanálise de Porto Alegre. Mestre em Ciências Médicas: Psiquiatria pela UFRGS. Especialista em Psicologia Clínica pelo Instituto de Ensino e Pesquisa em Psicoterapia Psicanalítica (IEPP), Especialista em Psicologia do Trânsito pelo CFP, Membro da Diretoria da Sociedade de Psicologia do Rio Grande do Sul (gestão 2007-2009), Supervisora Clínica do Espaço Criar, Membro do corpo docente do Instituto Contemporâneo, Docente em cursos profissionalizantes da área do Trânsito, coautora de capítulos de livros de Psicanálise e Psicologia do Trânsito.

Carmem Cabral Scherer

Psicóloga e Psicanalista. Especialista em Psicologia Clínica e Membro do Instituto da Sociedade Brasileira de Psicanálise de Porto Alegre (SBPdePA).

Christine Nunes

Psicóloga pela Unisinos-RS. Psicoterapeuta da Infância e Adolescência pelo Centro de Estudos Atendimento e Pesquisa da Infância e da Adolescência (CEAPIA). Psicanalista, membro associada da Sociedade Psicanalítica do Rio de Janeiro (SPRJ) e membro convidada da Sociedade Brasileira de Psicanálise de Porto Alegre (SBPdePA). Coordenadora do Núcleo Comunidade e Cultura da SPRJ (gestão 2020-2021). Diretora da Comissão Científica da SPRJ (gestão 2022-2023). Idealizadora e coordenadora do projeto social "Livros no Tatame", no Rio de Janeiro e em Porto Alegre, projeto premiado pela IPA na Cultura/2021. Experiência em atendimento a refugiados e voluntários diante da invasão da Rússia à Ucrânia e a vítimas acolhidas em abrigo das inundações em Porto Alegre (2024).

Cristina Lindenmeyer

Psicanalista, membro e diretora científica da Associação Psicanalítica da França (APF), Professora titular de Psicopatologia e Psicanálise na Universidade Sorbonne Paris Nord.

Responsável do grupo de pesquisa "Saúde, digital e IA" do Centro Internet et Société du CNRS (Centro Nacional de Pesquisa Científica). Diretora da revista *Corps & psychisme*. Autora do livro *Os impasses do feminino* (2023).

Denise Haeberle

Psicóloga e psicanalista. Membro pleno do Centro de Estudos Psicanalíticos de Porto Alegre (CEPdePA). Membro associado da Sociedade Brasileira de Psicanálise de Porto Alegre (SBPdePA). Supervisora e coordenadora de seminários e grupos de estudos em psicanálise. Atendimentos individuais, casais, famílias e adoções.

Denise Zimpek Teixeira Pereira

Psicóloga pela PUC-RS. Psicanalista individual de casais e famílias. Membro titular com função didática, membro do Núcleo de Vínculos e vice-presidente da SBPdePA (gestão 2024-2026). Membro fundadora, diretora científica, docente e supervisora da Associação de Psicoterapia

Psicanalítica (Gaepsi). Membro da Comissão de Psicanálise de Casal e Família da Febrapsi. Coautora dos livros *Criando crianças*; *Transgeracionalidade: de escravo a herdeiro* e *Por que psicanálise vincular?*. Organizadora do livro *O eu e o isso: um século de ressonâncias*.

Gabriela Alves Morsch

Psicóloga e psicanalista. Membro do Instituto da Sociedade Brasileira de Psicanálise de Porto Alegre (SBPdePA). Mestranda em Psicanálise pela Universidade Kennedy de Buenos Aires-AR.

Heloisa Zimmermann

Médica pela Faculdade de Medicina da Universidade Federal do Rio Grande do Sul (UFRGS). Residência em Psiquiatria no Hospital de Clínicas de Porto Alegre – UFRGS. Residência em Psiquiatria da Infância e Adolescência no Hospital de Clínicas de Porto Alegre – UFRGS. Psicanalista pela Sociedade Brasileira de Psicanálise de Porto Alegre (SBPdePA) filiada **à** International Psychoanalitical Association (IPA). Diretora de Divulgação da SBPdePA. Host do Podcast *SBPdePA Cast*. Coordenadora do Núcleo de Infância e Adolescência da SBPdePA.

Jeanete Suzana Negretto Sacchet

Psicóloga e psicanalista. Especialista em Psicodiagnóstico pela PUC-RS. Docente e Supervisora na Fundação Universitária Mário Martins (FUMM). Membro Associado da Sociedade Brasileira de Psicanálise de Porto Alegre (SBPdePA), Membro do Corpo Clínico da FUMM. Criadora e responsável pelas Memórias da SBPdePA e FUMM. Integrante da Comissão do *Jornal da SBPPA*. Integrante da coordenação do Centro de Atendimento Psicanalítico (CAP) da SBPdePA.

Julio Moreno

Médico e Doutor em Medicina. Foi membro titular do CONICET e pesquisador de pós-doutorado (*Posdoctoral Research Fellow*) do

NIH por quatro anos na Universidade da Califórnia, em Los Angeles (UCLA). Membro Titular com função didática da Asociación Psicoanalítica de Buenos Aires (APdeBA). Autor dos livros *Ser humano* (Ed. del Zorzal, 2002), *Tiempo y Trauma* (Lugar, 2010), *La infancia y sus bordes* (Paidós, 2014), *How We Become Human* (Rowman & Littlefield, 2014), *El Psicoanálisis Interrogado* (Lugar, 2016) e *Elogio a Cierta Ignorancia* (Letra Viva, 2020). Em 2017, recebeu o prêmio "Sigourney Award" por sua relevante contribuição à psicanálise.

Leonor Guiramand

Diplomada em Psicologia pela Pontifícia Universidade Católica do Rio Grande do Sul (PUC-RS). Diplomada pela Universidade Paris X – "M.Sc., Master of Science Wine Management & Marketing" – O.I.V., Paris, França. Ouvinte livre dos Ciclos de Seminários e Conferências (2023-2024-2025) da Sociedade Psicanalítica de Paris (SPP), França. Master 2 de «Psychologie Psychanalyse-Santé-Travail» (2025-2026) no Conservatoire National des Arts et Métiers (CNAM), Paris, França.

Leticia Casagrande

Psicóloga e psicanalista, Membro do Instituto da Sociedade Brasileira de Psicanálise de Porto Alegre (SBPdePA). Especialista em Psicoterapia Psicanalítica para Adultos pelo Instituto Contemporâneo de Psicanálise e Transdiciplinariedade. Pós-graduada em Psicanálise Contemporânea pela Universidade de Santa Cruz do Sul. Supervisora clínica.

Lírion Scheuermann da Roza

Psicóloga e psicoterapeuta, Membro associada do Gaepsi – Associação de Psicoterapia Psicanalítica.

Marcela Pohlmann

Psiquiatra e psicanalista, Membro do Instituto da Sociedade Brasileira de Psicanálise de Porto Alegre (SBPdePA), Supervisora FUMM.

Coordena seminários no ITIPOA e no Contemporâneo Instituto de Psicanálise e Transdisciplinaridade (CIPT).

Margareth Regadas

Psicóloga. Psicanalista em formação pela Sociedade Psicanalítica de Fortaleza. Especialista em Psicoterapia Psicanalítica pela Faculdade Farias Brito. Coautora da antologia *As faces da frustração*; *Quando o corpo fala e a alma se cala: frustração na travessia da menopausa.*

Maria Arleide da Silva

Doutora e Mestre em Saúde Materno-infantil pelo Instituto de Medicina Integral Prof. Fernando Figueira. Psicanalista, Membro Titular e Analista Didata pela Sociedade Psicanalítica do Recife. Psicóloga, Especialista em Psicologia Clínica. Experiência docente: graduação em Psicologia, Especialização, Mestrado *Stricto sensu* e profissionalizante. Pesquisadora, Orientações de Doutorado e Mestrado; Artigos e Capítulos de livros publicados. Diretora do Instituto de Psicanálise da Sociedade Psicanalítica do Recife, biênios 2019-2020, 2021-2022 e, atualmente, 2025-2026.

Marta Maria Assumpção Rodrigues

Psicanalista com formação pelo Centro de Estudos Psicanalíticos (CEP) de São Paulo. Membro da Rede de Atendimento Psicanalítico – Clínica do CEP, Ph.D. pela University of Notre Dame. Professora aposentada da Universidade de São Paulo (USP). Autora de diversos livros e artigos publicados, sendo os mais recentes "Sobre as pestes, o desamparo e o desgoverno" e "Teoria dos Campos e o dilúvio" (no prelo), ambos pela *Revista Latinoamericana de Psicopatologia Fundamental.*

Marta Meneghello Müller Stumpf

Psicóloga. Psicoterapeuta psicanalítica especialista em infância, adolescência e psicanálise das configurações vinculares. Especialista em

Inclusão da Pessoa com Deficiência. Psicanalista, membro do Instituto da SBPdePA. Supervisora do Instituto Horizontes. Docente convidada da Enlace Piracicaba e do ITIPOA. Organizadora do livro *Cabeça de Medusa.*

Morgana Mengue Saft Tarragó

Psicóloga e psicanalista. Membro Pleno do Centro de Estudos Psicanalíticos de Porto Alegre (CEPdePA), Membro do Instituto de Psicanálise da Sociedade Brasileira de Psicanálise de Porto Alegre (SBPdePA). Supervisora e Coordenadora de Grupos de Estudos. Autora de artigos e capítulos de livros.

Moty Benyakar

Psicólogo, psiquiatra e doutor em Medicina e Psicologia. Professor e analista didata, é diretor da pós-graduação em Psicologia na USAL (Argentina) e presidente da Rede Ibero-Americana de Ecobioética da Cátedra Internacional de Bioética. Atuou em cenários de guerra e grandes desastres, com experiência clínica em contextos de sofrimento coletivo na América Latina, na Europa, na Ásia e no Oriente Médio. Recebeu o Prêmio Konex em 2016 e é membro honorário da Sociedade Mundial de Psiquiatria e da UNESCO.

Nicole Campagnolo

Médica pela Universidade Federal do Rio Grande do Sul (UFRGS). Psiquiatra psicoterapeuta pela Fundação Universitária Mário Martins (FUMM). Especialista pela Associação Brasileira de Psiquiatria (ABP). Membro do Instituto de Psicanálise da Sociedade Brasileira de Psicanálise de Porto Alegre (SBPdePA). Supervisora, professora e coordenadora das reuniões clínicas da FUMM.

Nora Helena Pastori Steffen

Médica, psicanalista, formada pela Fundação Faculdade Católica de Medicina de Porto Alegre (atual UFCSPA). Formada em Psicoterapia de Orientação Analítica pelo Contemporâneo Instituto de Psicanálise e Transdisciplinaridade (CIPT). Formação Analítica pela Sociedade Brasileira de Psicanálise de Porto Alegre (SBPdePA). Membro do Instituto de Psicanálise da SBPdePA, da Federação Brasileira de Psicanálise (Febrapsi), da Federação Psicanalítica da América Latina (Fepal) e da Federação Psicanalítica Internacional (IPA). Membro do corpo docente, supervisora e coordenadora de seminários do CIPT. Membro da Comissão de Divulgação da SBPdePA, gestão 2020-2021. Membro da Diretoria do Centro de Atendimento Psicanalítico (CAP), gestão 2022-2023. Diretora Geral de Ensino do CIPT, no período de 2021 a 2023.

Rosa Beatriz Santoro Squeff

Psicóloga e psicanalista, Membro Titular em Função Didática da SBPdePA. Membro da IPA, da Febrapsi e da Fepal. Diretora da Comunidade e Cultura da SBPdePA (2024-2025). Diretora de Publicação da SBPdePA (2020-2021). Fundadora e Presidente da Gaepsi (2023-2024). Coautora dos livros *Criando crianças: de 0 a 6 anos*; *Escuta analítica: inícios de uma prática*; *Estudos introdutórios à psicanálise*; *A psicanálise e o amor*.

Rosana Igor Rehfeld

Psicanalista, Membro Efetivo e Didata da Sociedade Psicanalítica do Rio de Janeiro (SPRJ). Membro convidada da Sociedade Brasileira de Psicanálise de Porto Alegre (SBPdePA). Especialista em Infância e Adolescência pelo Centro de Estudos Atendimento e Pesquisa da Infância e da Adolescência (CEAPIA).

Sandra Bulhões Cecilio

Psicanalista, Membro Efetiva com função didática da Sociedade Brasileira de Psicanálise de Minas Gerais (SBPMG). Membro Fundador do Grupo Psicanalítico de Uberaba e Região (GPU). Vice-presidente da SBPMG (2025-2027). Diretora Científica da SBPMG (2023-2025). Editora da *Revista Mineira de Psicanálise* (2021-2023). Licenciada em Matemática, Especialista em Matemática, Administração Universitária e Valores Humanos. Coordenadora de curso de licenciatura em Matemática (presencial e EAD). Professora de Cálculo Diferencial e Integral e Desenvolvimento Humano, entre outros conteúdos. Autora dos livros *Integrando e diferenciando Matemática e Psicanálise*; *Funções: principais conceitos*; *Cálculo Diferencial e Integral*; *Leila Bulhões: uma história de vida*, entre outros.

Sandra Paraíso Sampaio

Graduada em Psicologia pela Universidade Católica de Pernambuco (Unicap). Especialista em Psicologia Clínica. Membro Efetivo da Sociedade Psicanalítica do Recife (SPRPE). Docente e Diretora Científica da SPRPE (biênio 2023-2024). Assessoria do Livro Anual de Psicanálise.

Silvia Varela Dian

Psicóloga e psicanalista membro do Instituto de Psicanálise da Sociedade Brasileira de Psicanálise de Porto Alegre (SBPdePA). Especialista em Psicoterapia da Infância e da Adolescência pelo Centro de Estudos Atendimento e Pesquisa da Infância e da Adolescência (CEAPIA). Mestre em Psicologia Clínica pela Pontifícia Universidade Católica do Rio Grande do Sul (PUC-RS).

Vera Elisabethe Hartmann

Psicóloga pela Pontifícia Universidade Católica do Rio Grande do Sul (PUC-RS). Especialista em Psicologia Clínica pela PUC-RS. Especialista em Psicologia Clínica pelo Conselho Federal de Psicologia (CFP). Professora de Psicologia Clínica e Psicologia Geral no curso de Psicologia da Universidade de Passo Fundo (UFP-RS). Professora do curso de especialização em Psicoterapia Psicanalítica da UPF.

Presidente da Sociedade de Psicologia do Rio Grande do Sul (1994-1995). Especialista na relação mãe-bebê. Formação psicanalítica na Sociedade Psicanalítica de Pelotas – IPA. Membro associado da Sociedade Brasileira de Psicanálise de Porto Alegre. Diretora de comunidade e cultura da SBPdePA (gestão 2022-2023).

Vládia Zenkner Schmidt

Psicóloga e psicanalista. Membro do Instituto da SBPdePA. Membro egresso Itipoa – Psicanálise e Criatividade. Formação em Psicoterapia Psicanalítica pelo Instituto Abuchaim. Mestre em Educação pela Universidade Federal de Santa Maria (UFSM). Formação em Psicoterapia Psicanalítica da Infância e adolescência pelo Itipoa. Coordenadora de seminário e supervisora Itipoa – Psicanálise e Criatividade. Organizadora e coautora do livro *Psicanálise e criatividade*.

Conteúdo

Prefácio

Patricia Rivoire Menelli Goldfeld

Katya de Azevedo Araújo

A psicanálise nos proporciona um instrumento de escuta e um método privilegiados para auxiliar aqueles que sofreram um trauma potencialmente disruptivo. A pessoa poder se escutar, poder falar sobre o que lhe aconteceu, tendo alguém que a acolha com calma, faz toda a diferença nesses momentos. Ser escutado, muitas vezes, é tudo o que uma pessoa precisa para não ficar paralisada, assoberbada pela intensidade da experiência e pela dor das perdas vivenciadas.

Este livro surgiu da necessidade de deixar registrado, para auxiliar em futuros eventos, o relato da experiência vivida durante os meses da enchente de 2024 no estado do Rio Grande do Sul pela Sociedade Brasileira de Psicanálise de Porto Alegre (SBPdePA). Foi um período catastrófico, pois todos estávamos sofrendo as consequências da enchente, mesmo aqueles que não estavam alagados se encontravam com falta de água e luz. Sofríamos também assistindo àquela calamidade acontecendo à nossa volta. Como Puget aborda em seus "mundos superpostos", os analistas estavam sofrendo as consequências dos mesmos eventos que os analisandos.

Todos que puderam se mobilizaram, saindo a auxiliar em abrigos, selecionando roupas e materiais para doação, preparando marmitas a todos os desabrigados. A SBPdePA já havia se mobilizado, prestando atendimento gratuito emergencial durante a epidemia de Covid-19, em 2020, depois também agiu na enchente de setembro de 2023. A diretoria da sociedade foi rápida em se mobilizar. Resolvemos auxiliar as iniciativas individuais, centralizando-as em grupos de WhatsApp. Criamos dois grupos de atendimento: um presencial nos abrigos e um de atendimentos online.

Inicialmente, as combinações foram por mensagens, e logo passamos a marcar reuniões por Zoom para organizar os atendimentos e discutir intervenções e dúvidas, baseando-nos na Escuta da Escuta de Faimberg. Por meio de divulgação na mídia e entre colegas, os pacientes online chegaram em grande número para atendimento. Psicoterapeutas de inúmeros estados do país se uniram ao projeto da SBPdePA, numa atitude de solidariedade e generosidade tocante. A psicanalista Vera Hartmann, da sociedade, se colocou à disposição para centralizar os encaminhamentos, de modo a garantir a segurança de que todos fossem atendidos, e rapidamente, o que de fato aconteceu.

A colega Christine Nunes, membro convidada da SBPdePA e membro da Sociedade Psicanalítica do Rio de Janeiro (SPRJ), aportou-nos um documento do Comitê de Assistência à Psicanalistas em Crises e Emergências (PACE) da Associação Psicanalítica International (IPA) que orientava sobre os cuidados com o cuidador. Também a partir da colega Christine tivemos acesso ao PACE e começamos a fazer encontros clínicos mensais com Monica Cardenal, membro didata da Associação Psicanalítica de Buenos Aires (APdeBA) e chair do PACE, bem como com Gianna Williams, da Sociedade Britânica de Psicanálise (BPS).

Os aportes teóricos vieram de várias categorias. Dentre eles, a diretoria do Instituto da SBPdePA organizou o Seminário Aberto sobre Trauma, com Julio Moreno, Moty Benyakar e Yolanda Gampel. Fomos incentivados a escrever por Monica Cardenal, pois na literatura científica existem poucos relatos de atendimento nesse tipo de catástrofe de enchente. Trata-se também de uma vivência nova com o uso da escuta psicanalítica em grande escala numa tragédia. O Projeto de Ação Emergencial da SBPdePA Enchente 2024 foi reconhecido pela IPA, que lhe conferiu em 2025 o Primeiro Prêmio IPA na Comunidade e no Mundo, na categoria Clima, fato esse que nos honra imensamente pela originalidade do prêmio, sendo o primeiro nessa temática.

A descrição do projeto emergencial consta no artigo que inicia este livro, onde descrevemos as diversas etapas de desenvolvimento da ação emergencial e apresentamos alguns dados epidemiológicos encontrados numa amostra de pessoas atendidas. Os conteúdos aportados por Moreno e Benyakar em suas conferências estão aqui nesta obra, que também contém um artigo de Cristina Lindenmeyer sobre as bases freudianas do trauma. Christine Nunes e Heloisa Zimmermann escrevem sobre os cuidados que se deve ter com o cuidador em atendimentos de crise. Os demais artigos são relatos de casos, em que houve o cuidado de manter a confidencialidade dos dados para não identificar os atendidos.

O psicanalista Facundo Blestcher aporta alguns conceitos que consideramos importantes. Ele refere que ainda há alguns setores do movimento psicanalítico ou alguns psicanalistas que de algum modo pretendem que a prática psicanalítica se desdobre de forma independente da história, digamos, de uma perspectiva que se quer mais universal, mais neutra, mais afastada dos fenômenos histórico-sociais e políticos, sendo claro que isso envolve posições que também são posições ideológicas. Por outro lado, outros setores da psicanálise, principalmente na América Latina – entre os quais ele se inclui –, cada vez têm uma inclinação maior a pensar a psicanálise inserida nas transformações históricas e respondendo de algum modo à sua historicidade.

Nesse sentido, segundo Facundo, há posicionamentos pessoais e institucionais muito diferentes: em alguns casos, mais dogmáticos, mais puristas, aspirando a uma espécie de prática psicanalítica mais asséptica; e outros psicanalistas e outras instituições, entre os quais ele se inclui, que estão mais inclinados a pensar que a psicanálise precisa se inserir em seu contexto histórico porque, de alguma maneira, a neutralidade, como em dado momento foi proposta, é absolutamente ilusória. Como dizia a psicanalista Marie Langer, a realidade social sempre ingressa na clínica psicanalítica, sempre entra no consultório do lado dos analisandos, mas também do lado dos analistas. Assim, Blestcher considera que nós, psicanalistas, temos muito a construir para recuperar a dimensão política da psicanálise, que não tem a ver com adesão partidária a determinados tipos de posicionamento social, mas com o pensar dos analistas. Castoriadis menciona que a psicanálise é inerentemente política porque participa do magma das significações sociais, visto que seu discurso e sua prática têm incidência claramente social, pois esta também transmite uma ética, um modo de fazer laço, um modo de se posicionar frente ao outro como semelhante e, nesse sentido, como toda praxe, não pode ser apolítica.

Para Facundo, além disso, nas últimas décadas vem ocorrendo uma transformação muito importante na psicanálise, nas psicanálises, no plural, sendo exigida essa transformação principalmente pelas transformações que vêm acontecendo nas subjetividades, nas sociedades, no plano histórico-político, de uma maneira cada vez mais acelerada. Por isso, ele celebra que essa prática se submeta à crítica, à revisão, também à produção e à criação de novas concepções a partir de novas conceitualizações, porque ele considera que isso é o que mantém esse método vivo e com capacidade de transformar as modalidades do padecimento humano.

Para concluir, pensamos, como Blestcher, que é importante transmitir, acolher, convidar e convocar a abrir espaços para que as gerações mais jovens também tenham lugar nas instituições e sintam a importância da formação, do pertencimento, do compromisso coletivo. E isso, é claro, também afeta a transmissão psicanalítica. Nas instituições, esta está sendo repensada justamente para que possa responder de maneira mais adequada às exigências do presente, possa ser mais ampla, possa oferecer também ferramentas para intervenções em diferentes contextos, além de proporcionar estudos clássicos de metapsicologia, de psicopatologia, de clínica, de autores ou de história da psicanálise, promovendo uma leitura contemporânea. A preocupação em manter os fundamentos psicanalíticos se faz presente e necessária. Ventilar as demandas culturais e sociais sustentando a psicanálise extra muros e rompendo o setting do consultório, sendo atuante e presente numa sociedade necessitada, este é o compromisso da psicanálise dos dias atuais.

1. Projeto de Ação Emergencial SBPdePA – Enchente – Rio Grande do Sul/Brasil – maio/2024[1]

Patricia Rivoire Menelli Goldfeld

Comissão do projeto

Coordenação: Patricia Rivoire Menelli Goldfeld

Vice-coordenação: Vera Elisabethe Hartmann

Contato com o PACE: Christine Nunes

Componentes: Denise Zimpek Teixeira Pereira, Tamara Barcellos Jansen Ferreira, Rosa Beatriz Santoro Squeff, Janine Maria de Oliveira Severo, Mara Loeni Horta Barbosa, Heloisa Zimmermann, José Ricardo Pinto de Abreu, Katya de Azevedo Araújo, Nora Helena Pastori Steffen, Aurinez Rospide Schmitz, Gabriela Alves Morsch, Carmem Cabral Scherer e Ane Marlise Port Rodrigues

Apresentação

Como amplamente divulgado na mídia mundial, no final de abril de 2024, um grande volume de chuvas atingiu fortemente a quase

1 Agradecemos a psicanalista Ane Marlise Port Rodrigues por seu auxílio e orientação durante as etapas da Ação Emergencial SBPdePA Enchente 2024.

totalidade do território do Rio Grande do Sul/Brasil, afetando mais de 96% das cidades gaúchas (478 dos 497 municípios, segundo a Defesa Civil do estado (8/7/2024), com 182 pessoas mortas, 31 desaparecidas, 806 feridas e mais de 650 mil fora de suas casas (55 mil em abrigos). Um total de 2.398.255 pessoas foram afetadas pelo pior desastre climático da história do Rio Grande do Sul. Foram resgatados 12.497 animais, tornando-se o cavalo Caramelo, que resistiu sobre um telhado cercado de água por quatro dias, um símbolo de resistência e luta pela sobrevivência.

As chuvas intensas provocaram uma série de fenômenos, como enchentes, inundações, alagamentos, deslizamentos de morros e encostas, e até mesmo tremores de terra, na cidade de Caxias, na serra gaúcha. A catástrofe climática, que assolou inicialmente as cidades do Vale do Rio Taquari, trouxe a fúria das águas de outros rios também, chegando ao lago Guaíba, inundando Canoas, Porto Alegre, Eldorado do Sul, Guaíba, São Leopoldo e outras cidades, deixando em sua passagem um cenário devastador. O vento Sul, represando a saída da água da Lagoa dos Patos para o Oceano Atlântico, trazia mais apreensão quanto à diminuição ou não dos níveis da água. Passamos a torcer por cada centímetro a menos do nível do Guaíba. Estávamos presenciando a maior enchente da história do Rio Grande do Sul. Juntamente com a dor, o imenso sofrimento pelas perdas materiais e simbólicas e os lutos em andamento, já se movimenta na sociedade gaúcha uma indignação pela falta de manutenção e investimentos nas estruturas de contenção das águas em Porto Alegre e responsabilizações começaram a ser apuradas. Os negacionistas climáticos não percebem nossa dependência total ao ambiente onde vivemos e nossa interdependência uns com os outros. Desastres dessa natureza expõem nossa fragilidade social, as desigualdades, o racismo ambiental e as falhas nas políticas de prevenção e de resgate de vítimas.

Benyakar (2003/6) propõe o conceito de *disruptivo* como um modelo teórico-clínico para a abordagem dos fenômenos traumáticos.

Descreve o *traumático* como "conceito baseado no fato traumático e que mascara as diferenças das subjetividades individuais, uniformizando os efeitos de um evento disruptivo em uma população afetada". Diferencia as situações fáticas (o fato ocorrido) dos fenômenos psíquicos, onde o fático adquire sua qualidade específica através do efeito que produz em cada indivíduo. Para ele, *disruptivo* é todo evento ou situação com capacidade de irromper no psiquismo e produzir reações que alterem sua capacidade integradora e de elaboração. Mas nem todo evento disruptivo vai gerar um trauma no indivíduo. O trauma diz respeito a um excesso que fere e rompe a barreira protetora de estímulos, com descargas no ato, na soma e na compulsão à repetição, como nos sonhos traumáticos, na transferência e nas relações em geral.

Com o objetivo de auxiliar as pessoas atingidas e os profissionais que atuavam no resgate das vítimas e no cuidado e atendimento das mesmas, a Diretoria da Sociedade Brasileira de Psicanálise de Porto Alegre (SBPdePA), gestão 2024/2025, profundamente sensibilizada e reconhecendo sua responsabilidade junto à comunidade gaúcha, desenvolveu um *Projeto de Ação Emergencial* para o atendimento gratuito para as vítimas dessa catástrofe, bem como aos profissionais e voluntários civis que cuidavam das vítimas. Desde o início dos trágicos acontecimentos, todo o grupo institucional apoiou essa ação. O Projeto é constituído por duas linhas de ação: o atendimento on-line e o atendimento presencial em abrigos de resgatados e desalojados de suas moradias.

A ideia foi baseada em duas experiências semelhantes vivenciadas na Pandemia de Covid-19, em 2020 e 2021, e na enchente de 2023, quando a SBPdePA realizou atendimentos gratuitos on-line. As experiências anteriores foram de fundamental importância pois revelaram uma enorme demanda por escuta analítica, quando acessível às pessoas de baixa renda, e o grande potencial das instituições psicanalíticas para o trabalho junto à comunidade. Um número expressivo de colegas psicanalistas participou e referiu ter sido uma experiência muito enriquecedora, tanto para a pessoa atendida quanto para o/a psicanalista.

O Projeto atual expandiu-se em relação aos anteriores, passando a contar com psicanalistas e psicólogos de vários estados do país. Ao tomarem conhecimento da *Ação Emergencial*, procuraram a SBPdePA para somar-se aos colegas já engajados, contabilizando um total de cento e setenta e quatro (174) profissionais atuando no atendimento on-line. Ficou definido que o atendimento seria breve, com 4 a 8 sessões gratuitas, e que isso ficaria estabelecido com a pessoa atendida, no início do atendimento. Caso fosse necessário atendimento psiquiátrico, este seria encaminhado. Após o término do atendimento emergencial, sendo necessária terapia, o paciente seria encaminhado ou faria um novo contrato com o terapeuta. Até julho de 2024, mais de 250 pessoas já haviam se beneficiado desse serviço. O atendimento presencial em abrigos contou com 42 colegas e ocorreu em 14 abrigos, logo após a instalação dos primeiros abrigos na cidade de Porto Alegre.

Com o objetivo de conhecermos a população atendida, foi solicitado aos dois grupos de terapeutas que preenchessem duas fichas, uma no primeiro atendimento e uma na conclusão dos encontros com o atendido. No total tivemos 59 fichas iniciais e 37 fichas de encerramento. As características da amostra estão descritas mais adiante neste artigo.

Desde o início da Ação foram realizadas reuniões regulares com os profissionais dos dois grupos, visando proporcionar uma escuta da escuta. O método escuta da escuta, de Haydée Faimberg (2002/2010), permite não só escutar o paciente, mas também os supostos básicos dos terapeutas. Com o passar dos dias e o aprofundamento da crise provocada pela enchente, a demanda cresceu e solicitamos apoio do PACE/IPA.

O PACE (Assistência Psicanalítica em Crises e Emergências) é um Comitê da IPA, criado em 2021, na gestão de Virginia Ungar, que oferece grupos de discussão do trabalho realizado para profissionais que atendem populações afetadas por catástrofes e guerras. O método de intervenção utilizado é o de Work Discussion Group, uma abordagem original e aplicável projetada e consolidada na Clínica Tavistock.

Também contamos com o apoio do *SOS Brasil/FEBRAPSI* que, prontamente, apresentou-se para colaborar com seus cinco eixos de atuação (bebês, crianças, adolescentes, adultos envolvidos, instituições), dando supervisão em grupos/ateliês. Acreditamos que passado o período de sobrevivência e retomada, teremos uma procura maior para atendimentos. Somos muito gratos a todos colegas que imediatamente colocaram-se à disposição para esse esforço terapêutico emergencial.

Método de funcionamento do projeto

Não se encontram muitos trabalhos na literatura científica sobre experiências disruptivas em casos de enchentes. Entre os artigos revisados, destacamos: Rangell (1976) – "Discussion of the Buffalo Creek Disaster", cuja ênfase é psiquiátrica; Bromberg (2013) – "Shrinking the Tsunami", baseia-se na teoria de que o trauma promove uma desregulação afetiva e a terapia envolve um apoio interrelacional com técnicas para restabelecer a estabilidade emocional; Benveniste (2019) – "Crisis Interventions After Major Disaster" e Benveniste (2019) – "Stories of the Flood". Nestes dois importantes trabalhos a ênfase foi relatar histórias da enchente que ocorreu na Venezuela em 1999, que matou de 10.000 a 30.000 pessoas, além de estabelecer critérios para intervenções em crises e recomendações de cuidados aos profissionais que atuam nessas emergências.

Freud, em *Esboço de Psicanálise* (1938/1940), quando compara a pulsão com os estímulos externos, afirma que ambos são capazes, ao serem excessivos, de destruir a organização estrutural e dinâmica caraterística do Eu, e transformá-lo, novamente, em uma parte do Isso. A fragilização do Eu e de seus mecanismos de defesa habituais pode ativar as áreas psicóticas da personalidade e agravar ou criar sintomas incapacitantes.

Em se tratando de um atendimento que foge da nossa prática habitual de consultório, requer que pensemos na especificidade da escuta analítica frente a uma crise de tamanha magnitude. Dar continência à dor da pessoa que sofreu o trauma recente, receber suas palavras e sentimentos, colocar em movimento o processar subjetivo do disruptivo e do traumatismo, vai ajudando a retomar uma organização psíquica possível para aquele momento ou mais próxima da organização anterior à tragédia. Esse tipo de intervenção pode ser de imensa ajuda para que a pessoa siga adiante e retome sua vida. Quem sofreu o fato disruptivo pode sentir-se mais seguro para enfrentar o que virá pela frente, como a reconstrução de sua vida e o processamento das perdas de entes queridos ou de bens materiais e simbólicos, não se configurando como trauma psíquico. Assim, tendo nosso testemunho, cria mais espaços para refletir sobre os acontecimentos e se conecta com os seus sentimentos dolorosos. Até aqui seria semelhante ao nosso trabalho habitual em situações estáveis.

No entanto, não buscamos acessar os traumas do passado e não interpretamos a transferência. Poderíamos pensar numa transferência sobre um enquadre dado pelo fato de a escuta analítica emergir a partir de um enquadre interno do psicanalista? Ou também uma transferência sobre as palavras que carregam sentidos e significantes? Chamamos esse trabalho de atendimento de crise, que é breve (em geral, com quatro sessões), podendo ser estendido para oito sessões. O indivíduo pode fazer uma sessão e sentir-se ajudado. O objetivo não é a criação de vínculo ou o encaminhamento para tratamento psicanalítico. Caso a pessoa sinta que deve seguir com outros profissionais da saúde, ou com medicamentos, depois do nosso auxílio, poderá ser encaminhada. Por vezes, o colega segue com o assistido fazendo um novo contrato de tratamento, já fora do *Projeto de Ação Emergencial*.

No caso dos atendimentos on-line, escolhemos divulgar apenas um número de telefone para centralizar os encaminhamentos e não ocorrer demora nos atendimentos. A colega Vera Hartmann encarregou-se dessa tarefa e tem realizado um trabalho minucioso de acolhimento e distribuição dos casos, acompanhando cada passo do processo até a confirmação de que o paciente estava sendo atendido com o mínimo de demora.

No atendimento presencial em abrigos, os colegas foram se familiarizando com os abrigos e interagindo no sentido de oferecer uma escuta às pessoas atingidas pelas águas e aos profissionais do resgate. A coordenação do Projeto Emergencial buscou realizar contatos com os administradores responsáveis destes abrigos para auxiliar na recepção aos profissionais.

O Projeto realiza reuniões on-line, em intervalos regulares, com os colegas que estão prestando os atendimentos para a troca de experiências e de vivências. Nesses encontros são discutidos os casos e seus encaminhamentos, se necessário. Encontramos uma certa semelhança com o método Esther Bick da *Observação da Relação Mãe Bebê*, onde depois da observação realizada pelo observador individual, é fundamental o trabalho em grupo para o processamento e elaboração do que foi observado e sentido.

Palestras e conferências foram organizadas pela sociedade para proporcionar escopo teórico e espaço para debate e compartilhamento do vivido. O Instituto de Psicanálise organizou quatro encontros: dois com Moty Benyakar (APA), um com Yolanda Gampel (IPS) e o último com Julio Moreno (APdeBA). O CAP (Centro de Atendimento Psicanalítico da SBPdePA) organizou dois encontros sobre trauma, sendo um deles com o psiquiatra José Toufic Thomé de São Paulo (especialista em intervenções em situações de crise).

Aos voluntários que resgatavam pessoas das águas, algumas já sem vida, o atendimento seria importante pelo potencial traumático do contato excessivo com pessoas em situação muito vulnerável e traumatizadas pela vivência de perder tudo ou de risco de morrer.

O atendimento on-line, herança da pandemia, pode ajudar muitas pessoas, seja individualmente ou em grupos. É importante que haja horas de descanso e a restrição da exposição constante ao sofrimento do semelhante para os voluntários que realizaram muitos resgates.

Entre os problemas encontrados nos atendimentos, temos crises de ansiedade, pânico e depressão. Muitas vezes, esses acontecimentos que surgem de forma abrupta e violenta na vida das pessoas não podem ser processados, dada a intensidade traumática. Na hora de sua ocorrência, a primeira preocupação é salvar a própria vida e das pessoas queridas. Quando as vítimas chegam aos abrigos, começam a processar tudo o que aconteceu, estão longe de casa, do seu espaço e lar, perdem a privacidade e a dignidade de ter um lugar seu para morar e viver. Em Porto Alegre, ocorreu que facções criminosas rivais que se encontraram dentro do mesmo abrigo entraram em conflito. Assim como temos parte da população exposta a essas violências no seu cotidiano, temos também pessoas que não viviam nesses locais de violência endêmica e começam a presenciá-la, temendo mais uma vez por suas vidas. Então, as pessoas são afetadas de várias formas. Têm-se nos abrigos um microcosmo das crônicas mazelas brasileiras de violência do tráfico de drogas, do abuso sexual e do estupro. Também crianças e adolescentes do espectro autista, ou com necessidades especiais, entravam em grande angústia com a perda de suas rotinas e do espaço familiar.

Tivemos, até julho/2024, três encontros com colegas do PACE, que muito auxiliaram na compreensão dos estados traumáticos vivenciados pelas pessoas atendidas e de nossos sentimentos contratransferenciais. Mônica Cardenal (APdeBA) e Silvia de Egea (APdeA) coordenaram o primeiro encontro. O segundo encontro foi com Gianna Williams (SPB e Clínica Tavistock) e o terceiro com Ricardo Readi (SPB). Combinou-se um seguimento de encontros mensais com Monica Cardenal e Silvia de Egea.

Temos a expectativa de que se possa aprender algo com a experiência de tamanho sofrimento, dor e perdas. Que possamos enquanto país escutar o que a natureza nos diz sobre a maneira como estamos nos relacionando com ela, sendo explorada e invadida de forma desrespeitosa e irresponsável. Que nossos representantes políticos sejam mais sensíveis aos problemas ambientais e ao sofrimento das pessoas do que às pressões do mercado imobiliário e do agronegócio. Que as águas se acalmem e que a chuva não fique com a marca da angústia climática!

Características da população e achados da pesquisa

O grupo organizador do *Projeto de Ação Emergencial* solicitou aos psicanalistas e psicólogos envolvidos que respondessem a uma ficha on-line do atendimento inicial e uma ficha de encerramento dos atendimentos. Todo trabalho foi realizado de forma voluntária e gratuita, de modo que dependia da disponibilidade de tempo e possibilidades dos profissionais, que generosamente se dispuseram a participar. Ao todo foram recebidas cinquenta e nove (59) fichas de atendimento e trinta e sete (37) de encerramento. Esse processo nos possibilitou conhecer uma considerável amostra da população atendida e dos sentimentos contratransferenciais despertados nos terapeutas.

A grande maioria das pessoas atendidas foram mulheres, sendo contabilizado o número de cinquenta (50) mulheres cisgêneros (84,74%), uma (1) mulher transgênero (1,69%) e oito (8) homens cisgêneros (13,55%). As idades das mulheres variaram entre dezoito (18) e oitenta e um (81) anos, com a média de quarenta e um anos (41) anos. As idades dos homens variaram entre nove (9) a sessenta (60) anos, com a média em vinte e seis anos e meio (26,5).

O nível de escolaridade nas mulheres da amostra se apresentou da seguinte forma: uma (1) analfabeta (2,17%), nove (9) com ensino fundamental (19,56%), dezesseis (16) com ensino médio (34,78%), dezoito (18) com ensino superior (39,13%) e duas (2) com pós-graduação (4,35%). Entre os homens que procuraram atendimento, temos cinco (5) adultos com nível superior (100%) e três (3) adolescentes estudantes (100%). As profissões foram as mais variadas. Entre as mulheres encontramos secretárias, advogadas, arquitetas, cozinheiras, operadoras de telemarketing, gerentes comerciais, operárias, publicitárias, turismólogas, auxiliares de serviços gerais e esteticistas.

Do total de 59 pessoas atendidas, cujo atendimento foi registrado, encontramos 36 que tiveram a casa alagada com inúmeras perdas (81,8%), quatro que trabalhavam no resgate e quatro (9,09%) que buscaram atendimento por outros motivos.

Os motivos emocionais pela busca do atendimento variaram dentro do seguinte espectro: dificuldade de verbalizar sentimentos, angústia, pânico, insônia, medo, desesperança, sentimentos de vazio, de impotência, de tristeza, desânimo, ansiedade, choro compulsivo, reedições de traumas antigos, conflitos com familiares devido a mudanças para a casa dos mesmos, medo de morrer na espera de resgate, vontade de morrer, medo de assaltos por gangues, crises agressivas verbais e impaciência.

Os sentimentos contratransferenciais predominantes nos terapeutas foram: "sentimento de tranquilidade, apesar do momento difícil"; retorno de lembranças de infância, onde a casa da terapeuta foi alagada; inquietude, medo de suicídio da paciente, vontade de acolher tanto desamparo; alto grau de ansiedade, rememoração de lutos não bem elaborados na terapeuta; "sentimento de e culpa por não ter sido alagada, depois desconfiança de ganho secundário e por último pena"; angústia profunda; confusão, ternura, medo; preocupação; profunda empatia e empenho em ajudar, seguido de cefaléia após o contato; "eu era essa mãe forte que fazia suas funções primárias, em cujo colo ela podia depositar seus pedaços para se reconstruir"; sentimento de confusão; empatia e vontade de ajudar; angústia, sentimento de impotência, tristeza, frustração e raiva;

empatia; "tristeza, comoção, algo de maternal"; conexão com a dor e profundo desamparo.

Os atendimentos variaram entre uma a oito sessões, sendo quatro sessões o número predominante. Do total de pessoas atendidas, 37% foram encaminhadas a serviços de atendimento após o final desse suporte inicial.

A grande maioria dos terapeutas considerou que foi importante, e em alguns casos, essencial, a vivência da escuta e a oportunidade para se sentir e se escutar, a essas pessoas que passam pelas perdas e experiências da enchente.

Conclusões

Foi um naufrágio que levou Caroline Garland e outros 5 psicanalistas, recém-qualificados na Clínica Tavistock, a pensar em direcionar essa nova expertise no campo da saúde mental, para ser colocada em prática tanto fora quanto dentro da sala de análise. Esse grupo decidiu atuar no naufrágio da balsa Herald of Free Enterprise (1986), na costa da Bélgica, com a perda em circunstâncias terríveis de centenas de vidas. O resultado desta experiência foi a criação da Unidade para o Estudo do Trauma e suas Consequências (1986), na Clínica Tavistock, como Garland nos relata, na Introdução do livro *Understanding Trauma*, onde vários psicanalístas descrevem os primeiros resultados dos trabalhos da Unidade.

A formação do psicanalista, seguindo os preceitos da IPA, é baseada no tripé: análise pessoal, seminários e supervisão. Para além disso, como nos alerta Rodrigues (2006), é fundamental aos psicanalistas considerarem a importância do quarto eixo da formação psicanalítica na construção da identidade do psicanalista formado por cada sociedade. Esse eixo diz respeito às vivências institucionais, às trocas científicas e afetivas, a teorias e autores estudados, e ao convívio entre colegas. Também reconhecemos um quinto eixo a ser considerado na formação psicanalítica, como nos alerta Trachtenberg (2013), que se trata do atendimento à comunidade, o envolvimento da psicanálise para fora dos consultórios e que leva em conta demandas sociais. Um exemplo da integração entre os cinco eixos pode ser encontrado no Projeto Ubuntu da SBPdePA (Programa de Bolsas Formação Psicanalítica do Instituto de Psicanálise da SBPdePA para Profissionais Negros, Negras e Indígenas das áreas de Psicologia e Medicina). Esse Projeto foi premiado no 53º Congresso da IPA em Cartagena (2023).

O trauma, quando muito arrasador, pode gerar traumatização vicária não só nas pessoas diretamente atingidas, mas também nos profissionais que atendem os indivíduos traumatizados. Com este livro esperamos trazer nossa contribuição aos poucos estudos psicanalíticos sobre traumas gerados em situações de inundações.

Referências

Benveniste, D. S. (2019). *Crisis interventions after major disaster.*

Benveniste, D. S. (2019). *Stories of the flood.*

Benyakar, Moty (2006). *Lo disruptivo: amenazas individuales y colectivas – el psiquismo ante guerras, terrorismos y catástrofes sociales.* 2. ed. Biblos.

Bick, E. (1964). Notes on infant observation in psycho-analytic training. *International Journal of Psychoanalysis* 45:558-566.

Bick, E. (1986/2002). Further considerations on the function of the skin in early object relations. In Briggs, A.; Meltzer, D. (eds.). *Surviving space: papers on infant observation.* Karnac Books, pp. 60-71.

Bromberg, P. M. (2008). Shrinking the tsunami, *Contemporary Psychoanalysis*, 44:3, 329-350.

Defesa Civil do RS (08/07/2024): https://www.defesacivil.rs.gov.br/defesa-civil-atualiza-balanco-das-enchentes-no-rs-08-7

Faimberg, Haydée (2010). Método "La escucha de la escucha". *Revista Brasileira de Psicanálise*, vol. 44, n. 3.

Freud, S. *Esboço de psicanálise (1938/40)*. Obras Completas, Imago.

Garland, C. *Understanding trauma: a psychoanalytical approach*. Introduction. The Tavistock Clinic Series, 2. ed., Karnac, 1998/2007, p. 3.

Rangell, Leo (1976). Discussion of the Buffalo Creek Disaster: the course of psychic trauma. *Am J Psychiatry* 133:3, March, 1976.

Readi, Ricardo (2023). Work discussion for community mental health, *The International Journal of Psychoanalysis*, 104:3, 490-508.

Rodrigues, A. M. P.; Klöchner, L. M. S.; Puiatti, R. I.; Skowronsky, S. B. (2006). O candidato e a instituição psicanalítica: um quarto eixo na formação psicanalítica? *Psicanálise – Revista da Sociedade Brasileira de Psicanálise de Porto Alegre*, v. 9, n. 1, p. 47-75, 2007.

Trachtenberg, A. R. C. A psicanálise na África do Sul. *Jornal da SBPdePA*, vol. 17, n. 2, pp. 7-8, dez./2013 (Tema: A psicanálise extra-muros).

2. Ação emergencial SBPdePA – Enchente 2024: atendimentos on-line

Vera Elisabethe Hartmann

> *Às vezes, na agônica escolha, as palavras pesam como se fossem um dicionário completo, capa dura e letras minúsculas, sem ordem alfabética. Todo significado possível estava lá. Não sei onde. Antes da palavra, o nome de todas as coisas é desamparo. (Madeira, 2024, pp. 26-27)*

Assim nos sentimos diante da inundação provocada pela enchente de maio de 2024 no Rio Grande do Sul. Sensação de caos, desordem, confusão e principalmente desamparo, tristeza e dor. Tudo misturado precisando de ordem e amparo.

Sabemos que dor é amarga, dilacera, mas o que a torna intolerável é que quem a sente tem a impressão de estar separado do resto do mundo, na mais profunda solidão. Quando partilhada a dor ao menos deixa de ser exílio.

Assim estavam, possivelmente as principais vítimas da catástrofe, acrescido ainda da profunda tristeza decorrente do fato de "perder tudo". Essa era a expressão mais recorrente. Perder documentos, fotos, móveis, roupas, remédios, alimentos, enfim a sensação de perder a própria história. A realidade em todo seu horror conduzia o jogo da vida.

Nesse turbilhão de vivências e da imensidão do caos tínhamos o compromisso de, com a nossa ferramenta profissional – o dispositivo analítico ampliado na situação extramuros, escuta capaz de acolher a dor e o indizível. A Psicanálise. Assim, efetivar uma forma de ajuda e de cuidado, que abarcasse a emergência e, acolhendo algumas pessoas, poderíamos quem sabe, servir de mola propulsora para reorganização psíquica.

Freud em 1918, no artigo "Caminhos da Terapia Psicanalítica" (p. 201) sugere a criação de clínicas para atendimento gratuito ou de baixo custo. Ele estava preocupado com o fato de que a psicanálise era frequentemente inacessível para pessoas de baixa renda, mas, considerava a Psicanálise uma ferramenta importante para aliviar o sofrimento psíquico independente da classe ou poder aquisitivo.

Esta visão reflete o compromisso de Freud com a expansão do acesso à psicanálise como uma forma de intervenção social, promovendo a saúde mental em larga escala.

Embora sua proposta não tenha sido amplamente implementada durante sua vida, a ideia inspirou muitos psicanalistas e organizações subsequentes, e foi expandida em vários países, a partir de Berlim, levando os psicanalistas que hoje consagramos a atenderem nesses ambulatórios.

Após a Primeira Guerra Mundial, algumas iniciativas começaram a surgir, especialmente na Europa, promovendo o atendimento psicológico e levando em consideração a importância do bem-estar emocional como um direito concedido a todos, de viverem sob condições básicas civilizatórias. Essas ideias continuam a influenciar práticas e políticas de saúde pública em muitas partes do mundo até hoje.

A essência de nossa ferramenta, ou seja, a Escuta sensível e atenta, ampara e organiza.

Como nos diz Ferenczi,

> *Se o trauma afeta o psiquismo ou o corpo sem preparação, ou seja, sem contrainvestimento, então age sobre o corpo e o espírito de um modo destrutivo, quer dizer, perturbador, por fragmentação. Falta a força que mantinha junto os fragmentos e elementos separados. Fragmentos de órgão, elementos de órgão, fragmentos e elementos psíquicos são dissociados. No plano corporal, trata-se realmente da anarquia dos órgãos, partes de órgão e elementos de órgão, quando a* ***colaboração recíproca*** *é a única que torna possível o verdadeiro funcionamento global, ou seja, a vida. (1932, pp. 105-106)*

O autor nos fala da clivagem como uma forma de funcionamento em que o Eu é afetado em seu maior sentido de existir. Vivências de despersonalização *e* desrealização. Tudo se passa em uma consciência que está "fora de si" (Ferenczi, 1932).

Comenta também, que para que experiências disruptivas de ordem catastróficas não se instalem como memórias traumáticas, é preciso que o ambiente, a família ou um adulto possa acolher essa estranheza, fundamentalmente exercendo uma ação (in Maciel, p. 27).

Assim como existe aqui no nosso Estado, um programa de auxílio às pessoas vulneráveis em situação de rua cujo slogan é "A fome tem pressa", pensamos: nesse momento o sofrimento e angústia decorrente dessa catástrofe também tem pressa! Tem pressa para o pensamento se organizar, para aliviar a dor e diminuir o sentimento de que o mundo desabou sobre a cabeça e inundou a mente, como muitos telhados e paredes desabaram pela força das águas.

Com essa premissa, logo que foi decretada calamidade pública no nosso Estado do Rio Grande do Sul, pensamos que a nossa maior ferramenta deveria estar disponível. A ESCUTA. Através dela é que poderíamos auxiliar para que a população afetada desse início a falar dessa vivência tão dolorosa, ligando se possível, com os sentimentos despertados e colocando em marcha um processo de integração do que sofreram, com aquelas já vividas no seu mundo interno.

Embora o tamanho da destruição fosse incalculável, a solidariedade e a empatia pelo sofrido poderia significar algum acolhimento no desamparo e no despreparo para diminuir as perdas que a enchente causou, tanto do ponto de vista emocional como para recuperar as materiais que não sabemos, se um dia se recuperará.

Felizmente a pandemia nos preparou para utilizarmos a escuta, distantes geograficamente, mas atentos na utilização da escuta, via internet, trazendo benefícios ao permitir um momento para que, mesmo em condições por vezes adversas, falar e ser escutado pode ser integrador.

E foi para abrigar a quem precisasse e nos procurasse que inauguramos o PROGRAMA "AÇÃO EMERGENCIAL ON-LINE". Nossa surpresa foi grande quando, assim que lançamos em nossas redes, vários colegas da nossa Sociedade Brasileira de Psicanálise de Porto Alegre, assim como de outras Instituições e Sociedades do Brasil e de fora dele, se voluntariaram nessa força tarefa, concedendo espaço em suas agendas para receber pessoas que passaram a nos procurar assim que a divulgação teve início. O espaço em suas mentes, para escutar o desamparo que se atualizava, não foi pequeno.

O conceito de voluntariado é utilizado, nos dias de hoje, conforme Szazi (2000), com o objetivo de designar as pessoas que prestam serviços necessários e não onerosos à sociedade civil e em diferentes áreas, onde tais serviços são necessários. A atividade voluntária organizada surgiu na Europa quando a urbanização e o êxodo rural associado à industrialização, passaram a ocorrer em maior escala, trazendo consequências para a sociedade. Algumas instituições foram designadas para se responsabilizarem pela fome, doença e catástrofes naturais, que pudessem atingir pessoas ou grupos que fizeram essa migração (Selli, 2006).

Entendemos que o voluntariado tem especificidades que o identificam, a saber: a conduta voluntária é uma ação racional com relação a um valor: a solidariedade que é um compromisso unilateral, não se liga a nenhuma forma de ativismo (político, social, religioso), não possui conteúdo utilitário, nem vê em sua prática moeda de troca ou de barganha psicológica. É a busca de reciprocidade e de alteridade, uma abertura ao outro e ao fato de participar de um mesmo universo existencial (Selli, 2006).

A solidariedade é o valor ético que motiva a prática voluntária. Constitui um espaço singular para o exercício da cidadania nos marcos de uma democracia participativa. Pode realizar mudanças políticas, sociais e psicológicas (Selli, 2006).

Em curto espaço de tempo, contávamos com um grupo de 174 colegas voluntários para receber, acolher e conversar com essas pessoas que, encontrando-se em situação de vulnerabilidade emocional, pela perda real ou em fantasia, de sua condição anterior que a inundação acarretou, necessitavam partilhar esse sentimento.

O aspecto facilitador nessa ocasião, foi a existência da internet como forma de comunicação, através do WhatsApp. Paralelamente formamos um grupo dedicado ao acompanhamento presencial daquelas pessoas que eram conduzidas aos abrigos, ainda mais vulneráveis, não só emocionalmente.

O pré-requisito necessário para participação nos grupos era de que os voluntários apresentassem seu registro profissional de médico ou psicólogo, e se encontrassem aptos, sobretudo emocionalmente para fazerem atendimento, porque nessa catástrofe, todos fomos atingidos, inevitavelmente.

Devido a urgência com que precisávamos colocar em prática o projeto, a ação emergencial, que visava acolher a demanda, que se impôs como consequência da tragédia, os primeiros contatos, foram realizados por telefone particular.

Contávamos com o auxílio da secretaria da Sociedade, entretanto, a disponibilidade não poderia ficar atrelada ao horário comercial. E foi contando com a empatia e compreensão do momento pelo qual passávamos, por parte de muitos colegas, que deu início as chamadas de solicitação de ajuda. Os solicitantes eram encaminhados diretamente ao profissional à disposição, por ordem de chegada no grupo de voluntários, para que o vínculo fosse estabelecido entre a dupla, dentro da singularidade de cada sujeito e, sobretudo, do contexto que a pessoa estava vivendo.

Orientávamos que a disponibilidade do profissional seria de quatro a oito encontros, para o momento inicial e que se houvesse necessidade de sequência poderia depender da própria dupla, ou seria realizado encaminhamento. Na sequência solicitávamos confirmação, tanto por parte do colega que recebia, como do paciente encaminhado.

Nesse sentido, apesar de buscarmos uma situação ideal, não havia tempo para elaborar um modelo de entrevista que servisse de guia para contemplar a emergência e as adversidades que inevitavelmente iríamos enfrentar. Essa variável, que hoje entendemos, participou dos fracassos que foram menores do que o êxito do projeto.

Não somente houve falhas por parte dos voluntários, visto que alguns poderiam ter sido afetados pelos alagamentos, enfrentando situação de fuga de suas residências e angústia pelo próprio desamparo que a situação gerava, nós também tínhamos dúvidas quanto ao alcance e resolubilidade da ação. Nessa esteira, ocorreu o que Janine Puget nomeou de "sobreposição de mundos", tornando-se por vezes difícil de "escutar" aquilo que remetia à nossa própria vivência, também causando uma paralisia do atendimento ou "ruído" na comunicação.

A ideia era de que o primeiro contato, ocorresse com a maior brevidade possível, mas isso nem sempre se deu, fator que acreditamos, pode ter contribuído para alguns desligamentos ou mesmo não comparecimento. Sabíamos também que, diante das dificuldades, as vítimas da enchente muitas vezes não dispunham de telefone, internet ou um lugar com privacidade, mas o importante para nós era minimizar o sentimento de desamparo e de desvalimento que inundou a vida da população rio-grandense.

Recebemos no período de maio e julho mais de 280 pedidos de ajuda, sendo que aproximadamente 30 fizeram apenas um encontro e poucos não chegaram a conseguir combinar horário.

Nos questionamos também, se o fator gratuidade interferiu às faltas ocorridas nos encontros marcados, se as condições emocionais em que muitos se encontravam ainda não possibilitava narrar o ocorrido ou qualquer outra circunstância que impedisse a sequência do auxílio. Talvez resistências possam ter sido fator de evasão aos atendimentos, mas são especulações baseadas na compreensão do psiquismo humano.

Quanto ao atendimento emergencial em si, era tarefa que tínhamos muita disponibilidade e pouco conhecimento, o que nos levou a buscar colegas de outros estados e países que pudessem reunir-se conosco para transmitir suas próprias vivências, bem como teorias construídas a partir de experiências vividas e conhecidas.

Era nossa preocupação acompanhar o grupo de voluntários durante o período em que vigorou o programa, levando-nos a realizar encontros online para troca de experiências, supervisão, lembrando da importância da "escuta da escuta", expressão cunhada por Haidée Faimberg (data) além de estudos especificamente relacionados ao momento que vivíamos. A ansiedade e tristeza era comum a todos, variando na graduação, a partir das próprias lembranças que a catástrofe gerou em cada um dos participantes do programa. Nos encontrávamos no compromisso de cuidar dos nossos colaboradores.

Para que a ação pudesse seguir e ser realizada de maneira segura e exitosa contamos também com auxílio fundamental do PACE (Comitê de Assistência Psicanalítica em Crises e Emergências) da Associação Internacional de Psicanálise (IPA), que orientou e supervisionou o encaminhamento dos atendimentos.

Nessa cadeia de solidariedade, estivemos perto de muitas pessoas. Algumas responderam de forma grata e carinhosa à nossa ação. A multiplicação dos atendimentos foi algo que também chamou atenção, pois com frequência amigos indicavam outros amigos, familiares indicavam familiares, professores indicavam alunos e talvez o que mais se revelou positivo, foi a indicação de pacientes que indicavam outras pessoas de suas relações a nos procurarem.

A mídia também foi importante, auxiliando a ampliar nosso campo de ação, sobretudo para aquelas pessoas que se encontravam em outros perímetros da região e que não era possível alcançar. As redes sociais, nesse contexto, contribuíram para um autêntico auxílio à sociedade trabalhando a favor da comunidade afetada em todo estado.

Diante dessa experiência forte e com alcance longo, pensamos que deverá existir um trabalho mais permanente e mais bem estruturado em nossa Instituição, preparando-nos para o que de fato vem sendo uma constante em nosso planeta, que são os desastres climáticos. Pensamos que, essa intervenção social poderá alcançar num trabalho extramuros, como já realizado por colegas em outras capitais e países uma população mais desassistida, além de conservar o legado que também foi deixado por Freud na clínica social, que se ampliou através de seus seguidores, para outros países. Essa é também uma forma de mantermos a Psicanálise viva e pujante e conservamos a solidariedade pela humanidade que a nossa práxis comporta.

Referências

Ferenczi, S. (1990). *Diário clínico*. Martins Fontes.

Ferenczi, S. (2011). *Obras completas*. Martins Fontes.

Kupermann, D. (2020). *Por que Ferenczi?* Zagodoni Editora, 2. ed.

Maciel, A. (2018). *Trauma e ternura*. Viveiros de Castri Editora.

Madeira, Carla (2024). *Fragmentos do que não se pode ter por inteiro*. Record.

Selli, Lucilda; Garrafa V. (2006). *Solidariedade crítica e voluntariado orgânico: outra possibilidade de intervenção societária*. Universidade de Brasília.

3. Catástrofe, trauma e acontecimento[1]

Julio Moreno

Estamos habituados a conceber a nossa vida como um percurso linear que vai do antes ao depois, passando pelo agora. Essa forma de habitar o nosso território implica uma noção cronológica e linear do tempo. Habitamos um mundo estruturado. E, se ocorrerem rupturas aleatórias e não muito abruptas, estas são entrelaçadas com o resto das memórias até formarem um continuum homogêneo e sem rupturas. Se com o passar do tempo encontramos algum elemento desconexo após um trabalho intenso e silencioso, nós o "tornamos" contínuo sem nos deixar grandes registros dele. Tornam-se, digamos, pequenas diferenças sem poder disruptivo que fazem parte da vida. Assim, acreditamos que vivemos numa sequência homogênea e linear de acontecimentos, sem perceber que a realidade não é assim.

Catástrofe, trauma e evento. São nomes daquilo que produz interrupções significativas no que está estruturado. Suas diferenças dependem de sua intensidade e de suas particularidades.

2 Conferência proferida no "Seminário Aberto Internacional: o traumático e seus destinos", da SBPdePA, em 08/07/2024. Publicado em *Psicanálise – Revista da SBPdePA*, vol. 26, n. 2, 2024.

Se eles são devastadores, são chamados de catástrofes; se são importantes, mas não tão devastadores, são geralmente chamados de traumas; e se geram aberturas que abrem caminhos através dos quais podem surgir situações radicalmente novas, são chamados de eventos. Neste último caso, o que irrompe não pertence a reflexões específicas do passado estruturado, mas sim a diferenças radicais com ele.

A catástrofe, que é o ápice do caos, devasta o que estava estruturado e, geralmente, está relacionada a acontecimentos que não deixam quase nada da estrutura anterior de pé. Terror e confusão se espalham sob as catástrofes. São situações dramáticas que varrem até mesmo a estrutura que sustentava as subjetividades. Podem ser eventos singulares como um acidente, uma doença ou uma guerra; ou eventos coletivos que envolvem populações, como um tsunami, a enchente que afetou o Rio Grande do Sul.

O trauma é produzido por um golpe contundente que perturba a configuração mental subjetivante. Como nos lembra o *Dicionário de psicanálise* de Laplanche e Pontalis (1971), trauma deriva do grego e designa uma ferida com destruição tecidual. Ocorre quando o montante que está em jogo não é contido pelo pensamento e atravessa grande parte das barreiras que o aparelho psíquico possui para amortecer o golpe do disruptivo, a camada protetora de que falou Freud. A eclosão de uma catástrofe, por outro lado, "varre" toda a estrutura.

O acontecimento envolve o surgimento de algo que não pertence ao texto habitual e surge de repente e gera uma mudança radical na forma de ver e interpretar o que acontece.

Trauma é uma interrupção do fluxo de pensamento que passou das causas aos efeitos. Dá-se devido à presença intrusiva de fatos que não se deixam homogeneizar, mesmo que a mente dos afetados tente veementemente consegui-lo. Permanecem marcas significativas para quem sofre com isso, mesmo que tente fortalecer a estrutura ameaçada por meio de reforços que, por sua vez, geram sintomas, uma vez que se tenta retornar à estrutura anterior ao rompimento. Esses esforços podem destruir o andaime que suporta e protege as formas de ser a que estamos habituados.

Quando a pessoa que sofreu, posteriormente, tenta relatar o acontecimento traumático, de modo geral encontra dificuldades. Muitas vezes, ela inventa memórias (aumentando ou alterando suas características) do que aconteceu. Até mesmo apelando para o que chamei de "memórias implantadas" em meu livro *Time and trauma*. Memórias que foram inventadas ou ouvidas e "preenchem", por assim dizer, as lacunas da evocação que revelariam que, na verdade, não existem continuidades homogêneas.

Outra característica que "fala" disso, e é típica do pós-traumático, é a obstinação de quem sofreu em repetir insistentemente a história dos acontecimentos que cercaram o trauma, também com o intuito de preencher lacunas.

Antes de entrar no tema do evento, vou relembrar algumas ideias que apresentei em diversas ocasiões e que acredito que nos ajudarão a pensar sobre ele e o trauma. É sobre Conexão e Parceria. São lógicas heterólogas com as quais os humanos funcionam em relação ao ambiente que habitamos. Ambas estão presentes em todo processo de subjetivação e no contato com o que nos rodeia, toda experiência as inclui. A rigor, o processo mental envolve um ir e vir com elas. O associativo complementa e limita o conectivo e vice-versa.

Há, portanto, duas formas de conceber o pensamento: (1) como uma compreensão baseada em moldes do conhecido e do representado, nos quais o associativo tem precedência; e (2) como um procedimento, que chamo de conectivo, que envolve recrutamento após contato direto com as apresentações. Ambas as formas de se relacionar com o entorno estão envolvidas em cada experiência. Na primeira etapa da experiência, o sujeito desaparece e todas as suas percepções parecem se voltar para fora na forma de apresentações não representadas: aí prevalece a conexão. No outro tempo, de preponderância associativa, estabelecem-se narrativas que englobam as memórias que sobreviveram aos momentos conectivos. Gera-se assim um entre produtivo que reside "no meio" de ambas as posições.

Falemos, finalmente, do acontecimento que tem algo em comum com o traumático e o catastrófico e algo que o diferencia de ambos.

Os acontecimentos são eventos que introduzem novas possibilidades e reconfiguram a realidade; são fundamentalmente políticos, pois, com frequência, envolvem a emergência do novo e a possibilidade de transformação social.

Não podem ser reduzidos a meros resultados de circunstâncias pré-existentes, são acontecimentos que rompem com o status quo e geram novas formas de pensar, ser e agir. Não são previsíveis nem determinados pelo passado, mas abrem caminho ao inesperado e ao imprevisível. O que eu chamo de radicalmente novo.

Na concepção de Badiou (1988/1999), os acontecimentos geram uma verdade sem precedentes que revela novas possibilidades e desafia concepções anteriores do possível. Os acontecimentos exigem uma resposta dos indivíduos, visto que envolvem tomar partido e comprometer-se com a criação de um futuro diferente. Implicam também uma fidelidade à verdade produzida, isto é, uma posição ética que exige que os envolvidos sejam fiéis à verdade revelada.

Em suma, os acontecimentos são acontecimentos singulares que rompem a continuidade do tempo, desafiam a ordem estabelecida e abrem novas possibilidades de ação e transformação social. São verdadeiros cisnes negros.

Segundo Badiou (1988/1999), eles são precedidos pelo que ele chama de vazio da situação anterior. Além disso, o acontecimento gera um sujeito dessa verdade revelada e se apaga como causa.

É importante que o poder da verdade do acontecimento permaneça fora do alcance total de si mesmo. Ou seja, há algo inominável que limita o poder dessa verdade. Algo que Lacan teria chamado de "real".

No campo da matemática, esse inominável é o que esclarece o teorema de Gödel, que afirma que toda demonstração matemática inevitavelmente beira algo inconsistente.

Aqui estão alguns exemplos transcendentais da história da humanidade mediada por eventos: o que aconteceu na Revolução Francesa de 1792, a criação da física por Galileu e as contribuições da física quântica ao nível da ciência; a invenção da música clássica por Hayden ou a criação da música dodecafônica por Shoëmberg. A criação da psicanálise em plena modernidade também foi um acontecimento que mudou o paradigma de compreensão da mente humana a partir do paradigma da determinação inconsciente dos atos.

É claro que na prática clínica diária podemos apreciar acontecimentos que não são tão cruciais ou grandiosos como os que mencionei. Eventos relativamente pequenos que obrigam aqueles que os tiveram a mudar de vida.

São eventos que não são previsíveis nem determinados pelo passado. Abrem caminho para o inesperado e imprevisível e, além disso, apagam-se como causa. Há uma separação entre as verdades que emergem após um evento e o que normalmente chamamos de "opiniões". Os primeiros estão ligados a uma verdade e promovem a fidelidade a ela. As opiniões são declarações sociais que não implicam compromissos ou fidelidades.

Os eventos também podem ter origem em situações externas ou internas que não são controladas por quem os vivencia, por exemplo, o evento da puberdade.

Também é aconselhável afastar-se da ideia de que o evento é algo bom em si. Na nossa história, ocorreram acontecimentos que levaram as coisas para um território negativo e sombrio. Entre eles mencionarei um, aquele que abriu caminho ao nazismo. Na verdade, eram simulações de um evento. Exercícios que são muito notórios pelas suas consequências na Segunda Guerra e que, nos tempos atuais, expandem-se perigosamente em grande parte do mundo.

A chave que distingue o simulacro do acontecimento verdadeiro no caso que acabamos de referir é que, enquanto este último se origina num vazio na situação anterior, o simulacro aponta, não para um vazio, mas para o pleno. Para esse efeito, Hitler usou o Judeu, nome do adversário inquestionável que ele insultou brutalmente e tentou eliminar completamente. Baseava-se também na exaltação da superioridade da raça ariana e dos "alemães" em relação ao resto da humanidade.

Para se referir a essa simulação de um acontecimento, o nazismo utilizou o nome "revolução nacional socialista", dois nomes roubados, que levaram a uma terrível imitação da verdade, emulações que produziram o extermínio de milhões de pessoas.

Vamos agora focar na situação da tragédia climática em Porto Alegre.

Uma questão crucial que quero levantar é esta:

Poderíamos considerar que a situação traumática pela qual passou a população gaúcha constitui algo semelhante ao vácuo de situação que, segundo Alain Badiou (1988/1999), antecede os acontecimentos? Haverá um evento depois do caos e do terror?

Acho que ainda não sabemos. Sabemos que enfrentar catástrofes como essa enchente envolve políticas públicas, solidariedade e a importância da ajuda, do acompanhamento e do apoio emocional no trabalho no campo. A psicanálise pode ajudar a pensar e até a intervir na comunidade no momento oportuno do trauma e em determinadas circunstâncias, bem como a criar dispositivos de prevenção, mas não creio que por si só substitua a importância das políticas públicas de apoio, que exigem envolvimento total dos ajudantes no acompanhamento e ajuda aos traumatizados pela catástrofe.

Referências

Badiou, A. (1999). *El ser y el acontecimiento*. Editorial Manantial. (Trabalho original publicado em 1988)

Laplanche, J.; Pontalis, J.-P. (1971). *Diccionario de psicoanálisis*. Editorial Labor.

4. O Disruptivo e sua aplicação específica em situações de desastre e catástrofe

Moty Benyakar

Todas as teorias são legítimas
e nenhuma tem importância.
O que importa é o que é feito com elas.
Jorge Luis Borges

Um dos eixos centrais que rege todo o Modelo de *O Disruptivo* é a tentativa de postular o funcionamento de uma estrutura somático--psíquica, fazendo uma distinção muito precisa entre seus princípios condicionantes e seus princípios de processo e transformação, ou seja, discernir de maneira aguda entre aqueles elementos que compõem nossos determinantes ou condições constitutivas como espécie, os estímulos do ambiente externo (mais próximo e diferenciado ou mais distante e indiferenciado), os estímulos do próprio interior, e nossa capacidade de elaboração psíquica ou de transformação e metabolização desse conjunto.

Por que isso é central?

A compreensão do que constitui o traumático, entendido como o resultado de impactos disruptivos, revela-se como uma ruptura na capacidade de elaboração do sujeito, causada por uma desregulação ou desarticulação entre a representação e o afeto nos diversos espaços de processamento psíquico, conforme identificado pelo Modelo. O trabalho terapêutico, portanto, centra-se em identificar qual modalidade de processamento foi comprometida, visando restaurar a capacidade de elaboração por meio da chamada interpretação Vivencial e Processual (VeP).

Essa compreensão detalhada do fenômeno traumático é essencial para determinar o nível mais preciso e eficaz de intervenção terapêutica, focada no ponto exato de paralisação, distorção ou falha. O objetivo é promover o processamento psíquico mais eficiente e complexo disponível em cada momento específico.

Neste contexto, fica evidente que o cerne do Modelo reside em sua ambição terapêutica: a aspiração de reduzir o sofrimento do outro, melhorando suas capacidades de enfrentamento a partir de seus próprios recursos, e promovendo, assim, seu bem-estar e desenvolvimento.

As implicações disso para a prática clínica são vastas, mas aquelas que nos ocupam neste curso de especialização são as que dizem respeito ao apoio do potencial do sujeito após a ocorrência de um evento catastrófico.

Aplicando os princípios anteriormente expostos a estas situações, a intervenção terapêutica visa, primordialmente, agir o mais rapidamente possível após o evento traumático. O propósito não é atuar como socorristas, mas sim manter ativa a capacidade do sujeito de reagir e se adaptar diante do impacto disruptivo e potencialmente desorganizador que tenha experimentado.

Vamos ler, juntos, um trecho de *O Disruptivo*, de Moty Benyakar:

> *Os objetivos principais que perseguíamos na atenção aos evacuados eram prevenir o caos interior e o congelamento da experiência em um foco inflexível que culminasse, possivelmente, em um estado interior isolado e de*

> *invalidez psíquica, e sustentar a capacidade dos atingidos para enfrentar a situação. (2003, p. 220)*

O centro da intervenção poderia ser caracterizado como a intenção de constituir-se, o mais rapidamente possível, como um agente coadjuvante da metabolização do indivíduo em situação de catástrofe, tentando impedir as defesas reativas mais comuns de retração e congelamento para que não resultem, com o tempo, em uma cristalização da experiência traumática.

A ideia básica é que, quanto antes que o potencial atingido seja estimulado a estar ativo na situação que precisa atravessar, maiores serão suas chances de elaboração e menores suas sequelas psíquicas. Essa premissa envolve, obviamente, a determinação específica dessa atividade dentro dessa situação tão particular.

Podemos postular um exemplo principal dessa concepção, na figura e função do terapeuta ou de qualquer outro agente de intervenção, os quais são o objeto central de abordagem deste diplomado.

Consideremos, a respeito disso, esta nova citação de *O Disruptivo*:

> *Como membros da equipe de atenção, os profissionais vivemos, no entanto, uma situação paradoxal que nos é favorável. Ou seja, não só a experiência traumática pode não desencadear patologia, como também, desempenhar o trabalho analítico nos oferece uma oportunidade de ressignificar a nossa própria experiência e elaborar nossa experiência por meio do encontro com o paciente. (Benyakar, 2003, p. 210)*

A isso, somemos o seguinte:

> *Mas, para enfrentar essa situação de indiferenciação com os pacientes, contávamos com o apoio do enquadre que,*

> *embora flexível, preservava as distâncias entre aqueles que assumíamos a função terapêutica e os evacuados, e reforçava as relações entre os membros da equipe. (O* Disruptivo, *Moty Benyakar, 2003, p. 219)*

Finalmente:

> *O primeiro que nos propusemos foi aliviar as pressões emocionais e propiciar o enfrentamento constante dos evacuados com a dimensão da realidade representada pelo exterior. Buscamos integrar três elementos: o contato com parentes, o encontro com a realidade externa tal como aparecia diante de seus olhos, e a assunção de sua nova realidade interna. Por isso, a tarefa concreta de reconstrução das casas e lares serviu, ao mesmo tempo, para que os assistidos pudessem enfrentar os significados intrapsíquicos que a experiência havia desbaratado. (O* Disruptivo, *Moty Benyakar, 2003, p. 220)*

Resumindo, é evidente que a atividade do terapeuta deve focar na busca e no resgate da atividade e funcionalidade do sujeito abalado. Para alcançar essa "aliança terapêutica co-metabolizadora", é crucial que o terapeuta se envolva e se integre à "situação" com o paciente desde os primeiros momentos. Isso garante que ele não chegue tarde a certos processos psíquicos e evita que se transforme em uma espécie de "secretário da dor", isolado da realidade emocional do sujeito afetado.

A intenção dessas palavras é que sirvam como um indicativo conceitual dos conteúdos que serão integrados e articulados com diferentes ferramentas e recursos didáticos, no programa acadêmico de formação da Diplomado, a ser ministrada a partir do último sábado de setembro de 2024, das 9h às 13h, todos os sábados até meados de dezembro, de forma virtual, em turmas paralelas na Universidade do Salvador (USAL) e na Universidade de Buenos Aires (UBA). Informações: https://eticaycine.org/USAL/ e grenault@gmail.com.

Para uma apresentação abreviada do Dr. Benyakar, destacamos o seguinte: Professor escolar, Bacharel em Educação, Bacharel em Psicologia, Doutor em Medicina, Psiquiatra, Doutor em Psicologia, Analista Didata, Membro honorário da Sociedade Mundial de Psiquiatria, Membro honorário da Unesco, Prêmio Konex 2016, Diretor do Mestrado e Doutorado USAL APA.

Seu Modelo foi enriquecido por suas experiências como reservista civil do exército israelense, que o levaram a fundar o Serviço de Saúde Mental do mesmo, desenvolvendo experiência clínica ao longo de cinco guerras no Oriente Médio, desde a Guerra dos Seis Dias (1967) até a Guerra do Golfo.

Sua atuação como ativista em prol da Paz, na diminuição do sofrimento humano e na busca pelo bem-estar, o levou a intervir em:

- A experiência de atenção terapêutica a atingidos pela violência política na Argentina (Michel Fariña, Kordon, Ulloa e outros, 1983-1988) e em fenômenos similares em outros países da América Latina (Lira, Lykes, Cornejo, Morales, Paz Rojas, Sepúlveda e outros).
- A experiência com atingidos pela Guerra das Malvinas (Collazo, 1983, 1985; Bustos, 1982 etc.).
- A experiência com atingidos pela explosão em Fabricaciones Militares em Río Tercero (Benyakar).
- O atendimento do desastre na mina de Río Turbio (Benyakar, Collazo, Onik, Catri, Michel Fariña, 2004-2006).
- A atenção terapêutica aos atingidos pelo atentado à AMIA (Benyakar).
- Atentado terrorista em Oklahoma e nas Torres Gêmeas de Nova York.
- Inundações do furacão Katrina em Nova Orleans.

- Tsunami na Ásia.
- Desastres na Índia e no Irã.
- Atentado de Atocha na Espanha.
- Incêndio do shopping Ycuá Bolaños no Paraguai.

Notas para uma abordagem ao Modelo de O Disruptivo*: da ambiguidade à precisão conceitual entre o Disruptivo e o Traumático*

Entre o Universo Fático (externo e autônomo da psique) e o Universo Psíquico (interno e movido pela legalidade intrapsíquica), existem leis particulares.

O Disruptivo é um conceito proposto como uma alternativa à situação traumática que, na minha opinião, restringe ou distorce a pesquisa e a abordagem clínica.

O Fato como um gatilho disruptivo pode ser tanto o Externo quanto o Interno.

Como **Externo**: pode ocorrer por meio de uma situação específica causada pelo Ambiente ou por um Evento.

A situação ou fenômeno que emerge de um **evento** ocorre em um tempo específico e determinado, com um começo e um fim, geralmente em períodos curtos. Um exemplo disso pode ser um acidente de carro, o colapso de um edifício, uma morte súbita, um estupro etc.

Já os fenômenos fáticos causados pelo **ambiente** são períodos prolongados, nos quais nem sempre é possível determinar quando começaram ou terminarão. Um exemplo disso é uma família onde há violência constante e agressão física, ou onde o incesto faz parte da vida cotidiana.

Como **Interno**: pode ocorrer por meio do Corpo, seja por fatores somático-fisiológicos (por exemplo, feridas físicas decorrentes de um estupro) ou pulsionais (por exemplo, mudanças corporais durante a puberdade) – (pseudo-factual).

Em algumas dessas variantes, a **Ameaça** é construída. A patologia de O Disruptivo ocorre como resultado do impacto de um evento externo ou interno em um psiquismo que operava em relativa estabilidade.

Eu entendo a **experiência traumática** como o produto da irrupção do mundo externo no mundo interior

O conceito **experiência traumática** não é sinônimo do termo **trauma**. Nossa equipe de pesquisa em Israel definiu a **ameaça catastrófica** como o evento fático que causa o colapso das relações entre o psíquico, o social, o temporal e o espacial (Benyakar et al., 1989).

Falamos de **experiência traumática** apenas quando nos referimos ao encontro entre uma situação catastrófica (fática) e uma experiência caótica (subjetiva). Uma experiência idiossincrática inundada de angústia automática.

Uma situação disruptiva será **traumatogênica** se desencadear *angústia automática* de forma maciça, como na "experiência traumática". Se o que emerge é um sinal de angústia, desenvolvendo *defesas* como no estresse, a experiência será **estressogênica**.

A *Experiência* é a configuração subjetiva da relação entre o mundo externo e o mundo interior. Trata-se de uma articulação entre afeto e representação, circunscrita a um momento específico.

Portanto, defino a **experiência traumática** como a dimensão subjetiva da interação entre um evento disruptivo (catastrófico) e o desencadeamento massivo da angústia automática, sem representação. O traumático para a psique é a quantidade de afeto que persistirá sem representação. Cristalizando-se como uma fissura na continuidade psíquica, ou seja, como uma lacuna psíquica (del Valle Echegaray E. 1982).

Na minha opinião, **experienciar traumático** refere-se ao primeiro momento do trauma. Quando me refiro à segunda vez do trauma, prefiro o substantivo "experiência", que se limita ao que foi desencadeado em um determinado momento.

A **experiência traumática** não pertence à ordem do reprimido. O reprimido também pode ser evocado a posteriori, significando seu conteúdo; contudo, não será da ordem do traumático, pois no traumático não há inscrição de conteúdo.

A **experiência traumática** faz com que o evento atue como um presente eterno. Por não ser sentido e não ter adquirido a dimensão do passado, ele persistirá como presente devido àquilo que não foi representado, por causa do negativo.

Uma experiência traumática nunca significa outra, já que em ambas as atividades de síntese da mente são aniquiladas como resultado da catástrofe. **Somente a elaboração proporcionará significado, e isso ocorre no que chamo de terceira vez do trauma.** É nesse momento que o processo terapêutico se desenvolve, permitindo que se represente a impotência e, assim, o sujeito não ficará à mercê dela.

Dessa forma, descrevo a **experiência traumática** como o surgimento de angústia automática ligada (coesa, relacionada) a esse primeiro momento de "experienciar traumático".

A angústia automática carece de representação e emerge tanto no primeiro quanto no segundo momentos do trauma.

Será própria e alheia ao mesmo tempo. O que é próprio se atribui a essa forma de viver já experimentada na primeira infância, e o que é alheio, por ser um afeto que se consolidou na experiência, sem representação.

EXPERIÊNCIA TRAUMÁTICA

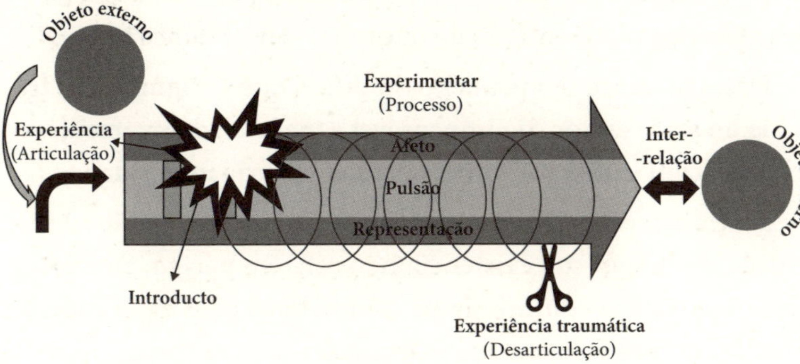

Esquema do aparelho psíquico

EXPERIENCIAR TRAUMÁTICO

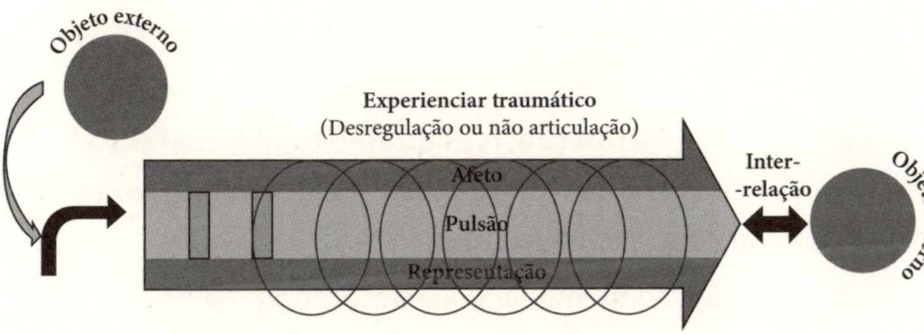

Esquema do aparelho psíquico

A "experiência traumática" é averbal, e não pré-verbal, uma vez que se desencadeia em um psiquismo capaz de representar.

Como não existe a lembrança do que não foi representado, em um psiquismo maduro, a função do relato será apaziguar a dor do vazio.

O *holding*, em uma relação estabelecida na transferência, possibilitará que a presença torturante de uma experiência averbal, carregada de afeto que não pode ser significada, vá gradualmente perdendo sua marca desestruturante.

A contenção por meio da função de "*reverie*" do terapeuta será viável na medida em que ele não se alinhe ao paciente nessa busca persistente de representação do que nunca teve e nunca terá.

Dessa forma, o terapeuta possibilitará que se signifique a travessia do sem sentido, do impensável e inefável, do irremediável, sem que, com isso, o paciente perca sua própria integridade.

Na transferência, mais uma vez, o paciente se expõe ao sem sentido, mas aqui sua existência não está em perigo; ao contrário, encontra sua continuidade. Não pelo que foi entendido ou articulado, mas pelo que foi vivenciado.

Portanto, a elaboração da experiência traumática é a representação da vulnerabilidade do nosso aparato psíquico.

Durante o tratamento, não buscamos a resolução da "experiência traumática", mas justamente a aceitação de que o aparato psíquico passou pelo vazio e poderá incluí-lo como mais uma experiência dolorosa.

No processo de **introjeção**, o psiquismo é ativo e, ao se elaborar psiquicamente, metaboliza-se. Na **incorporação**, o psiquismo é ativo e, ao se elaborar psiquicamente, não se metaboliza.

A **incrustação**, como modalidade de elaboração psíquica, difere das duas anteriores porque o psiquismo permanece absolutamente passivo diante do impacto do fenômeno fático, como uma espécie de congelamento ou "freezing". O fático do fenômeno externo persiste no psiquismo em sua dimensão *perceptual.*

O psiquismo passivo não conseguiu metabolizar o percebido de forma adequada, ativando repetidamente as funções perceptuais e não as desenvolvedoras. Portanto, o fenômeno fático, ao se elaborar psiquicamente por incrustação, não se transformará em um introjeto *e perdurará como percepto.*

Freud postulou que um fenômeno que persiste como percepto não pode ser pensado A falta de capacidade para pensar o ocorrido e sentir-se objeto do fenômeno fático é uma ferida narcísica muito forte, à qual o psiquismo resiste permanentemente. Essa resistência se manifesta desenvolvendo tentativas de transformação, geralmente fracassadas, que depois aparecem como sintomas.

O percepto não pode ser pensado nem trazido à memória por meio da lembrança, sendo um presente eterno. Chamei de "**introducto**" a esse fenômeno no qual o percepto persiste como tal.

Defino o introducto como o produto psíquico de um fenômeno fático externo, que se internaliza ou elabora psiquicamente por incrustação e perdura no psiquismo com suas qualidades perceptuais.

Tratando soldados no campo de batalha e pessoas que sofreram acidentes ou outros tipos de impactos disruptivos com qualidades geradoras de trauma, notei que esses pacientes reativavam espontaneamente sensações vividas nessas situações. Sentiam os odores, viam as cenas, as chamas dos incêndios, ouviam as vozes dos companheiros pedindo socorro etc. Isso aparecia de forma repetitiva e torturadora.

A desarticulação entre afeto e representação, produzida por um evento disruptivo gerador de trauma, gera tentativas de metabolização que não se concretizam.

O introducto é a justaposição de fenômenos psíquicos que persistem em uma tentativa repetitiva de transformação fracassada. Se elabora psiquicamente de forma passiva, por incrustação.

É importante destacar que **nem toda experiência traumática se cristaliza em um introducto**. Mas, se há introducto, sempre haverá experiência traumática.

A rapidez do evento, a intensidade dos estímulos, o caráter surpreendente e inesperado da situação, somados à incapacidade de elaboração, são fatores geralmente presentes na aparição do introducto.

Um dos objetivos de nosso trabalho terapêutico será possibilitar a metabolização gradual do introducto. Desde já, o introducto não poderá ser abordado a partir da causalidade psíquica e das motivações psicológicas do ocorrido. Para isso, uma das modalidades de abordagem é o que chamei de "*interpretação figurativa*".

Justamente por meio do desenvolvimento do que chamamos de "abertura confiante", da contenção e do holding, poderemos colocar em ação a "interpretação vivencial" que, através do desenvolvimento de um processo *regressivo*, nos permitirá abordar o figurativo e as sensações (Benyakar, 2013).

Adotei o conceito de "Elaboração psíquica" para me referir à transformação do fático em psíquico.

Podemos dizer que a elaboração psíquica é um processo basicamente psíquico, no qual as capacidades individuais de processamento são inerentes a cada pessoa. O impacto do fenômeno fático influenciará de diferentes maneiras para determinar a via e o modo como o psiquismo o processará.

A relação entre o fático e o psíquico, que caracteriza cada fenômeno, evidencia o princípio de capacidade de relação dos fenômenos disruptivos.

Serão as qualidades do fenômeno fático que interagirão com o psiquismo em questão, e essa interação determinará as vias e as modalidades de elaboração psíquica.

As vias e maneiras em que um fenômeno fático se elabora psiquicamente, estão condicionadas pela relação entre:

a) as características, qualidades e atributos do fenômeno fático;
b) as condições dadas em uma situação específica;
c) as experiências do passado;
d) a modalidade de contato com o novo e o externo;
e) as capacidades de processamento psíquico de cada sujeito.

Esses fatores determinarão as vias e o modo como o fático se transforma em psíquico e, junto a isso, o destino desse primeiro processo de elaboração psíquica. **A meu ver, esses são fatores condicionantes e não determinantes para abordar as qualidades do processamento psíquico.**

A abordagem terapêutica relacionada a fenômenos disruptivos deve levar em conta, desde o princípio, as características dos fenômenos fáticos, a descrição das qualidades e dos atributos do fenômeno disruptivo, seu impacto, a modalidade de elaboração do processamento psíquico, os fatores metabolizadores conjuntos, os conteúdos do relato, a expressão e as modalidades de elaboração dos fenômenos psíquicos em cada espaço. Uma vez abordadas essas dimensões, poderemos intervir e interpretar.

Da experiência clínica mencionada surge a intervenção ou interpretação Vivencial e Processual (VeP).

A interpretação VeP pretende um trabalho gradual com o paciente para que, por meio de uma abordagem regressiva dos processos psíquicos, se possa desenvolver essa capacidade de elaboração que foi desarticulada ou distorcida pelos impactos dos fenômenos fáticos.

Defino este tipo de abordagem como "vivencial e processual", pois se refere à elaboração consciente e inconsciente das experiências produzidas por impactos disruptivos, bem como às dificuldades do processamento psíquico das mesmas.

É importante ressaltar que, nas experiências traumáticas, o psiquismo se encontra inundado por suas próprias sensações. Essas sensações pertencem ao espaço originário e emergem com representações figurativas. Embora o paciente tente transmitir o que vivenciou com palavras, estas não conseguem expressar as sensações que o inundam, especialmente porque estão sob o postulado do autogerado e não chegam ao domínio do imaginário ou do simbólico.

Compreendemos que, por meio das interpretações causais, não podíamos acessar as sensações, e tampouco as interpretações que remetiam a significados conseguiam alcançar esses níveis.

Pelo fato de que, na experiência traumática, o psiquismo fica fixado em processos do domínio do originário, o trabalho terapêutico estará orientado a exercer a violência primária de forma inversa aos processos evolutivos, ou seja, de modo regressivo.

Uma abordagem regressiva é a que permite um melhor contato com as sensações que invadem o paciente quando a experiência traumática emerge.

Fica claro que nos referimos a um psiquismo com capacidades simbólicas desenvolvidas, que, devido ao impacto disruptivo, perde essa capacidade de simbolização genuína do vivenciado. Enfatizo que não é que a capacidade simbólica se perde de forma absoluta, mas as sensações são tão estranhas e intensas para o psiquismo que ele perde a capacidade de se referir com palavras ao que está vivenciando. Esta é a característica da experiência traumática.

Somente quando o paciente estiver capacitado para exercer seu processamento psíquico, as interpretações causais poderão ocorrer.

Proponho três modalidades de interpretações vivenciais e processuais (VeP):

a) Interpretação Figurativa;
b) Interpretação Relacional;
c) Interpretação de Sentido.

Por meio da Interpretação Figurativa, a palavra enunciada através da Figura, pela via regressiva, estará a serviço da busca pelo mais primitivo, ou seja, as Sensações.

Voltando às expressões literárias, penso que o modo como Clarice Lispector se referiria à passagem da imagética ao contato com o primário (ou relação) seria o seguinte:

"A forma do cavalo representa o melhor do ser humano. Tenho um cavalo dentro de mim que raramente se expressa. Mas quando vejo outro cavalo, então o meu se expressa, sua forma fala."

Portanto, o uso da Imagética como técnica implica estimular no paciente o funcionamento de mecanismos regressivos a serviço de um processo Progressivo, no qual a Experiência Não Articulada pode retomar a corrente interrompida.

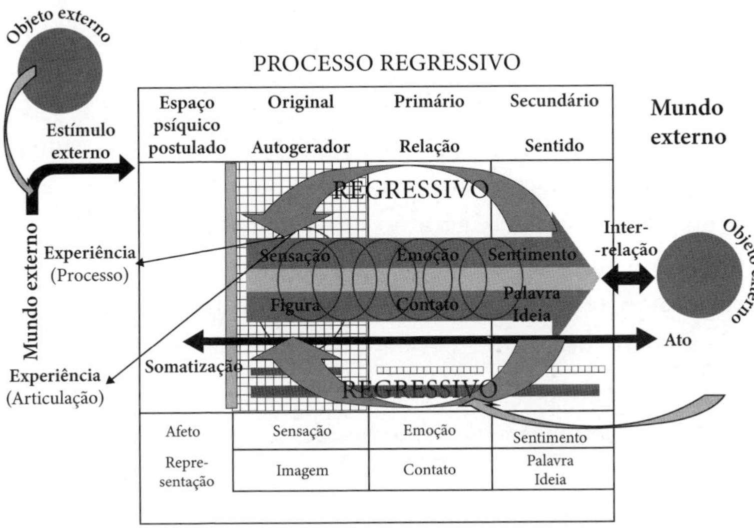

Vicissitudes da Intervenção diante de Impactos Disruptivos pelo Ambiente

Princípio de Salomão:

1. Imediatismo;
2. Proximidade;
3. Expectativa.

4 momentos da Intervenção

1. Imediato durante o evento ou no período de uma semana.
2. Período intermediário, de uma semana a seis meses.
3. Período prolongado, de seis meses a um ano e meio.
4. Crônico, a partir de um ano e meio.

Modalidades de atendimento:

1. Assistência;
2. Contenção;
3. Tratamento.

Os 10 Paradoxos da Saúde Mental em Desastres

Além de complexas, as catástrofes são, conforme sua própria definição, situações complicadas, o que significa que mesmo as melhores respostas, por mais benéficas que sejam, sempre serão incompletas, desiguais e gerarão consequências indesejadas, até mesmo injustas. É necessário aceitar esse caráter parcial das soluções e não adotar, como pode ocorrer, atitudes maníacas que pretendem fornecer soluções para o que não as tem.

Acredito que pode ser de grande valor esclarecedor a formalização das questões que envolvem a consideração da situação de intervenção em desastres ou catástrofes como um fenômeno complexo, na enunciação de 10 paradoxos intrínsecos a ele.

1. **'O caráter patogênico de uma situação disruptiva está na própria situação'.** Nesse tipo de situação, o ambiente perde suas qualidades de suporte e contenção e se torna um fator ameaçador e desestabilizador. O fator patogênico é externo ao indivíduo, e não em sua condição biológica ou psicológica.
2. **'Quem assiste é afetado pelo impacto'.** Tanto os que ajudam quanto os ajudados estão sob os mesmos perigos e, portanto, é especialmente difícil para os profissionais estabelecer uma adequada "distância terapêutica".
3. **'Prevenir e preparar-se para o imprevisível'.** Dado que são situações das quais não podemos antecipar nem as características, nem o quando nem o onde ocorrerão, parece ilógico e impossível preparar-se para enfrentar o imprevisível; por isso, considerando esse paradoxo, devem ser desenvolvidas técnicas e formas de

organização adequadas. Com base nisso, devem ser desenvolvidos programas e equipes virtuais ou potenciais altamente treinados para abordar esse tipo de paradoxo.

4. **'Assistir a pessoas saudáveis ou normais, diante de uma situação anormal'.** As pessoas que enfrentam esse tipo de situação geralmente são afetadas pelo impacto da mesma, mas nem todos são prejudicados, e apenas alguns dos prejudicados se tornarão pacientes. Por isso, devemos estar cientes de que a presença de danos ou sequelas psíquicas deve ser investigada. Aqui devemos lembrar o aforismo básico da saúde mental em desastres: "Pessoas normais, reagindo normalmente a uma situação anormal".
5. **'A necessidade social da vítima e o impacto patogênico que esse processo apresenta para o sujeito'.** Ao assistir pessoas afetadas, devemos evitar sua "vitimização". Do ponto de vista psicossocial, "vítima" é uma pessoa cuja subjetividade fica presa por uma determinada situação. As "vítimas" são geralmente o produto de comunidades danificadas que as precisam para garantir a lembrança do evento prejudicial. Como profissionais, devemos ajudar as pessoas "afetadas" a recuperar sua subjetividade, desapegando-se do papel de "vítimas" (Benyakar, 2003; López Ibor, 2003).
6. **'O Transtorno de Estresse Pós-Traumático (TEPT) como único diagnóstico para um quadro clínico muito complexo'.** Esse diagnóstico abriu a possibilidade de determinar o impacto patogênico do ambiente sobre a psique, permitindo-nos diferenciar pessoas danificadas por eventos circunstanciais daquelas que sofrem de patologia "endógena" (American Psychiatric Association, 1994). Mas, atualmente, o TEPT é considerado uma síndrome pouco específica que coloca o trauma e o estresse na mesma categoria diagnóstica, deixando de lado o reconhecimento da grande variedade de impactos psíquicos motivados pelos desastres (Crocq, 1996; Shalev, 2000).

Preferimos nos referir aos impactos de eventos externos na psique como "Transtornos por Perturbação", uma categoria que abrange várias manifestações psicológicas como estresse, experiência traumática, depressão, diferentes tipos de ansiedade etc.

Como resultado de nossas investigações e observações clínicas, descrevemos uma nova síndrome ao qual chamamos Síndrome de Ansiedade por Perturbação (SAP), ou, em inglês, *Anxiety by Disruption* (AbD). Detectamos que as características dessa síndrome emergem em ambientes disruptivos causados por desintegração social ou pela presença de medo constante a ameaças como terrorismo ou desastres econômicos e institucionais. Assim como o Dr. Garzarelli propôs o conceito de 'Síndrome do Acossado' devido aos desastres econômicos que a Argentina enfrentou em 2001.

A Síndrome de Ansiedade por Perturbação destaca, com mais precisão, elementos encontrados no TEPT e revela outros não considerados nesse diagnóstico (Garzarelli, 2002; Benyakar, Collazo, De Rosa, 2002; Benyakar, 2003). Atualmente, estamos liderando um grupo multidisciplinar de pesquisadores, composto por médicos psiquiatras, psicólogos, sociólogos de diferentes escolas e orientações, centralizado na Argentina na Universidade do Salvador, com a participação de outras equipes da Espanha, Israel e EUA, dedicados ao estudo e desenvolvimento das características dessa síndrome.

7. 'Maior quantidade de afetados em saúde mental, frente ao menor número de profissionais'. Embora para cada indivíduo fisicamente ferido durante um desastre haja mais de 200 pessoas psicologicamente danificadas.

A relação entre o pessoal disponível para atender nessa área é desproporcional, já que para cada 20 profissionais na área da saúde geral há somente um na área de saúde mental (McFarlane, 2000; Ursano, Fullerton, McCaughey, 2000; Susser, Susser, 2002).

8. **'Entre a Solidariedade e a rivalidade no contexto dos profissionais de Saúde Mental'.** Os efeitos desorganizadores dos desastres também influenciam aqueles que ajudam. Entre eles, existe uma tendência a se isolar em pequenos grupos, que podem até rivalizar uns com os outros como se estivessem inconscientemente atuando os componentes desorganizadores e ameaçadores do ambiente.
9. **'Entre o voluntarismo e o profissionalismo'.** Há uma grande desproporção dos recursos financeiros disponíveis em relação à quantidade de recursos necessários para cobrir os honorários necessários para a abordagem da saúde mental. Devido às tendências humanitárias e de solidariedade que geralmente caracterizam nossa profissão, tende-se a desvalorizar a remuneração adequada que esse tipo de investimento requer, considerando essas atitudes única e exclusivamente como atos de caridade, o que leva a desvirtuar a atividade profissional. Assim, o profissional de saúde mental não é considerado em todo seu valor em relação à possibilidade de intervenção em tais situações com o profissionalismo e dedicação necessários, mantendo sempre uma atitude comprometida com a dor e com as necessidades daqueles que necessitam de assistência.
10. **'Entre a aparência do efeito e a consequência do mesmo'.** Esse paradoxo tenta destacar que a sintomatologia menos chamativa, a psíquica, geralmente resulta sendo a que deixa maiores sequelas e maior grau de incapacidade.

Esses paradoxos me levaram a desenvolver 10 princípios de intervenção em desastres, aos quais chamei de 'As 10 Ws', sobre os quais considero pertinente basear a assistência em saúde mental durante as catástrofes, como forma de conectar a complexidade com a complicação, tendo como fundamento minhas experiências pessoais e as contidas nos diferentes tratados que abordam os modos de intervir em catástrofes.

Trata-se de dez princípios essenciais que tentam sintetizar a complexidade, sem simplificá-la, para que seja mais fácil organizar as respostas e instrumentalizar aqueles que devem fornecê-las. Hoje em dia, esses princípios são citados nos seminários de formação como "As 10 Ws de Benyakar para a intervenção em desastres".

As 10 Ws da intervenção em Saúde Mental em desastres

Embora esses princípios sejam fundamentalmente pragmáticos, sua correta implementação implica conjugá-los com uma sólida conceituação teórica, a qual não só deve ser profunda e precisa, mas também deve incluir de forma coerente as diferentes dimensões a serem abordadas. São denominadas "10 Ws" porque originalmente foram postuladas em inglês e, nesse idioma, a palavra que identifica cada um dos princípios começa com a mencionada letra. São elas:

1. Warning (prevenção);
2. Why (por quê);
3. What (o quê);
4. Who (quem);
5. Whom (a quem);
6. Whose (de quem);
7. When (quando);
8. Where (onde);
9. Ways (formas);
10. Wholeness (integralidade).

Warning off (Prevenção)

Um dos temas que mais desperta interesse entre os profissionais dedicados à atenção dos problemas de saúde mental derivados da ocorrência de catástrofes é se é possível algum tipo de prevenção, ou seja, se é possível preparar as populações para que possam enfrentar a eventualidade melhor equipadas psicologicamente.

Existem várias técnicas e programas de prevenção, já testados, para enfrentar desastres como terremotos, erupções vulcânicas, inundações e outras catástrofes consideradas "naturais" (Cohen, 1999).

Em geral, é mais simples, sob todos os pontos de vista, preparar a população para enfrentar e superar incidentes de ordem natural, uma vez que, como vimos anteriormente, as situações de agressão e violência provocadas por seres humanos apresentam dificuldades maiores para a psique. Por exemplo, é muito mais complicado elaborar respostas de prevenção e intervenção quando a catástrofe tem sua origem em ações terroristas, cuja estratégia básica é gerar desconforto através de eventos inesperados de alto impacto desorganizadores do simbólico.

Diante dessa característica decisiva dos sofrimentos provocados pelo terrorismo surge uma pergunta fundamental: como se prepara uma população exposta a esse flagelo? As descrições dos possíveis eventos e as explicações racionais sobre as ações e atitudes adequadas são suficientes? Ou preparar uma população implica, além disso, um trabalho mais profundo de elaboração de recursos psicológicos por parte de cada um dos indivíduos?

As respostas a essas perguntas surgem da observação – em países como Israel, no passado, e hoje em certas regiões da Espanha – de que a população tende geralmente a desenvolver mecanismos psicológicos como **negação** ou **desmentido**. Assim, as pessoas agem como se a ameaça nunca fosse acontecer ou, pelo menos, não as afetaria pessoalmente. Dessa forma, acreditam ter minimizado o efeito de viver sob ameaça. No entanto, também observamos que quando essa ameaça se concretiza, as reações das pessoas são bastante patológicas, mesmo das que não são afetadas diretamente.

A partir dessas observações e de sua análise orientada a imaginar formas de prevenção, Boaz Tadmor, Zohar Rubinstein e eu desenvolvemos o conceito de **"imunidade psíquica"**. O modelo que usamos para pensar a imunidade psíquica foi o processo de imunidade orgânica ou somática. Perguntamo-nos, então, se assim como o modo de desenvolver defesas adequadas é expor o organismo ao fator patogênico em doses e tempos controlados (como as vacinas), o mesmo poderia ocorrer no nível psicológico. Assim pensado, fica claro que a negação não é um recurso eficaz para enfrentar ameaças como o terrorismo. Pelo contrário, uma pessoa estaria melhor preparada se entrasse em contato com o que poderia acontecer e com o que poderia lhe acontecer caso uma ameaça se tornasse realidade. Isso ajudaria no desenvolvimento de defesas psíquicas apropriadas.

Nesse sentido, e com a intenção de transmitir a particularidade e a importância da aquisição do que chamamos de **"imunidade psíquica"**.

Os principais passos do processo de aquisição seriam os seguintes:

1. Reconhecer o fator externo ameaçador em todas as suas características.
2. Reconhecer as capacidades psíquicas que cada indivíduo possui para enfrentar situações ameaçadoras, ativá-las e aprender a usá-las.
3. Tomar medidas de precaução objetivas necessárias para o caso de o que se deseja evitar venha a ocorrer.

Esses três princípios devem ser os objetivos de qualquer programa que busque ações de prevenção da saúde mental, especialmente quando se trata de proteger populações ameaçadas, principalmente pelo terrorismo. Como se pode observar, isso é precisamente o oposto da negação ou desmentido. A abordagem que propomos foca no desenvolvimento de defesas psíquicas e físicas, ou seja, na necessidade de capacitar os indivíduos para que possam considerar a possibilidade real de um ataque e entender que o impacto sobre sua saúde mental depende, em grande medida, de como eles podem enfrentá-lo.

A meu ver, em um contexto mundial marcado pela presença do terrorismo, essa é uma função essencial que devemos assumir como profissionais da saúde mental na etapa prévia à ocorrência de eventos ameaçadores.

Why (Por quê)

Uma vez esclarecida a importância de desenvolver a imunidade psíquica na população como um recurso essencial de prevenção, surge a pergunta sobre a função que os profissionais de saúde mental devem desempenhar quando o evento disruptivo ocorre.

A intervenção desses profissionais é necessária porque situações disruptivas, como uma catástrofe, podem impactar o psiquismo de forma a provocar uma experiência traumática ou outro tipo de patologia.

Intervimos como representantes do mundo externo, capazes de reinstaurar funções mediadoras, de contenção e "holding" necessárias para todas as pessoas cujas subjetividades foram afetadas pelo fenômeno. As ações dos profissionais de saúde mental tendem a restaurar os processamentos psíquicos adequados antes que se tornem patológicos e ajudar a que a irrupção do mundo externo no interno tenha um efeito menos disruptivo.

Embora nossa intervenção tenha como objetivo evitar que o sofrimento se intensifique e se torne patológico, não é nossa função impedir que o sofrimento seja vivido como tal. Compreender essas razões nos permitirá determinar o que fazer, quem fará, de que forma, quando, como etc.

What (O quê)

A questão sobre o que tratar em uma situação de catástrofe surge porque as dimensões da existência cotidiana que colapsam são numerosas e variadas, razão pela qual devemos ter total clareza sobre qual será o foco de nossas ações (Mark, Layton, Chesworth, 1997; Murthy, 2002).

O foco essencial é tratar a capacidade de processamento psíquico quando esta corre o risco de ser comprometida ou já o foi. Devemos evitar, a todo custo, a tendência de considerar todas as necessidades psíquicas que surgem.

Quando fazemos uma intervenção, nosso interesse é fazer com que se manifeste a subjetividade e a capacidade de elaboração dos afetados ou das pessoas envolvidas na situação disruptiva. O mais comum é pensar que a função dos profissionais de saúde mental é fazer com que os afetados falem e relatem o que aconteceu a alguém que os ouça. De fato, estabelecer um diálogo catártico com uma pessoa receptiva é extremamente importante. Mas, no caso em questão, nossa intervenção profissional deve ser mais precisa em seus objetivos e deve entender para que serve esse diálogo e qual forma deve ter. O diálogo útil adquire especificidade de acordo com o momento e o lugar da intervenção, além das características demográficas e culturais de cada população.

Por exemplo: quando tivemos que receber e atender os afetados pela guerra do Golfo (Kretsch, Barouch e eu, entre outros profissionais), em 1991, à medida que eram evacuados e chegavam aos hotéis onde eram abrigados, propus que fôssemos nós, profissionais de saúde mental, a distribuir as toalhas e sabonetes que as pessoas precisavam em seus quartos e que aproveitássemos cada oportunidade para conversar sobre as diferentes necessidades que surgiam para aqueles que, de repente, haviam perdido suas casas destruídas pelos mísseis.

Nossa função não era suprir essas necessidades concretas. Apenas fazíamos isso porque nos dava a oportunidade de estabelecer um diálogo que nos permitia não apenas detectar a capacidade de processamento de cada pessoa, mas também que esse contato fosse desenvolvedor em diferentes níveis.

Who (Quem)

Decidir quem pode assumir a saúde mental em situações de catástrofe requer uma revisão de algumas crenças muito enraizadas.

Por exemplo, acreditar que apenas os profissionais da área podem fazer isso. ou que a saúde mental é um tema que só se trata em momentos e situações especiais. Nossa experiência indica, ao contrário, que em situações de catástrofe, as atividades relacionadas ao estado de saúde mental da população podem e devem ser assumidas por todas as pessoas envolvidas.

São de vital importância as intervenções que podemos chamar de "primárias" ou "de campo", que dependem de a população envolvida ter sensibilidade e capacidade para detectar em que medida os afetados precisam de ajuda e quando e como pedir auxílio para outros. As funções mediadoras, de contenção e "holding" podem ser desempenhadas desde um psiquiatra muito treinado até o pároco, a professora ou um vizinho. No entanto, é necessário alguém experiente e qualificado para montar uma estrutura e organizar a atenção, pensando em utilizar toda a comunidade como recurso. Isso, naturalmente, significa contar com profissionais de saúde mental capazes de transmitir a todos os membros da comunidade o que é necessário para cumprir essas funções.

Durante a guerra do Yom Kippur, no meio do deserto, havia tantos problemas a entender e abordar que eu pensei em recorrer aos cantineiros de campanha, ou seja, aqueles que iam de lugar em lugar distribuindo guloseimas ou bebidas entre os soldados, como um recurso eficaz para obter informações. Quando propus essa ideia, lembro que acharam que eu estava delirando, pois se tratava de pessoas com muito baixo nível cultural, consideradas incapazes de entender a proposta. Incentivei os cantineiros a não se limitarem a entregar os produtos e, em vez disso, conversarem com os soldados e, na medida em que observassem algum problema, nos informassem.

Explicamos a eles, com palavras muito simples, as diferentes características das síndromes que poderiam encontrar. Foi impressionante o quão útil essa estratégia foi para detectar problemas e inserir o diálogo em geral como um recurso para a intervenção.

Assim, acredito que deve ser desenvolvido o recurso que poderíamos chamar de "agentes de saúde mental em situações de desastre". Ao canalizar as diferentes situações para os diferentes níveis e locais de intervenção, essa abordagem tem dois efeitos importantes. Um é desmistificar a problemática da saúde mental e aceitar que as pessoas afetadas são, em sua grande maioria, pessoas normais enfrentando situações anormais, o que pode levar a reações que parecem estranhas. O outro é potencializar nossas possibilidades de intervenção como profissionais.

Dessa forma, enfrentamos um aspecto crucial nessas situações: a relação entre as necessidades de recursos humanos especializados – tanto em função do número de pessoas que devem ser assistidas quanto pelo tempo que cada uma delas demanda – e a quantidade disponível desses recursos. Desde o ataque às Torres Gêmeas, sabe-se que, para cada afetado físico, há pelo menos duzentas pessoas que necessitam de assistência psicológica. Esse conhecimento evidenciou ainda mais o que chamei de "paradoxo dos desastres".

Podemos formular a história desse paradoxo nos seguintes termos: Inicialmente, sabíamos que, para cada afetado físico, havia pelo menos quatro afetados psíquicos: o próprio afetado e seus familiares mais próximos.

Depois, quando começaram os atentados terroristas, essa relação foi postulada em termos de vinte afetados psicológicos para cada afetado físico. Hoje, como já mencionado, a relação é de um para duzentos. O paradoxo dessa situação é que, no melhor dos casos, para cada trinta profissionais dedicados a atender fisicamente os afetados, há um profissional de saúde mental. O paradoxo se intensifica ainda mais quando se considera o tempo necessário para os tratamentos psicológicos, mesmo os mais breves e focados. Esse descompasso nos levou a desenvolver, tanto no nível local quanto internacional, um programa de formação, capacitação e especialização em atendimento em catástrofes, dirigido a diferentes níveis de pessoas: desde socorristas até doutorados ou mestrados abertos a diferentes profissionais universitários.

Whom (Qual)

Qual é a população que deve ser atendida? Em momentos de catástrofe, e não apenas nesses momentos, costuma-se pensar que os necessitados são aqueles que manifestam suas necessidades e demandas de forma mais espetacular. No entanto, isso não é necessariamente verdade.

É necessário ter uma sensibilidade especial para perceber onde estão os focos da população que precisa ser atendida. Há muitas pessoas cuja reação consiste em permanecer em silêncio, isoladas, e também há pessoas que, aparentemente, "não sofreram nada", ou seja, não sofreram um dano direto, mas sim indireto, ou foram meros testemunhas.

É importante considerar as características específicas dos diferentes grupos da população que necessitarão de atendimento: crianças, idosos, mulheres grávidas, pessoas com deficiência etc., e também identificar os grupos de maior risco em termos de sua capacidade de enfrentar a ameaça psíquica. Falo daquelas pessoas que nunca receberam qualquer preparação que as permitisse saber como reagir em situações disruptivas com efeitos catastróficos.

Essas múltiplas realidades sustentam os modos de intervenção denominados "atendimento por presença" e "atendimento por demanda" que desenvolvo mais adiante.

Whose (De quem)

Diante das catástrofes, cabe perguntar de quem é a responsabilidade. Esse questionamento pode se referir a dois aspectos. Em primeiro lugar, a responsabilidade subjetiva diante do encontro com o desastre: há uma responsabilidade do sujeito que se instala na fissura entre necessidade e acaso. Isso significa que não somos responsáveis por tudo o que nos acontece, mas também não estamos sempre isentos de responder. Essa fissura possibilita a escolha subjetiva e abre o capítulo da responsabilidade individual.

Em segundo lugar, a responsabilidade jurídico-social: quem responde jurídica e socialmente pelas consequências de um desastre. Não apenas quem é culpado, mas quem assume o compromisso de assistência. Apela-se a uma resposta de diferentes entidades válidas, como autoridades políticas, instituições e profissionais responsáveis.

When (Quando)

Muitas das catástrofes são anunciadas; outras podem ser antecipadas e, ainda assim, não ocorrer; e outras, as menos, são absolutamente imprevisíveis. Apesar dessas diferenças, em todos os casos é possível preparar a população e organizar, até mesmo capacitar – se isso não foi feito previamente, o que é o ideal – os recursos que serão necessários durante o impacto e no imediato e no mediato. Do ponto de vista da intervenção, essas etapas, facilmente identificáveis, exigem programas de ação distintos, cada um com sua própria coerência e adequação, mas, ao mesmo tempo, organizados em uma sequência que também demanda consistência.

Um programa que contemple esses requisitos é um programa integrado que atribuirá a seus membros uma tarefa específica em cada um dos momentos e estabelecerá um sistema de encaminhamento para que as ações em cada nível sejam coerentes e integradas com as ações dos outros níveis. Na Argentina, isso seria exemplificado da seguinte forma: 1) a etapa prévia e imediata será de responsabilidade do Sistema de Atendimento Médico de Emergência (SAME); 2) na segunda etapa, ou seja, durante o desastre, a atenção será coordenada e responsabilidade dos hospitais designados, que, após atender a urgência, encaminharão os pacientes que necessitarem a um sistema integrado e coordenado de atendimento; e 3) no momento da catástrofe, intervirão a Defesa Civil, ONGs dedicadas a responder a esse tipo de situação, organismos públicos pertinentes etc., e assim por diante.

Estabelecer as etapas é importante porque nossas intervenções têm características muito diferentes em cada uma delas. Por exemplo, a fase prévia ao impacto é quando os profissionais de saúde mental devem se dedicar a desenvolver o que chamamos de "imunidade psíquica", ou seja, a capacidade que uma população preparada pelos agentes de saúde adquire para captar o tipo e a dimensão das ameaças, organizar e dispor dos recursos que possui, próprios e da comunidade, e saber como agir durante os eventos.

No momento em que os eventos catastróficos ocorrem, trata-se de garantir que os recursos – organizados na etapa prévia – possam não apenas fornecer o atendimento adequado em tempo e forma, mas também captar como o evento impactou os diferentes grupos da população para ajudar a processar o ocorrido de alguma forma e evitar que as pessoas caiam na desesperança. Isso significa que, durante o evento, a participação dos agentes de saúde mental é essencial, algo nem sempre compreendido pelas autoridades nem pelos próprios profissionais da área. Em situações de guerra, isso significa estar presente para quando chega o momento de descanso e os soldados podem falar, refletir um pouco sobre o que lhes aconteceu.

Imediatamente após o evento, a atenção deve se dirigir a detectar quais são os processos de elaboração desenvolvidos por cada indivíduo, que mitos organiza para explicar o que lhe ocorreu, e intervir para evitar que se estabeleçam condições patológicas.

Quando todas as urgências passaram, começa a etapa de tratamento propriamente dito das pessoas afetadas. No entanto, é importante lembrar que, durante essa etapa, também continua a necessidade de trabalhar sobre a imunidade psíquica, pois os efeitos indiretos das catástrofes permanecem por um tempo variável, mas sempre prolongado.

Where (Onde)

Esse conceito está intimamente ligado ao "quando" ou "quando" já que cada momento está associado a um lugar e a um cenário diferentes. Portanto, os serviços de saúde mental devem ter a suficiente disponibilidade e flexibilidade para se instalar nos diferentes locais onde seja necessária sua presença. Nesse aspecto, a ideia de consultório não faz sentido: pode-se atender debaixo de uma árvore ou em qualquer canto.

"Onde" significa qualquer lugar que, após ser transformado, sirva como um contexto adequado para desenvolver a função terapêutica. Essa transformação se dá não tanto por meio de mudanças materiais, mas concedendo ao local outro significado ou reforçando o que já está presente (a copa da árvore como abrigo, o tronco como elemento de privacidade). É o que descrevi em outro lugar como "a transição do divã para as pedras" (Benyakar, 1994a).

Ways (Formas)

As abordagens terapêuticas podem ser realizadas no nível individual, familiar ou com o grupo de pertencimento. Não falo de "fazer" psicanálise ou psicoterapia gestáltica ou qualquer outro tipo de tratamento, mas de que cada profissional possa tomar o essencial do marco teórico que fundamenta sua prática e adaptá-lo às circunstâncias em que ele deve intervir. Em situações de catástrofe, é conveniente que os profissionais de saúde mental abandonem posturas rígidas e dogmáticas, mas não seus marcos teóricos, que devem estar profundamente enraizados e incorporados para que possam se manifestar e orientar a ação nos momentos em que são mais necessários.

O desafio é permanecer suficientemente flexível para continuar sendo psicanalista, cognitivista ou sistêmico, mesmo quando o enquadramento for diferente do estipulado pela teoria ou técnica.

Opera, em muitos casos, uma tendência defensiva diante da complexidade dos problemas a serem enfrentados, que, em alguns profissionais, se traduz em um fortalecimento dos princípios dogmáticos que os leva a adaptar à realidade à teoria e não o inverso, como é ético fazer, adaptar à teoria à realidade.

Mantendo uma posição clássica em relação aos modos de intervenção, muitos profissionais sustentam que se deve atender apenas aos pacientes que demandam tratamento porque detectam seu mal-estar.

Em situações de catástrofe, esse critério, que poderíamos chamar de "atendimento por demanda", perde o sentido. Diante de um desastre, em princípio, geralmente a população afetada não tem consciência de como foi impactada nem das consequências desses impactos nos processamentos psíquicos.

A realidade das catástrofes exige outro tipo de intervenção, a "atendimento por presença", que implica a assistência direta dos profissionais de saúde mental nos diferentes locais e momentos em que ocorrem os eventos. Estar simultaneamente com os acontecimentos permite detectar e tratar, no local, os emergentes ou as manifestações que tenham características patológicas ou anormais.

Finalmente, outro fator a ser considerado é se o profissional atua sozinho ou em grupo. Essa consideração permite fazer a importante distinção entre liderança funcional e liderança estrutural. Esta última responde às hierarquias próprias de organismos ou instituições organizadas para funcionar em tempos normais. A liderança está definida e delimitada pelo cargo que cada indivíduo ocupa nessa estrutura hierárquica. No entanto, sabemos que nem sempre as pessoas que têm a capacidade de liderar instituições estáveis são capazes de fazê-lo em situações de grande anormalidade. Nesses casos, é conveniente recorrer ao conceito de "liderança funcional", que se refere à pessoa capaz de mobilizar os recursos da maneira mais eficaz e eficiente possível.

Vimos, em diversas guerras, como profissionais que dirigiam importantes hospitais ou serviços de enorme complexidade, no momento de atuar frente a uma catástrofe, se colocavam à disposição de outros profissionais cujo cargo institucional era muito menor, mas que tinham as qualidades de liderança necessárias para situações de tamanha dificuldade.

Wholeness (Integralidade)

Nesta seção, apresento a visão ou concepção a partir da qual considero necessário abordar os problemas até aqui expostos, a fim de que as intervenções planejadas confiram à atenção um caráter integral. Em suma, como ver o problema, como analisá-lo, como intervir e como organizar a intervenção levando em conta os dez aspectos anteriores.

Como sabemos, as situações de catástrofe nos confrontam com a complexidade ao vivo. Isso confere um caráter especial ao tipo de intervenção, o que exige de nós a capacidade de integrar todas as dimensões supostamente específicas da psiquiatria, como a neurofisiologia, os aspectos dinâmicos do psiquismo, os processos evolutivos, as relações interpessoais etc. A essas dimensões próprias de nossa prática, devemos somar as contribuições de outras disciplinas relacionadas aos processos sociais complexos, a política, a organização econômica, a cultura, além dos conhecimentos sobre as características singulares dos diferentes tipos de eventos que enfrentamos.

Para enfrentar eficazmente essa complexa problemática, os profissionais devem reunir as seguintes condições:

1. Dispor de uma sólida formação na área da saúde mental.
2. Estar capacitados para integrar ao seu entendimento dos fenômenos as contribuições de outras disciplinas.
3. Contar com as condições necessárias para desenvolver uma visão do problema e atuar de forma integradora.
4. Ser suficientemente flexíveis para se adaptar às diferentes situações que surgem das combinações configuradas em cada caso.

Quero destacar que, ao falar de integralidade, não me refiro a que devemos nos responsabilizar por todo o problema. Pelo contrário, nossas intervenções devem estar extremamente focadas no específico de nossa função. Com integralidade, quero indicar uma maneira de considerar a problemática que envolve levar em conta a maior quantidade de aspectos pertinentes à situação e considerar as interações entre esses aspectos.

As 10 Cs para Supervisão

Para mim, o traumático é uma temática que a literatura clínica distorceu em certa medida, não diferenciando entre as qualidades de um evento ou ambiente e suas consequências psíquicas. Para fazer essa diferenciação, utilizei o termo e o conceito de disruptivo, buscando esclarecer as qualidades do evento e reservando o traumático para qualificar exclusivamente uma modalidade do impacto do disruptivo.

Uma pessoa muito preparada sobre os processos psíquicos e o tratamento do traumático nem sempre tem os instrumentos, conceitos e visão de como enfrentar uma catástrofe, tanto no momento em que ela ocorre quanto quando ela acontece. Isso me levou a postular as dez perguntas-chaves que, como profissionais de saúde mental, devemos abordar. Por outro lado, estar em uma situação na qual nós, como operadores de saúde, também estamos envolvidos, tanto do ponto de vista social quanto da situação em si, como a indignação gerada pelo acidente de trem na Estação de Once, em Buenos Aires, em fevereiro de 2012, ou ser parte do terremoto no Japão, me levou a postular os dez paradoxos no tratamento do disruptivo.

É a partir dessa perspectiva que pretendo transmitir a interação especial entre a supervisão e a atividade clínica para abordar a problemática dos impactos disruptivos e suas consequências traumáticas.

Muitas manifestações psíquicas tendem a nos envolver e nos prender ao relato, mas o que vem do traumático, ou o que emana dos impactos disruptivos, tem um impacto muito especial em cada um de nós como psicanalistas e psicoterapeutas, muitas vezes nos deixando presos pelo horror ou criando escotomas (aquilo que nossa visão não consegue perceber) e deslizando para o fundo do desenvolvimento de um processo psíquico do tipo traumático. Por isso, quero ressaltar a função da supervisão no trabalho clínico, tanto em situações desse tipo quanto na clínica cotidiana. Em minha experiência pessoal, na formação, o famoso trípode psicanalítico – análise pessoal, estudos teóricos conceituais e supervisão. Esses três foram os componentes que sustentou permanentemente a abordagem de muitos casos.

Durante minha formação, ouvi conceitos como os processos paralelos entre a supervisão e a clínica no consultório, observando fenômenos semelhantes e pensando que esses eram paralelos. E justamente, para mim, a essência da relação entre os processos de supervisão e clínica está no fato de que os conceitos são convergentes e não paralelos, e não apenas convergentes, mas se potencializam e retroalimentam permanentemente.

Essa convergência, esse transbordamento da supervisão para a clínica ou para o consultório, tem diferentes modalidades: há aqueles que o que fazem na supervisão é conceitualizar o que o terapeuta realiza em sua prática; outros funcionam como um superego permanente, tentando enfatizar o que deve e o que não deve ser feito; outros ainda transmitem como eles próprios funcionariam ou agiriam; e há os que interpretam os processos inconscientes do terapeuta, tentando esclarecer aquilo que não foi percebido no processo.

Embora alguns desses métodos não permitam que o terapeuta se desenvolva em sua função, outros são importantes para o tratamento das diferentes situações clínicas. Com base na minha concepção sobre o traumático, como a desarticulação entre afeto e representação que resulta em uma quebra no processo de metabolização e transformação do psiquismo (carta 32 de Freud), fiz ênfase na importância da experiência e sua elaboração no processo terapêutico.

Entendo que nosso trabalho terapêutico não está na repetição do relato, na interpretação pontual de alguns componentes do inconsciente manifestados no relato, mas na elaboração vivencial durante o processo terapêutico. Essa capacidade de elaboração vivencial é, para mim, o que deve ser transmitido no processo de supervisão, especialmente no tratamento do traumático em situações nas quais o terapeuta e muitas vezes o supervisor também estão envolvidos. Tentando entender e analisar esse processo de interação entre a atividade terapêutica e a supervisão nessas situações, foquei em dez conceitos que considero básicos para o tratamento do traumático ou de qualquer situação disruptiva, mesmo que não alcance o nível do traumático. A esses dez pontos chamei de as dez Cs diante do disruptivo.

Baseado nos diferentes tipos de supervisão mencionados anteriormente, transmitir componentes inconscientes do terapeuta em sua prática deve estar dentro de um ambiente ou modalidade de relação que possibilite o desenvolvimento da contenção, para que não seja explicada apenas como um conceito, mas vivida como tal. Para isso, o terapeuta não deve sair com uma definição clara do que é contenção, nem a entender explicitamente ou imitá-la, mas a atitude relacional, tão importante para mim no trabalho terapêutico, uma vez vivenciada pelo terapeuta em sua própria supervisão, deve ser transformada e transmitida em sua prática terapêutica.

As 10 Cs são:

1. Compromisso
2. Constância
3. Continuidade
4. Coparticipação
5. Coerência
6. Contiguidade
7. Contenção
8. Correlato
9. Concepção
10. Capacidade crítica

Compromisso

Em toda atividade terapêutica, o compromisso é um dos fatores essenciais, mas em situações de impactos disruptivos, surge a pergunta: com quem é o compromisso? Pode ser que o terapeuta tenha um compromisso maior com a instituição à qual pertence do que com seu próprio paciente. Esses compromissos podem ser compatíveis, mas em alguns casos não são. Paradoxalmente, os interesses ou metas de algumas instituições nem sempre atendem às necessidades dos pacientes, seja em termos de tempo, modalidade de atendimento ou objetivos dos tratamentos. Situações semelhantes podem ocorrer com supervisores em instituições de formação, onde eles sentem que devem responder aos compromissos de pertencimento à instituição mais do que ao compromisso específico com o supervisando e seu paciente.

Existem posturas que argumentam que o compromisso do terapeuta deve estar exclusivamente marcado pela demanda do paciente. Em situações disruptivas, a demanda pode estar distorcida, não surgindo de uma genuína solicitação de ajuda e participação, mas, em alguns casos, sendo fruto da desesperança gerada pelo impacto.

Dado que em situações disruptivas muitas vezes surgem afetos de compaixão e tendência à vitimização que distorcem as qualidades do compromisso, é crucial que o terapeuta, assim como o supervisor, tenha claro com o que está comprometido, tanto em relação ao tempo de tratamento, à modalidade de contato, e outros fatores que entram na formulação clara e precisa do que chamei de enquadramento prévio e pós-contato.

Constância

Esse é um dos fatores que dá qualidade ao vínculo terapêutico. As condições desse vínculo devem ser marcadas por uma continuidade pré-estabelecida. Em situações disruptivas, quando o impacto é muito forte e massivo, a tendência tanto do ambiente quanto dos terapeutas é de uma sobrecarga momentânea que nem sempre é sustentada ao longo do tempo. Muitos desses pacientes tendem a relatar de forma repetitiva e tediosa, o que pode causar uma impotência especial nos terapeutas, inerente ao desenvolvimento da falta de capacidade de elaboração característica da desarticulação causada pela experiência traumática. Isso leva rapidamente ao abandono das relações terapêuticas, em alguns casos, induzidos consciente ou inconscientemente pelos terapeutas, e não sempre identificados pelos supervisores, que podem ajudar os terapeutas a enfrentar esses círculos repetitivos que se formam nessas situações.

A constância, assim como cada uma das outras Cs, não deve ser apenas um fenômeno pontual apontado pelo supervisor, mas uma atitude sustentada ao longo de toda a supervisão.

Continuidade

Uma das características dos impactos disruptivos geradores de traumas é a percepção especial de ruptura ou descontinuidade no que se percebe ao redor. Da mesma forma, uma característica da experiência traumática é essa desarticulação entre afeto e representação que cria uma sensação de descontinuidade entre o que foi vivido até aquele momento e o que é vivido a partir dele. Perceber a continuidade tanto no desenvolvimento da relação terapêutica quanto através das associações e interpretações pode provocar uma sensação especial de poder continuar articulando o afeto e a representação com base na forma como era feito anteriormente, ou em alguns casos de resiliência, com maior capacidade.

Coparticipação

Para aqueles que foram formados dentro de alguns cânones dos conceitos psicanalíticos tradicionais, aprenderam, elaboraram e muitas vezes trabalharam em torno do conceito de neutralidade e abstinência. Esses dois conceitos continuam sendo muito relevantes no tratamento de situações disruptivas, desde que não sejam distorcidos.

A questão do disruptivo nos leva a ser muito cautelosos, pois muitas vezes estamos envolvidos no impacto do ocorrido ou somos parte dos efeitos sociais do que acontece. Portanto, devemos desenvolver a coparticipação preservando nosso lugar e considerando que nossa coparticipação está em acompanhar o paciente e, desde já, o supervisando, na tomada de suas próprias decisões, e garantir que a participação não deixe o paciente ou o supervisando imersos em sua impotência desenvolvedora. Por isso, penso que é fundamental o desenvolvimento da capacidade co-metabolizadora proposta por Piera Aulagnier ao se referir à manifestação da violência primária.

Coerência

Há tantos e tão desorganizados conteúdos e afetos envolvidos nessas situações que a coerência conceitual é de suma importância. O ditado de que em tais situações "tudo vale" não me parece o mais adequado.

Acredito que toda ação ou atitude tem valor na medida em que seja coerente com a visão terapêutica de cada terapeuta.

Contiguidade

Embora as primeiras 5 Cs estejam mais relacionadas ao enquadramento e às modalidades de relação terapêutica, esta e as seguintes têm uma dupla significação, tanto para a determinação das qualidades dos processos terapêuticos quanto para qualificar a relação terapêutica.

O conceito de contiguidade fala de proximidade.

Tratar os afetados por um desastre com base na contiguidade, ou seja, muito próximo ou dentro do ambiente afetado, é um conceito já postulado por Salmon após a Segunda Guerra Mundial, que falava de proximidade, imediata e expectativa. Portanto, entender as qualidades específicas de manter a contiguidade na ação é muito importante e deve ser adequado às circunstâncias. Mas, do ponto de vista psicoterapêutico no tratamento do traumático, o conceito de contiguidade refere-se ao desenvolvimento das intervenções em cada um dos espaços psíquicos apropriados. Levando em conta a postulação de Piera Aulagnier sobre o processamento psíquico em três espaços diferentes – o originário, o primário e o secundário – entendo que cada intervenção terapêutica deve ser realizada de forma contígua ao espaço a que pertence. Não por acaso Thomas Ogden chamou o primeiro espaço psíquico, que se limita ao somático, de autista contíguo. Por isso, entendo que a interpretação vivencial, caracterizada pela especificidade da intervenção em cada espaço, deve ser desenvolvida com contiguidade a esses espaços, levando em conta a capacidade de elaboração do paciente. Da mesma forma, o supervisor deve considerar esses mesmos espaços psíquicos e a capacidade metabolizadora de seu supervisando.

Contenção

O conceito de contenção postulado por Bion é um dos pilares do tratamento do traumático. Em termos dele, diria que a necessidade evacuativa do paciente e a capacidade de conter tanto esses conteúdos quanto essa modalidade é fundamental na elaboração do traumático. No entanto, essa capacidade de contenção não se limita apenas aos conteúdos manifestados pelo paciente, mas também deve considerar outros aspectos, como o de sustentação postulado por Winnicott. Este último conceito inclui o de contenção, mas adiciona a presença do analista como um fator de suporte transitório para o paciente ao longo do tratamento. Considerando que a experiência traumática marca um déficit na capacidade de elaboração do paciente, e o forte impacto de estar mobilizado por essa incapacidade processual, a capacidade de conter os conteúdos manifestos pelo paciente e sustentar para que gradualmente essa capacidade de elaboração seja recuperada é de importância central.

Quando falo de contenção e sustentação, não me refiro a simplesmente acalmar o paciente, com o que chamaria de terapia de tapinha nas costas, às vezes entendida como uma abordagem protetora. A tendência de acalmar indiscriminadamente os pacientes muitas vezes busca aliviar nossas próprias angústias. No processo de supervisão, ser capazes de conter os supervisandos não é tarefa simples, pois não devemos apenas conter os conteúdos que foram difíceis de serem mantidos pelo terapeuta com seu paciente, mas também lidar com suas próprias angústias e, muitas vezes, com a especial sensação de impotência e frustração diante da situação.

Correlato

O tema do correlato não se refere a relatar repetidamente o que ocorreu, como algumas técnicas comportamentais e cognitivistas costumam postular. Quando falo de correlato, refiro-me à capacidade de relatar o vivido pelo paciente, mas fazendo isso a partir do que chamei de relato mítico transitório. Geralmente, em torno dos impactos disruptivos, geram-se todo tipo de mitos, tanto sociais quanto familiares.

Uma atitude de correlato é aquele relato especial que se entrelaça entre o paciente e o terapeuta e que, gradualmente, buscará articular o afeto com a representação de forma mais adequada. Isso não é apenas o relato dos fatos, como frequentemente se repete em tais situações, mas sim a articulação do afeto de forma metabolizada; essa é uma dimensão do correlato, ou seja, está correlacionado com o afeto. Outra dimensão do termo refere-se ao fato de ser um relato entrelaçado entre paciente e terapeuta. Da mesma forma, no processo de supervisão, devem ser desenvolvidos esses correlatos, não apenas buscando a lógica interna do que foi dito e a causalidade do ocorrido, mas como uma nova construção entre os dois, assim como o terapeuta faz com seu paciente, neste caso, entre supervisando e supervisor.

Concepção

A concepção muitas vezes é confundida com o suporte à verdade. Aqui, refiro-me a ela como a contraposição de dois elementos: a incerteza, por um lado, e a certeza absoluta característica da psicose e da alienação, por outro.

Transmitir a possibilidade da capacidade de elaboração deve ser feito com uma convicção determinada, ou seja, o que estou propondo e afirmando, eu acredito que é assim, exatamente como estou propondo e afirmando. Isso terá um efeito terapêutico na medida em que se coloque em jogo a paradoxo, que consiste em que eu possa dizer uma concepção com a segurança suficiente para que, ao mesmo tempo, ela possa ser questionada e resultar absolutamente equivocada.

Existe uma tendência em nosso meio de postular posições de forma tão vaga que, paradoxalmente, não possibilitam a dúvida ou o questionamento, restringindo toda capacidade de enfrentamento e elaboração adequada.

A contenção e o suporte devem ser resultado de uma concepção clara sobre suas essências, qualidades e funções psíquicas, que surjam da inocência do desconhecido ou não sabido, sendo essa a que autoriza a tomar uma posição, como ouvir o paciente para poder escutá-lo genuinamente ou dizer algo que sempre pode ser refutado ou reformulado.

Capacidade Crítica

O impacto da experiência traumática leva, em alguns casos, a determinações absolutas do que é bom e do que é ruim, o lugar de vítima em que muitas vezes o sujeito se coloca ou é colocado. Expor-se à crítica do que o paciente viveu e vive atualmente não é tarefa simples. Para desenvolver a capacidade crítica, é necessário poder tomar uma distância relativa do ocorrido e da forma como isso foi vivido, o que é exatamente o oposto do que acontece com aqueles que passaram pela experiência traumática, onde geralmente o vivido é um presente permanente e é vivido de uma única maneira e com um afeto determinado.

Tomar essa distância relativa para transformar o vivido de absolutamente objetivo em subjetivo não é uma tarefa fácil. Essa capacidade crítica é um dos fatores que devemos tentar desenvolver em nosso trabalho terapêutico na elaboração da experiência traumática.

Mas essa capacidade se desenvolve dentro de um marco de supervisão adequado, onde o supervisando não precise adotar atitudes defensivas devido à crítica constante de seu supervisor, ou onde não possa desenvolver essa capacidade crítica porque o supervisor está imerso em sua própria teoria ou idealiza o trabalho do supervisando. Por isso, entendo que o desenvolvimento da capacidade crítica é um trabalho importante no desenvolvimento da capacidade metabolizadora inerente ao nosso trabalho terapêutico e especialmente na elaboração do que entendo como traumático.

Referências

Aulagnier, P. (1977). *La violencia de la interpretación*. Amorrortu Arg.

Aulagnier, P. (1981). *Las finalidades económicas del sufrimiento*. Conferencia n. 3 en la A.P.A. Bs. As. Publicación Interna.

Aulagnier, P. (1994). *Un intérprete en busca de sentido*. Siglo XXI Mexico.

Baranger, M.; Baranger, W.; Mom, J. M. (1988). The infantile psychic trauma from us to Freud: pure trauma, retroactivity and reconstruction. *Int. J. Psychoanal.*, 69: 113-128.

Benyakar, M. (1973). *Reevaluation of the theory and therapy of acute post-traumatic war neurosis*, Israel Defence Forces Publications.

Benyakar, M.; Noy, Sh. (1975). *The theory and therapy of acute traumatic war neuroses*. First International Conference on Psychological Stress and Adjustment in Time of War and Peace. Jerusalem, Israel.

Benyakar, M. (1978c). *Clinical indications for treatment of cases of combat reactions*. Israel Defence Forces Publications. Tel-Aviv, Israel.

Benyakar, M.; Frieder, I. (1988). *Conceptos básicos en la investigación de la rehabilitación cardíaca*. The International Cardiac Rehabilitation Research Foundation, Tel-Aviv, Israel.

Benyakar, M.; Kutz, I.; Dasberg, H.; Stern, M. (1989). The collapse of a structure: a structural approach to trauma, *Journal of Traumatic Stress*, 2(4): 431-449.

Benyakar, M. (1994a). Trauma y neurosis post-traumática: de la vivencia a la reflexión teórica, *Actualidad Psicológica*, 211: 26-32.

Benyakar, M. (1994b). *El programa de asistencia a personas afectadas por situaciones de desastre, catástrofe y situaciones bélicas*. Jornadas de Salud Mental en Situaciones de Catástrofe, Departamento de Salud Mental del Hospital de Clínicas José de San Martín, Facultad de Medicina.

Benyakar, M. (1994c). *Trauma: del damnificado a la víctima, de lo personal a lo social, de la tragedia al mito*. XI Congreso Latinoamericano de Psicoterapia Analítica de Grupo, Epistemática Multimedia, 377-393.

Benyakar, M.; Kretsch, R.; Baruch, E. (1994d). Mental health work with Gulf War evacuees: the use of a transitional therapeutic space. *Israel Journal of Psychiatry*. 31(2): 78-85.

Benyakar, M. (1994). *Lo traumático. Vivencia traumática y neurosis post traumática*. Fundación Referencia Buenos Aires. Centro de Estudios en Psicoanálisis de niños.

Benyakar, M. (1996). *Auscultando juntos el corazón. psicoterapia del grupo del enfermo cardíaco y su pareja*. Claves, 1° Semestre Buenos Aires.

Benyakar, M. (1996). *Trauma: la construcción mítica del campo psicoanalítico*. IV Simpósio sobre mitos. Bs. As. Octubre 1996.

Benyakar, M. (1997). *Vivencia y representación en la clínica de las patologías del vacío. Un reto para la teoría de la técnica*. XXV Congreso Interno y XXV Symposium de la Asociación Psicoanalítica Argentina. Bs. As. Noviembre 1997.

Bion, W. (1965). *Transformations. Basic Books*. Publishing Company, Inc.

Bion, W. (1975). *A memoir of the future*. Imago.

del Valle, Echegaray E.; Apter, A.; del Campo E.; Granel J.; Kijak, M. (1982). La vigencia del concepto de trauma en Freud. *Revista de Psicoanálisis*. Tomo XXXIX, 5: 783-825.

Ferenczi, S. (1933). Confusion of tongues between adults and the child. In *Final contributions to the problems and methods of psycho-analysis*. M. Balint, trans. E. Mosbacher et al. Karnac, 1980, pp. 156-167.

Ferenczi, S. (1933). Some thoughts on trauma (included in notes and fragments). In *Final contributions to the problems and methods of psycho-analysis*. J. Rickman, trans. J. Suttie et al. Karnac, 1980, pp. 216-279.

Freud, S. (1900 [1899]). *La interpretación de los sueños*. A.E., 4.

Freud, S. (1915). *Conferencias de introducción al psicoanálisis*. A.E., 15.

Freud, S. (1919h). *Lo ominoso*. A.E., 17.

Freud, S. (1920). *Más allá del principio del placer*. A.E., 18.

Freud, S. (1921). *Psicología de las masas y análisis de yo*. A.E., 18.

Freud, S. (1923). *El yo y el ello*. A.E., 19.

Freud, S. (1926d [1925]). *Inhibición, síntoma y angustia*. A.E., 20.

Freud, S. (1930a [1929]). *El malestar en la cultura*. A.E., 21.

Freud, S. (1937c). *Análisis terminable e interminable*. A.E., 23.

Freud, S. (1939a [1934-38]). *Moises y la religión monoteista*. A.E., 23.

Freud, S. (1940a [1938]). *Esquema del psicoanálisis*. A.E, 23.

Freud, S. (1950a [1895]). *Proyecto de psicología*. A.E., 1.

Freud, S. (1950a [1892-1899]). *Fragmentos de la correspondencia con Fliess Papers*. A.E., 1.

Furst, S. S.; Rangell, L.; Neubauer, P. B.; Greenacre, Ph.; Sandler, J.; Solnit, A. J.; Kris, M.; Waelder, R.; Freud, A. (1971). *El trauma psíquico*, Ediciones Troquel, Bs. As.

Granel, J.; Apter, A.; del Campo, E.; del Valle, Echegaray E.; Kijak, M. (1982). La vigencia del concepto de trauma en Freud. *Revista de Psicoanálisis*. Tomo XXXIX, 5: 783-825.

Green, A. (1983). *Narcisismo de vida, narcisismo de muerte*. Amorrortu Ed., Bs. As.

Green, A. (1993). *El trabajo de lo negativo*. Amorrortu Ed., Bs As.

Kijak, M.; Funtowicz, S. (1980). El síndrome del sobreviviente de situaciones extremas. *Revista de Psicoanálisis*, XXXVII, 6. The syndrome of the survivor of extreme situations, International Review of Pycho-analysis, 9, 1: 25-33.

Kijak, M.; Pelento, M. L. (1985). El duelo en determinadas situaciones de catástrofe social. *Revista de Psicoanálisis*, XLII, 4: 798-809.

Laplanche, J.; Pontalis J. (1971). *Diccionario de psicoanálisis*. Ed. Labor S.A..

Liberman, D. et al. (1982). *Del cuerpo al símbolo*, Kargieman, Bs. As. Argentina.

Marty, P.; De M'Uzan, M. (1968). La pensée opératoire, *Int. J. Psychoanal.*, 49.

Puget, J.; Wender, L. (1982). Analista y paciente en mundos superpuestos. *Psicoanálisis*. IV, 3:503-536.

Sifneos, P. E. et al. (1977). *The phenomenom of alexithymia: observations in neurotic and psychosomatic patients*. Toward a theory of psychosomatic disorders. W. Brautigam and M. Von Rad, Karger. Basel Belgium.

Thoma, H.; Cheshire, N. (1991). Nachträglichkeit and the deferred action, *Int. Rev. Psychoanal.* 18:407-427.

Thomas, M. (1996). Introducción a la obra de Melanie Klein. En *Grandes Psicoanalistas*. Comp.: Nasio J. Ed. Gesida.

Winnicott, D. (1958). *La capacidad de estar solo, de pediatra al psicoanálisis.*

Winnicott, D. (1972). *Holding and interpretation: fragment of an analysis*. Grove Press.

Winnicott, D. (1974). Fear of breakdown. *Int. J. Psychoanal.* 1.

5. O traumatismo, de Freud a Ferenczi[1]

Cristina Lindenmeyer

O ponto de vista econômico, como propunha Freud em *Para além do princípio de prazer* (Freud, 1920/1996a), reintroduz o debate sobre a problemática que envolve a noção de traumatismo psíquico.[1]

Na virada dos anos 1920, Freud completa sua metapsicologia e apresenta a segunda tópica do aparelho psíquico. Essa reformulação concretiza-se pela necessidade de avaliar, do ponto de vista clínico, as sequelas traumáticas causadas pela Primeira Guerra Mundial.

Em *Para além do princípio de prazer* (Freud, 1920/1996a), o primeiro ponto ressaltado por Freud é a falta de preparação para um perigo mortal e a consequência deste: ser obrigado a reencenar continuamente um acontecimento doloroso. Freud acabará por identificar essa obrigação de reiterar como sendo de ordem pulsional, o que o levará a reconsiderar certos conceitos que havia defendido até então.

1 Publicado pela primeira vez na revista *Tempo Psicanalítico*, vol. 49, n. 1, 2017, pp. 180-208. Publicado em *Psicanálise – Revista da SBPdePA*, vol. 26, n. 2, 2024.

O pavor

Nos anos seguintes à Grande Guerra, foi impossível não se confrontar com os visíveis estragos causados por ela. As teses precedentes mostram-se, então, inviáveis perante a pulsão de morte e seus efeitos devastadores. O estudo acerca das neuroses de guerra entra no centro das atenções da psicanálise. No texto *Relatório de especialização acerca do tratamento elétrico das neuroses de guerra*, Freud (1920/1996b) ressalta o aspecto traumático da falta de preparação para uma situação de perigo. Para se defender de uma situação de perigo extremo, deve-se estar preparado para o risco de ser surpreendido por um ataque. Em *Para além do princípio de prazer* (Freud, 1920/1996a), Freud evoca não somente os vestígios endopsíquicos, mas igualmente aqueles que resultam de vivências reais e presentes nas situações traumáticas.

As situações de extremo perigo, produzidas pelo trauma, não se distanciam da atividade pulsional; pelo contrário, aquelas estão entremeadas a esta, que de fato encontra-se no âmago desta estrutura complexa, mas em um novo estado, mórbido.

A hipótese da falta de preparação provoca o questionamento de dois pressupostos teóricos considerados até então irrevogáveis: o da dominação do princípio do prazer e o do sonho enquanto realização do desejo.

A compulsão à repetição

O questionamento sobre o traumatismo abre o livro *Para além do princípio de prazer* (Freud, 1920/1996a) e virá a ser traduzido pela reavaliação das teses psicanalíticas, além do reconhecimento de seus limites (Freud, 1920/1996a, p. 277). Tal afirmação preliminar faz-se complementar por outra observação: a existência de uma outra força precedendo a predominância do princípio do prazer.

> *Mas, então, devemos dizer que é bastante inexato falar de uma dominação do princípio de prazer sobre a sequência dos processos anímicos. Se tal dominação existisse, a imensa maioria de nossos processos anímicos deveria ser acompanhada pelo prazer ou conduzida ao prazer, apesar das experiências mais generalizantes contradizerem abertamente essa conclusão. (Freud, 1920/1996a, p. 279)*

Freud almeja compreender, então, o que fez falhar sua hipótese anterior. A partir da observação das neuroses de guerra e das brincadeiras de criança, ele consegue a inspiração que lhe servirá de base para a aplicação do princípio de prazer.

O pavor ou o fator surpresa podem desencadear neuroses traumáticas. Nessa situação, tanto a angústia – que revela a antecipação do perigo – quanto o medo – que se relaciona a um objeto bem definido – são diferentes do pavor compreendido como "estado pelo qual passamos quando corremos um risco sem estarmos preparados, acentuando assim o fator de surpresa" (Freud, 1920/1996a, p. 282).

Os sonhos da neurose traumática envolvem esse constante retorno ao acontecimento traumatizante vivido pelo sujeito quando foi pego de surpresa. Ao mesmo tempo que ocorre a fixação ao trauma, desencadeia-se também essa particularidade da obrigação de repetição dos acontecimentos dolorosos. Essa elaboração baseia-se em observações clínicas segundo as quais os doentes parecem retornar à situação traumatizante como se esta fosse ainda atual. É o que Freud chama de "fixação" ao momento do acontecimento traumatizante.

Mas é somente pela análise de uma brincadeira de crianças que Freud prova claramente a pertinência de sua observação acerca da repetição do acontecimento traumático. Através da reencenação do acontecimento doloroso encontramos, a posteriori, a satisfação psíquica.

Freud indaga-se por que a criança repete, brincando com um carretel, a mesma cena de quando sua mãe desapareceu. Seria, portanto, uma pulsão de apropriação pela qual a criança toma uma posição ativa contra a passividade que a experiência de ser deixado pela mãe implica. Naquele momento, a criança "foi passiva, atingida por uma vivência, e agora escolhe um papel ativo, repetindo-a em uma espécie de jogo, ainda que ela seja carregada de remorso" (Freud, 1920/1996a, p. 286).

Contudo, essas observações são apenas temporárias, já que Freud volta rapidamente à obrigação de reiterar nas neuroses. Ao invés de elaborá-las, os neuróticos repetem os acontecimentos passados.

Assim, em situação analítica, os neuróticos repetem na transferência as situações afetivas dolorosas.

> *Todas estas circunstâncias não desejadas e todas estas situações afetivas dolorosas são agora reencenadas e transferidas pelo neurótico. Elas são postas em prática com notável destreza. Desta forma, os neuróticos aspiram à interrupção do tratamento ainda inacabado e sabem como reaver, mais uma vez, a sensação de desdém. (Freud, 1920/1996a, p. 291)*

Podemos igualmente observar, na vida quotidiana, pessoas que se submetem repetitivamente aos caprichos do destino e a diversos outros incômodos, como se "uma sina os persegu[isse], tal uma aparição que convivesse com ela[s], e a psicanálise considerou, desde o início, tal sina como algo criado, em grande parte, por elas mesmas e determinado por influências precoces da infância" (Freud, 1920/1996a, p. 292). Efetivamente, é "esse eterno retorno da mesma coisa" (Freud, 1920/1996a, p. 293) que une todos esses casos. Aponta-se, assim, o reconhecimento da repetição enquanto princípio mais primitivo. Logo, Freud prossegue diretamente à sua conclusão e sugere a ideia pela qual a obrigação de repetir mostra-se "mais original, mais elementar, mais pulsional que o princípio do prazer que ela mesma descarta" (Freud, 1920/1996a, p. 294). Discernida a obrigação de repetição, propor um conceito do traumatismo é a próxima tarefa que Freud deverá dedicar-se.

As neuroses traumáticas

Voltemos às elaborações acerca da neurose traumática. Como nos recorda Barrois, essa neurose "oferece-nos a demonstração direta" de uma "verdadeira dificuldade diante dessa realidade e dessa tardança demasiadamente imponentes à vida do sujeito" (Barrois, 1985, pp. 248-249). Uma dificuldade claramente assumida por Freud, que dirá que os traços clínicos das neuroses traumáticas parecem com psiconeuroses, ainda que ele mantenha uma distinção entre elas:

> *O quadro clínico do período em estado de neurose traumática aproxima-se da histeria por suas riquezas em sintomas motores análogos, mas, em regra geral, aquele a supera pelos sinais de sofrimento subjetivo fortemente marcados, quase como uma hipocondria ou uma melancolia, e pelas provas de um enfraquecimento e de uma deterioração gerais bem mais largas das operações anímicas. (Freud, 1920/1996a, p. 282)*

Isto é, o que permite distinguir as neuroses traumáticas das psiconeuroses é o elemento de surpresa como fator determinante:

> *na neurose traumática comum ressaem dois traços aos quais nos atentamos: em primeiro lugar, o peso principal da causalidade pareceria incumbir ao fator de surpresa, ao pavor; e, em segundo lugar, uma lesão ou ferida adquirida*

> *simultaneamente agiria mais frequentemente de encontro à aparição da neurose. (Freud, 1920/1996a, p. 282)*

Para poder dar conta da noção do traumatismo, Freud propõe uma nova modelização do aparelho psíquico, imaginado como uma "vesícula indiferenciada da substância estimulável" (Freud, 1920/1996a, p. 297).

Vesícula indiferenciada, certamente, é uma característica que se mostrar fundamental na compreensão do tópico acerca do trauma. À imagem desse organismo vivo que Freud assimila a uma bolha protoplásmica, o aparelho psíquico seria composto por um antiestimulante que o manteria protegido das excitações externas. "Para o organismo vivo, proteger-se de estímulos é uma missão quase mais importante do que receber estímulos" (Freud, 1920/1996a, p. 298). Conquanto, se essa superfície for submetida a estímulos intensos demais, os antiestimulantes desarmam-se. Esses estímulos capazes de atravessar essa barreira protetora "são tidos por traumáticos" (Freud, 1920/1996a, p. 300).

Logo, o conceito de traumatismo faz referência a essa ruptura da barreira protetora. Essa barreira é efetivamente típica do princípio de prazer, mas nessas condições de ruptura "o princípio de prazer é deferido de imediato" (Freud, 1920/1996a, p. 301), de forma que "a submersão do aparelho anímico por grandes quantidades de estímulos não pode ser impedida; trata-se de uma outra tarefa que se lhe apresenta: dominar o estímulo, conter psiquicamente as quantidades de estímulos que fizeram irrupção para serem finalmente liquidados" (Freud, 1920/1996a, p. 301).

O traumatismo institui uma situação de afluxo de excitação através da qual as excitações externa e interna igualam-se. O sujeito encontra-se submergido por excitações, ao ponto de seu paraexcitação encontrar-se destroçado por esse excesso de excitações.

Apreender a noção de traumatismo a partir de um conceito econômico do aparelho psíquico releva a ideia de uma sobrecarga de excitações que o aparelho psíquico é incapaz de reduzir. Para que o trauma ocorra, um acontecimento deve provocar, na vivência psíquica do sujeito, um aumento de excitações que não pode ser eliminado nem reelaborado segundo o modo habitual. Mas, paralelamente a esse acontecimento exterior que adquire uma certa importância, as experiências anteriores acumulam-se a esse processo. Efetivamente, em psicanálise não se pode pensar o acontecimento exterior atual sem levar em conta, ao mesmo tempo, a própria tendência do sujeito.

Na ótica freudiana, a ideia de traumatismo permite assim conceber que os acontecimentos exteriores são patogênicos apenas na medida em que reativem certas fantasias, como se fosse um processo de retorno ao acontecimento que se encontre no início de todo o processo. Ou seja, o traumatismo é imediatamente arrebatado pela libido do sujeito e integra-se a sua história pessoal. Assim compreendemos as palavras de M. Dayan quando ressalta a importância do traumatismo nas futuras transformações psíquicas e singulares de cada sujeito: "a que se atem o trauma no que lhe precede e no que se lhe resulta, todo tipo de irreversibilidade singular podendo-lhe ser imputado" (Dayan, 1995, p. 20). O efeito traumático é sempre libidinal na medida em que provoca excitação.

Para que o princípio de prazer possa ser novamente reativado, reconhece M. Dayan, é necessário de antemão uma possibilidade de ligamento. Diante de tais perturbações, todos os meios de defesa serão usados para permitir as condições de funcionamento do aparelho psíquico. "De todos os lados, a energia de investimento é convocada para criar, ao redor do lugar de irrupção, investimentos de energia a uma altura correspondente" (Dayan, 1995, p. 301). Desse "contrainvestimento" (Freud, 1920/1996a, p. 301), maneira pela qual a vida psíquica reage a essa intrusão, resulta um "empobrecimento", uma "paralisia" ou uma "diminuição" das atividades psíquicas que se mobilizam para contrainvestir o afluxo de energia. A partir disso, surge a possibilidade de criar ligações. "Deste estado de coisas, tiramos a conclusão que um sistema altamente investido tem condições de conceber um afluxo suplementar de energia, de transmutá-la em investida quiescente – logo de 'ligá-la' psiquicamente" (Freud, 1920/1996a, p. 301). Assim Freud volta a sua hipótese sobre o pavor e a falta de preparação com a angústia que caracterizava a neurose traumática. Freud prossegue: "Creio que assim se possa tomar o risco de conceber a neurose traumática comum como a consequência de uma longa intrusão do para-excitação" (Freud, 1920/1996a, p. 302).

A ruptura da barreira protetora indica que o paraexcitação não estava preparado para essa intrusão. O pavor conserva toda sua importância. "Constatamos, assim, que a preparação para a angústia, com a sobreinvestida do sistema de receptores, constitui a última barricada do paraexcitação" (Freud, 1920/1996a, p. 303). Ausente das causas de neurose traumática, a angústia é o que os sonhos de angústia querem restabelecer. "Estes sonhos buscam proceder à recuperação do domínio do estímulo, enquanto a angústia desenvolve-se: a falta deste domínio tornou-se a causa da neurose traumática" (Freud, 1920/1996a, p. 303). A necessidade de investir o local de intrusão explica os sonhos que reproduzem o momento do acidente; eles "abrem, assim, uma perspectiva da função do aparelho anímico que, sem contradizer o princípio do prazer, continua independente deste e parece mais fundamental que a busca pelo prazer e a fuga do desprazer" (Freud, 1920/1996a, p. 303).

O problema da dor encontra aqui sua máxima importância. Nas neuroses de guerra, paralelamente ao pavor, pode-se fazer uma nova observação sobre a dor. A neurose traumática é comparada à dor corporal:

> *Que uma grave lesão simultânea causada pelo trauma diminua as chances de aparição de uma neurose é compreensível se pensarmos as duas ocorrências acentuadas*

> *pela pesquisa psicanalítica. Em primeiro lugar, o abalo mecânico deve ser reconhecido como uma das fontes da excitação sexual [cf. as observações sobre o efeito do balanço e do deslocamento de trem nos Três ensaios sobre a teoria sexual] e, em segundo lugar, um estado de doença doloroso e febril exerce, enquanto persiste, uma forte influência sobre a repartição da libido. (Freud, 1920/1996a, pp. 304-305)*

Esse ponto confirma, então, o que Freud já havia apresentado como sendo os efeitos de uma investida intensa de uma doença orgânica:

> *Assim, a violência mecânica do trauma liberaria o quantum de excitação sexual que provoca um efeito traumático por conta da falta de preparação à angústia; a lesão corporal simultânea, quanto a ela, ligaria o excedente de excitação recorrendo a uma sobreinvestida narcísica do órgão convalescente. (Freud, 1920/1996a, p. 305)*

Enquanto que, no caso da dor corporal, o desprazer resulta da intrusão no paraexcitação, nas neuroses traumáticas a dor pode ser consequência da intrusão no paraexcitação. A diferença é importante.

O trauma manifesta-se por uma elevação massiva da excitação libidinal, mas, se o sujeito estiver ferido, ele pode transferir uma parte dessa excitação suplementar para o órgão lesado.

As observações que articulavam a dor orgânica com a vida psíquica já eram conhecidas. A violência mecânica provoca uma produção libidinal – o que explica por que a dor orgânica pode equivaler a uma excitação interna, como Freud lembra em *Introdução ao narcisismo* (Freud, 1914/1977). Mas a novidade é a função de ligamento que garante a dor através de uma mobilização reparadora – esse movimento sendo uma sobreinvestida na zona lesada permitindo fazer ligações[2]. "A reação dolorosa substitui a barreira material, estável que é o paraexcitação através desse tipo de barreira funcional que é justamente a ligação" (Laplanche, 1981, p. 194). Mas vemos também se desenrolar, diante dos nossos olhos, tudo o que a hipocondria nos demonstra. É justamente por essa hiperatividade de um corpo que está permanentemente em atividade autoerótica que o hipocondríaco testemunha. Como se a postura hipocondríaca se tornasse uma solução face a uma ameaça no registro narcísico do sujeito (Fédida, 1995).

Isso nos leva a dizer que, no momento em que a dor está na iminência de concretizar-se, o sujeito pode "conectar-se" às feridas e, logo, uma reconstituição narcísica também pode concretizar-se. Essa reconstituição narcísica possível é a contrainvestida segundo a fórmula freudiana da vesícula viva. Mas, a partir de então, surge outro problema, pois todo órgão convalescente pode representar um benefício secundário por permitir ligar a excitação excessiva liberada por um trauma.

A angústia

Essas reflexões serão desenvolvidas no texto *Inibição, sintoma e angústia* (Freud, 1925/1992b). Apoiando-se na formulação do ponto de vista econômico da segunda tópica, Freud reconhece nisso o âmago

2 Nessa mesma perspectiva, P. L. Assoun propõe dar à dor seu estatuto de verdadeiro lugar do saber do sujeito: "Au-delà de sa connotation pathologique, la douleur prend ainsi sa valeur proprement tragique d'accès à un certain 'savoir'. Ce qui est là désigné comme 'cœur' ne fait que figurer un certain 'organe' par quoi existe le sujet de la douleur. En ce point précisément, où la douleur prend sa dimension de passion, 'physique' et 'moral' sont littéralement indiscernables. Que la douleur cesse d'être événement pour atteindre 'l'être moral', et l'on sera enclin à lui donner le nom de 'douleur morale', véritable 'existence névralgique'". P. L. Assoun, "Métapsychologie de la douleur: du physique au moral", in *La douleur morale*, Paris, Ed. Du Temps, 1996, p. 223.

de toda situação traumática. Essas formulações acerca do traumatismo estão ligadas a concepções teóricas da angústia[3] e atestam o retorno da questão do trauma na etiologia das neuroses, mas agora governada pela relação à pulsão de morte.

No início, temos uma angústia que surge em reação ao perigo da perda e que ressurgirá novamente a cada vez que uma situação do mesmo tipo se reproduzir. A situação traumática esclarece-se, a partir de então, por fazer referência à perda do objeto amado e à função do outro enquanto aquele que pode facilitar a construção, para a criança, de um verdadeiro paraexcitação contra as excitações. Paraexcitação este que, se vier a falhar, provoca a reedição da situação traumática.

A parte do texto que nos interpela neste momento é aquela que diz: quando o bebê, "ao invés da mãe, sente a presença de uma pessoa estranha" (Freud, 1925/1992b, p. 284), ele manifesta uma angústia, reação ao perigo da perda do objeto amado. Pela expressão de seu rosto, vemos – diz Freud – que ele sente dor. Nesse momento, a criança vivencia a desaparição do outro materno, ele percebe que a mãe amada pode distanciar-se ou desaparecer. Mas o problema é que ele não sabe se se trata de uma "desaparição provisória" ou de uma "perda definitiva" e, de uma forma ou de outra, comporta-se "como não a fosse mais rever". Essa situação é vivida de forma traumática, pois a criança precisa ainda, nesse momento, de sua mãe para lidar com a situação para a qual ainda não está preparada: "ela é traumática se ela (a

3 O perigo é, nesse momento, ligado à angústia e não ao pavor. À exceção de uma nota de rodapé que ressalta, na situação traumática, o perigo real ligado às reivindicações pulsionais. Eis a nota: "Il peut arriver bien souvent que, dans une situation de dangers qui est correctement estimée comme telle, une part d'angoisse de pulsion vienne s'ajouter à l'angoisse de réel. La revendication pulsionnelle, devant la satisfaction de laquelle le moi recule d'effroi, serait alors la revendication masochiste, la pulsion de destruction tournée contre la personne propre". S. Freud (1925), *Inhibition symptôme et angoisse*, chap. XI, annexe c, in Œuvres complètes, t. XVII, PUF., 1992. p. 282.

criança) sentir uma necessidade que deve ser satisfeita pela mãe; ela transforma-se em situação de perigo se esta necessidade não existe mais" (Freud, 1925/1992b, p. 284). Se, com a ajuda materna, a criança entende que sua mãe pode partir para depois voltar, a criança não pode distinguir a desaparição definitiva da provisória. Com a ajuda do outro materno, essa reação ao perigo pode converter-se em reação de ligação e o pavor transforma-se em medo da perda do objeto; e o medo, em angústia face aos sinais de sua ausência. Assim, essa situação de pura angústia comporta um momento de desligamento e um momento de ligação. É a ação do outro materno e de seus substitutos que reconhecem nessa situação uma situação de demanda e faz do sofrimento do sujeito uma situação de demanda. Somos então levados a dizer que, "se a mãe ausenta-se ou se retira seu amor pelo filho, este não está certo de ter suas necessidades providas e pode expor-se possivelmente aos mais penosos sentimentos de tensão" (Freud, 1933/1984a, p. 119).

Essencialmente, o que devemos reter do que vem a ser descrito é o momento quando um ser se sente totalmente desprovido e dependente de outrem. Convém então ter por traumática a situação na qual nos vemos desprovidos de um alguém de quem dependemos. Então,

> *na relação à situação traumática – diante da qual estamos sem amparo – perigo externo e interno, perigo do real e reivindicação de pulsão juntam-se. Que o ego vivencie, em um dos casos, uma dor incessante ou, no outro, um estado de necessidade sem que esta seja provida, a situação econômica é a mesma em ambos os casos; e o desamparo motor encontra toda sua expressão no desamparo psíquico. (Freud, 1933/1984a, pp. 282-283)*

É o caso, por exemplo, do bebê cuja mãe falta em seu papel por ausentar-se, e que não pode ser socorrido. Igualmente, podemos dizer que, a cada vez que o sujeito encontra-se diante de um outro totalmente desprovido, reencontra-se na mesma situação primitiva do bebê e isso pode desencadear neste um movimento de desligamento: bastantes situações podem reabrir essas antigas cicatrizes ou confirmar certas teorias infantis já esquecidas.

Se a experiência de aflição constitui o âmago em torno do qual se constroem as bases de uma doença (Lindenmeyer, 2007b, 2010), a posição masoquista revela-se rapidamente como uma alternativa possível. Diante de uma situação de aflição que não deixa nenhuma porta de saída aberta, a figura do masoquismo impõe-se como uma possível solução.

O masoquismo como solução

Em *Para além do princípio do prazer*, Freud (1920/1996a) desenvolve também outro ponto, introduzindo uma nova formulação do dualismo pulsional. Com a compreensão do movimento posto em prática pela obrigação de reencenação, Freud caracteriza a pulsão como sendo um retorno a um estado anterior:

> *Assim, uma pulsão seria um impulso inerente ao organismo dotado de vida a fins de reinstalação de um estado anterior que este ser dotado de vida teve de abandonar sob a influência de forças perturbantes externas; ela seria uma espécie de elasticidade orgânica ou, se assim se quiser, a manifestação da inércia na vida orgânica. (Freud, 1920/1996a, p. 308)*

Esse estado anterior é a morte, já que o fim para todo organismo vivo é o retorno ao inorgânico: "o objetivo de toda vida é a morte e, voltando para trás no tempo, o sem-vida estava aqui antes do ser vivo" (Freud, 1920/1996a, p. 310). Essa afirmação de uma característica regressiva anima uma nova teoria das pulsões. A etapa seguinte será o desenvolvimento da concepção da pulsão de morte, paradigma para pensar essa força de retorno ao inanimado (Lindenmeyer, 2023).

Com esse conceito da pulsão de morte, Freud é levado a traçar a articulação que faltava para compreender o problema econômico do masoquismo. "O masoquismo, a reviravolta da pulsão contra o próprio ego, seria em realidade um retorno a uma fase anterior a esta pulsão, uma regressão". A partir disto, uma nova formulação do masoquismo será possível. "Em um ponto, a apresentação dada do masoquismo deveria ser, então, corrigida na sua excessiva exclusividade. O masoquismo poderia ser, igualmente, um masoquismo primário – coisa que eu contava contestar" (Freud, 1920/1996a, p. 328).

Quando a dor e o desgosto não são mais sinal de algo que não funcione, mas, ao invés disso, se tornam o objetivo, o princípio do prazer encontra-se paralisado e o masoquismo torna-se o perigo. Assim começa o texto *O problema econômico do masoquismo*: "Se dor e desgosto deixam apenas de ser advertências, mas objetivos em si, o princípio de prazer paralisa-se, o protetor da nossa vida anímica assim narcotizado" (Freud, 1924/1992a, p. 11). Até esse texto, Freud apresentava sempre o masoquismo como algo derivado do sadismo. Com a introdução da pulsão de morte, os dados mudaram e a ideia de masoquismo primário pôde ser proposta.

Assim, antes de prosseguir acerca do masoquismo propriamente dito, Freud convida-nos a revisar o princípio do nirvana. Esse princípio, que "exprime a tendência da pulsão de morte" (Freud, 1924/1992a, p. 12), passa por uma modificação realizada pela pulsão de vida para tornar-se princípio de prazer. Desse modo, as coisas passam-se segundo três princípios que coordenam seu objetivo entre eles: "o princípio de Nirvana exprime a tendência da pulsão de morte, o princípio de prazer representa a reivindicação da libido e a modificação deste, o princípio de realidade, a influência do mundo exterior" (Freud, 1924/1992a, p. 12).

Depois dessa revisão, Freud volta ao problema do masoquismo stricto sensu. Três figuras do masoquismo são assim reconhecidas: o masoquismo erógeno, o masoquismo feminino e o masoquismo moral.

No texto *O problema econômico do masoquismo* (Freud, 1924/1992a), apenas serão abordados o masoquismo erógeno e o masoquismo moral. Dessas três figuras, é o masoquismo erógeno que cria as bases e a compreensão das outras duas. "[O masoquismo erógeno] funda-se biológica e constitucionalmente e não se compreende se não nos lançamos em alguma hipótese acerca dos fatos totalmente obscuros" (Freud, 1924/1992a, p. 13).

Efetivamente, essa forma de masoquismo fundamenta-se na "coexcitação libidinal durante a tensão da dor e do desgosto" que empreende o "mecanismo infantil fisiológico". A essa explicação ligam-se as considerações rascunhadas por Freud no início, sobre o papel da libido e a pulsão de morte. "Assim, este masoquismo seria a testemunha e um vestígio desta fase de formação na qual se produz esta união, tão importante para a vida, entre a pulsão de morte e de Eros" (Freud, 1924/1992a, p. 16).

Em outras palavras, a partir do encontro entre libido e pulsão de morte, essa pulsão destrutiva que quer trazer esse organismo a um estado anterior é impedida pelas pulsões libidinais e dirigidas para o exterior. Uma parte que se prende à função sexual é o sadismo e a outra parte que não consegue dirigir-se para o exterior permanece no organismo "e ali ela está ligada libidinalmente, com a ajuda da coexcitação sexual já mencionada; nela devemos reconhecer o masoquismo erógeno original" (Freud, 1924/1992a, p. 16).

O sentimento de culpabilidade, a necessidade de punição e a angústia moral são manifestações do masoquismo moral que caracterizam o "verdadeiro" masoquista, que "dá sempre a cara na direção onde crê que levará um golpe" (Freud, 1924/1992a, p. 17). Essas são manifestações bem conhecidas durante o tratamento sobre os traços da "reação terapêutica negativa", e que se ligam a um sentimento inconsciente de culpabilidade que é

> *a função mais considerável do benefício da doença – em regra geral, benefício composto –, da soma das forças que se rebelam contra o tratamento e não querem abandonar o estado de doença; o sofrimento que implica a neurose é justamente o fator pelo qual esta torna-se preciosa para a tendência masoquista. (Freud, 1924/1992a, p. 18)*

Assim, no masoquismo moral, o que importa é o sofrimento ligado a uma forma de existência.

> *Igualmente, é instrutivo fazer a experiência de que, contra toda teoria e toda expectativa, uma neurose que desafiou todos os esforços terapêuticos pode desaparecer quando a pessoa afunda na miséria de um casamento infeliz, perde sua fortuna ou contrai uma afecção orgânica ameaçadora. (Freud, 1924/1992a, p. 18)*

Essas manifestações são a expressão de uma tensão entre o sadismo do superego e o masoquismo do ego, que explica a necessidade do ato de repreensão do sujeito masoquista. Mas por que as coisas só poderiam acontecer assim? O sentimento de culpabilidade é a reprovação a fantasias infantis proibidas:

> *Já sabemos que o desejo – tão frequente nas fantasias – de apanhar do pai encontra-se afiliado a um outro: o de entrar em uma relação sexual passiva (feminina) com ele – sendo, assim, o primeiro uma deformação regressiva do segundo. Se inserirmos este esclarecimento no conteúdo do masoquismo moral, seu sentido secreto evidencia-se-nos. (Freud, 1924/1992a, p. 20)*

Exemplos não faltam para que o masoquista expie seus pecados, buscados mesmo nas explicações do destino:

> *Para provocar a punição por esta última representante parental, o masoquista deve necessariamente fazer o que é inapropriado: trabalhar contra seu próprio interesse, destruir as perspectivas que se abrem a ele no mundo real e eventualmente aniquilar sua própria existência real. (Freud, 1924/1992a, p. 22)*

E Freud prossegue: "Mas, por um outro lado, como ele tem a significação de uma componente erótica, mesmo a autodestruição da pessoa não pode se produzir sem satisfação libidinal" (Freud, 1924/1992a, p. 23). Mas nessa autointoxicação, que carrega a marca da pulsão de morte, deve-se ainda entender qual é o benefício dessa espécie de autodestruição posta em prática.

Em seu texto "Análise com fim e análise sem fim" (Freud, 1937/1984b), Freud apresenta-nos, dentre outras coisas, as dificuldades presentes no desenvolvimento do tratamento analítico. Ele apresenta o caso de uma paciente histérica convalescendo de tão fortes dores nas pernas que ela não consegue mais caminhar. Essas dores serão acalmadas pelo tratamento analítico. Os anos seguintes serão marcados por catástrofes familiares, mas as perturbações somáticas estarão sempre ausentes. Até o dia em que uma hemorragia ginecológica evidencie um mioma que necessitará de uma histerectomia integral. Nesse momento, a paciente apaixona-se por seu cirurgião e deixa-se dominar por fantasias masoquistas. A partir daí, afirma Freud, ela se torna inacessível a todo tipo de tentativa de análise.

Essa paciente deixa-se dominar por fantasias masoquistas a partir do momento em que a doença surge em sua vida e em que os cenários fantasmáticos podem ser encenados. Quer dizer, a partir do momento em que a paciente deixa-se dominar pelas fantasias masoquistas, Freud afirma que ela se torna inacessível à análise. E nada mais podemos fazer a respeito disso. Não seria tentador dizer que o médico atinge algo de sua fantasmatização corporal? É a hipótese desenvolvida por P. L. Assoun[4], que propõe ser toda doença orgânica uma forma específica do gozo. O encontro com a situação de doença permite ao sujeito realizar seu gozo – um gozo mórbido, decerto, mas ainda assim gozo. Dito de outra maneira, a doença somática não está ligada a uma falta ou a um déficit da capacidade de fantasiar (Lindenmeyer, 2012). Pelo contrário, com a doença somática, um texto fantasmático encarna-se, concretiza-se na situação de doença. O corpo torna-se, então, o local onde as coisas podem ainda se reencenar nesse momento crucial. Como pude demonstrar em um texto anterior (Lindenmeyer, 2007a), um funcionamento masoquista pode vir à tona em certos encontros entre médico e doente. Efetivamente, nesse funcionamento masoquista a ideia da identificação ao agressor mostra-se muito importante para o contexto, já que o doente parece proteger-se, nesse momento de reviravolta em si mesmo, de toda pulsão destruidora para com o médico e em benefício de uma relação com este. Essa postura de servidão pode traduzir-se, por vezes, em um desapego de si mesmo, como se nesse momento o sujeito fosse ejetado de seu próprio corpo. Essa relação de submissão permite ao sujeito não sentir a dimensão traumática. Em outras palavras, a doença não se reduz a uma simples intrusão, ela ataca também as próprias bases da alteridade, como testemunham os casos clínicos relatados e analisados por Ferenczi. O que esses casos atestam bastante bem é o fato de que, se nenhuma alternativa é possível no momento em que o trauma ocorre, há inevitavelmente uma submissão ao desejo do agressor e uma ejeção de si mesmo enquanto forma espontânea de "autotratamento".

4 Fazemos referência aos avanços feitos por P. L. Assoun em seu seminário de pesquisa "Corps et trauma, écriture et symptôme", Universidade Paris VII, Laboratório de Psicopatologia Fundamental e Psicanálise, 1996-1997.

Do trauma à clivagem

De acordo com Ferenczi, uma das reações a um traumatismo poderia caracterizar-se como uma espécie de ruptura podendo ir até uma aniquilação total de si mesmo, aniquilação que seria a única forma possível de sobrevivência. O que Ferenczi quer dizer é que a instauração de uma clivagem narcísica de salvação pode revelar-se a única solução para o traumatismo.

Essa dimensão do traumatismo – além de suas consequências – está no âmago da experiência analítica, segundo Ferenczi. Freud havia reintroduzido essa mesma questão, mas baseando-se nas neuroses de guerra e na compulsão de repetição, como acabamos de ver. Mas se, para Freud, a angústia é o motor da neurose, Ferenczi desenvolve, de seu lado, a questão do traumatismo como sendo o que ressurge na própria experiência clínica, o que Granoff (1961, p. 274) sintetiza admiravelmente com a seguinte frase: "Se Freud encara a angústia como elemento sine qua non para a compreensão da formação do sintoma, Ferenczi encara o trauma como condição sine qua non da neurose". Em seu diário clínico, Ferenczi (1985) deixa-nos perceber o movimento que vai do trauma à clivagem. É, em particular, o caso quando ele expõe-nos a história clínica de uma paciente, R. N., que ele denomina também "Orpha". Ferenczi fala dela nos seguintes termos: um tipo "de psique artificial em um corpo obrigado a viver".

A história traumática dessa paciente começa na idade de um ano e meio, quando ela sofre agressões sexuais, que se repetirão aos 5 e aos 11 anos de idade. São traumatismos arquivados em sua psique e que a conduzirão a uma "aniquilação de sua vida psíquica". A partir dos elementos clínicos trazidos durante o tratamento pela paciente, Ferenczi procede a uma verdadeira reconstituição dessas clivagens: como elas se instalaram durante os traumatismos sofridos pela paciente?

Nessa observação, Ferenczi ressalta que no interior da paciente adulta existe uma criança que sofre. Essa parte "comporta-se como uma criança estonteada que nada sabe de si mesma, que só faz gemer e só reage se sacudida psíquica ou até fisicamente". Em suas tentativas de sobreviver, esse fragmento "atua no papel de um anjo da guarda e suscita alucinações de realizações de desejo, de fantasias de consolação; anestesia a consciência e a sensibilidade contra sensações intoleráveis". No segundo choque, continua Ferenczi, toda a vida psíquica de Orpha é ejetada de seu próprio corpo, o que acaba por criar uma personalidade "sem alma", "um corpo sem alma". Esses fragmentos permitem-lhe adaptar-se a uma situação insuportável, mas uma condição que vai de uma "aniquilação de sua vida psíquica" para "uma espécie de psique artificial pelo corpo obrigado a viver". Ferenczi oferece-nos, em seguida, uma visão de conjunto do quadro clínico dessas clivagens:

> *À primeira vista, o "indivíduo" é formado pelas seguintes partes: a) na superfície, um ser vivo capaz, ativo, com um mecanismo bem ou até bastante ajustado; b) atrás deste, um ser que não quer nada saber da vida; c) atrás deste ego assassinado, as cinzas de uma doença mental anterior, revivificada a cada noite por este sofrimento lancinante; d) a própria doença, como uma massa afetiva separada, inconsciente e sem conteúdo, as sobras do ser humano propriamente dito. (Ferenczi, 1985, p. 54)*

A partir dessas notas, podemos compreender que a clivagem de que fala Ferenczi instaura-se e liga-se diretamente ao efeito do trauma. Isso dito, e como ele ressalta, essa parte escanteada vive escondida; clivada de toda representação, ela só pode manifestar-se através das manifestações corporais. Ainda no mesmo texto, essa paciente inspira a reflexão de Ferenczi, que busca entender qual seria o conteúdo dessa clivagem:

> *Qual é o conteúdo do ego clivado? ... O conteúdo do elemento clivado é ainda o mesmo: desenvolvimento natural e espontaneidade; protesto contra a violência e a injustiça desdenhosa, ou ainda sarcástica e irônica, afetada em relação à dominação, sabendo interiormente, de fato, que a violência obteve nada – apenas modificou as coisas objetivas, as formas de decisão e não o ego enquanto tal; autossatisfação em relação a esta performance, sentimento de ser maior, mais inteligente que a força brutal. (Ferenczi, 1985, pp. 63-64)*

O que Ferenczi ressalta é que tal clivagem narcísica pode produzir uma forma de autotratamento que permite a um sujeito narcisicamente lesado confrontar uma situação insuportável. Forma de funcionamento que permite ao sujeito manter-se em uma ilusão de proteção diante da força devastadora da situação.

É a partir das dificuldades encontradas na situação clínica que Ferenczi reavaliará a técnica e o papel do analista. Com essa rearticulação, o trauma volta a ser o ponto central da teorização de Ferenczi e a questão do traumatismo estará, assim, no centro de sua atenção. Ele retrabalha a questão ligando o trauma à sedução. Ou seja, ele reconhece nos efeitos traumáticos o resultado da sedução da criança pelo adulto. Mas o que é um traumatismo para Ferenczi?

Ele concebe o traumatismo como a associação de dois momentos com os quais a criança confronta-se: o primeiro desses dois momentos é quando a criança se encontra confrontada à linguagem da paixão, esta pertencendo ao adulto; o segundo é o não reconhecimento, pelo adulto, da criança enquanto sujeito: a criança é reduzida a um objeto de satisfação das necessidades do adulto.

A sedução

Essa questão da sedução, que já havia sido trabalhada por Freud, toma uma outra direção sob o impulso de Ferenczi[5]. Em seu texto *Confusão de línguas entre adultos e crianças*, Ferenczi (1982a) apresenta-nos uma definição do traumático a partir da sedução.

Enquanto a criança brinca com o adulto, ela emprega uma linguagem terna com o outro. Mas acaba confrontando-se com a linguagem do adulto – a linguagem da paixão – e percebe nela uma carga de violência. Dessa maneira, Ferenczi opõe o caráter terno da demanda da criança ao aspecto genital da linguagem do adulto. "[Os adultos] confundem as brincadeiras da criança com os desejos de uma pessoa que atingiu a maturidade sexual e deixam-se levar por atos sexuais sem pensar nas consequências" (Ferenczi, 1982a, p. 130). O trauma

---

5 Laplanche, quanto a ele, apoia-se em uma certa leitura de Ferenczi para desenvolver a hipótese segundo a qual a sedução seria o elemento constitutivo da sexualidade do sujeito. Ferenczi é, possivelmente, o fundador de certa concepção que considera a relação para com o outro o resultado da organização libidinal do sujeito, ou seja, da criança enquanto objeto da mãe. Conquanto o desenvolvimento dessa questão feito por Ferenczi pareça distinguir-se do que fora apregoado por Laplanche, em seu livro Novos fundamentos para a psicanálise, Laplanche propõe a ideia segundo a qual um traumatismo sexual é necessário para a constituição sexual da criança. Segundo sua teoria – a da sedução generalizada –, é o fato de haver se confrontado com essa experiência que permite ao sujeito constituir-se enquanto sujeito sexualizado. Em outros termos, é a partir de um investimento do corpo da criança pela mãe que o corpo daquela pode tornar-se um corpo sexualizado. Mas Ferenczi vai ainda mais longe ao propor a hipótese segundo a qual esse investimento poderia mesmo provocar o rompimento da criança enquanto sujeito, ideia que se opõe à de Laplanche, que vê no traumatismo o momento constitutivo de uma normalidade sexual. Dito de outra forma, Ferenczi acentua a situação de "catástrofe", o adulto detendo uma função desestruturadora para o sujeito. Isso abre, desde então, uma dimensão totalmente diferente à questão da sedução. Cf. J. Laplanche, *Nouveaux fondements pour la psychanalyse*, Paris, PUF, 1987.

aparece na atividade erótica durante a qual a criança, sem defesa, submete-se ao desejo do agressor. "As crianças sentem-se física e moralmente sem defesa, já que a personalidade delas ainda é muito fraca para protestar – nem que seja em pensamento. A força e a autoridade esmagadora dos adultos emudecem-nos e podem até fazê-los perder a consciência" (Ferenczi, 1982a, p. 130).

Ferenczi descreve nessa passagem uma criança sobrecarregada pelo excesso e desprovida de meios necessários para definir a experiência com a qual se confronta. Essa situação fá-la precipitar-se em uma posição de pura aflição: "ela se encontra só e abandonada na mais profunda aflição" (Ferenczi, 1982a, p. 129). Ou seja, o adulto apodera-se e utiliza o corpo da criança para suas necessidades, em tal sentido que ele faz da criança seu objeto de gozo e submete-a a um verdadeiro "estupro psíquico" (Bokanowski, 1997). Essa situação torna-se então a matriz de um sistema no qual a criança encontra-se escanteada dela mesma: ela pode apenas observar a situação na clivagem psíquica que testemunha sua intensa dor interna.

A denegação

Mas para Ferenczi as coisas não param por aí. O adulto, se não for um pervertido, sente-se culpado "e atormentado pelo remorso" – culpa esta que a criança não pode ainda entender e, por isso, busca ajuda. Ela busca ajuda graças a uma pessoa de confiança, que para ela detém a verdade – a mãe, por exemplo. Mas essa pessoa não se importa com o que ela relata e dá crédito à incredibilidade do outro agressor: "Ah, mas ele(a) é só uma criança! Não sabe nada da vida e logo se esquece de tudo isso" (Ferenczi, 1982a, p. 131). Esse fracasso na tentativa de subjetivação do que passou, essa impossibilidade de inscrever o momento do traumático revela-se fundamental. "A criança que foi abusada vira um ser que obedece mecanicamente ou que se obstina, mas não pode dar-se conta das razões desta atitude" (Ferenczi, 1982a, p. 131).

Isso quer dizer que não só houve, num primeiro momento, sedução da parte de um adulto, mas, num segundo momento, a negação do adulto e/ou das outras pessoas de que algo aconteceu com ela. A partir desse segundo momento – no qual o outro adulto não aceita a demanda que lhe é feita –, o evento representa um trauma. Essa experiência tal qual nos relata e analisa Ferenczi será para a criança não somente de uma intensidade insuportável, mas também lhe será desorganizadora. Ela provoca no sujeito uma clivagem ao mesmo tempo que ele se destrói na tentativa de dominá-la. A essa experiência Ferenczi chama "confusão". Logo, a identificação ao agressor é a consequência imediata do trauma e a criança fixa-se nesse movimento masoquista de submissão em relação ao outro. Isso se revela de extrema importância já que o outro está sempre subordinado a essa dinâmica pulsional.

> *O que importa, de um ponto de vista científico, nessa observação é a hipótese segundo a qual a personalidade ainda não suficientemente desenvolvida reage aos desgostos não defendendo-se, mas através da identificação ansiosa e a internalização daquele que a ameaça ou a agride. (Ferenczi, 1982a, p. 131)*

Ainda, Ferenczi reconhece nisso a origem das transferências passionais, que reatualizam, quando encenado, esse traumático potencial que levou o sujeito a permanecer clivado e a submeter-se ao outro. É assim que Ferenczi fala da "hipocrisia professional" do analista ao reproduzir, nesse mesmo sentido, essa dimensão da mentira e da dominação da criança (o paciente) pelo adulto. "[Os pacientes] cedem a uma submissão extrema, manifestamente provocada pela incapacidade ou pelo medo de nos desagradarem ao criticarem-nos. Uma boa parte da crítica recalcada concerne ao que podemos chamar 'hipocrisia professional'" (Ferenczi, 1982a, p. 127). O analista vê-se, assim, interrogado nesse risco de mentira, no sentido da "confusão", ou seja, da proibição de pensar.

A identificação com o agressor

A identificação com o agressor constrói-se no momento do trauma e permite ao sujeito ocupar a parte que lhe foi retirada. Ao identificar-se com o agressor, a criança comporta-se ativa e não mais passivamente – postura de quem se submete à agressão. Ressentir a culpa do agressor não é somente poupar o adulto agressor, mas também distanciar-se do sofrimento psíquico causado pela agressão. Assim, o trauma passa a aparentar-se a um assassinato em que a criança é, ao mesmo tempo, vítima e agente. "Mas a mudança significativa provocada no espírito da criança pela identificação ansiosa com seu parceiro adulto é a internalização do sentimento de culpa do adulto: o jogo até então anódino passa a ser agora um ato passível de punição" (Ferenczi, 1982a, p. 130).

No lugar daquele que não entende o que lhe passa, a criança torna-se aquele que domina a situação. Ela não está mais à mercê de um adulto "louco" e pode mesmo se comportar como um "sábio bebê" que cuida do adulto reconhecidamente doente.

> *O medo diante dos adultos desenfreados – e, de certa forma, "loucos" – transforma a criança num psiquiatra. Para se proteger do perigo que representam os adultos sem controle, ela deve saber primeiramente como identificar-se completamente a eles. É incrível o que podemos realmente aprender com nossas "sábias crianças" sobre as neuroses. (Ferenczi, 1982a, p. 130)*

Essa inversão dos papéis é realmente uma forma de recuperar um certo estado de estabilidade narcísica que foi destruído no momento do trauma. E é essa estrutura que conduz finalmente à violação psíquica do sujeito (criança). É a partir desse último ponto que pudemos desenvolver, em um outro texto, o entendimento do estado clínico de certos pacientes que tinham um diagnóstico precoce de câncer (Lindenmeyer, 2007b). Pensamos no trauma a partir da ótica de Ferenczi, como complemento às elaborações freudianas, pois a situação de doença para esses pacientes observados se mostra não somente enquanto intrusão, mas também enquanto violação do sentimento de si. Como se a impossibilidade de fazer uso de uma percepção de si mesmo, de ter a escolha da palavra, gerasse uma ferida narcísica insuportável que viria a reativar outros traumatismos.

O sábio bebê

Nas *Reflexões sobre o traumatismo*, Ferenczi (1982b) propõe a ideia do "sábio bebê", ideia esta muito ligada à da identificação com o agressor.

Toda elaboração de Ferenczi parece centrar-se na ideia de que exista, para toda palavra, um destinatário e que essa palavra se apoia na aceitação ou não do destinatário ao qual ela é endereçada. Certas passagens desse texto evocam o recurso à clivagem e apresentam-no como uma situação de socorro, particularmente na seguinte passagem: "Um fato surpreendente – mas aparentemente de valor genérico durante o processo de autorruptura (Selbstzerreissung) – é a transformação brusca da relação impossibilitada de objeto em uma relação narcísica" (Ferenczi, 1982b, p. 147). Essa postura de socorro a si mesmo reflete não apenas a ideia da identificação com o agressor, mas também a relação narcísica como meio de salvação – postura importante para compreender a relação de objeto impossível. Trata-se aqui de uma posição, solução necessária, quase intermediária. Ele retoma: "O homem abandonado pelos deuses escapa totalmente à realidade e cria para si um outro mundo no qual, livre da gravidade terrestre, ele pode atingir tudo o que desejar" (Ferenczi, 1982b, p. 147).

O que transparece nessa passagem é a ideia de quebra, de ruptura, de clivagem e a ideia segundo a qual, após o trauma, o único lugar de socorro que se pode ocupar é o da suspensão (Schneider, 1988). O que é muito importante se nos arriscamos a refletir a partir do plano corporal. Nesse momento que nos encontramos "livres da gravidade terrestre", temos a possibilidade de habitar o corpo que se nos apresenta, mas de habitá-lo em suspensão (Lindenmeyer, 2007a). Como se o corpo estivesse lá, mas o sujeito-corpo estivesse alheio, suspenso no ar. Essa referência a esse lugar de suspensão pode facilmente ser traduzida durante a consulta clínica por momentos nos quais o sujeito fala de seu corpo como se se tratasse do relato vivido por um desprendido de si, quase em uma espécie de desdobramento de si. É exatamente esse sentimento de estar fora de si que Ferenczi descreve em seu diário clínico:

> *O que se passa quando o sofrimento aumenta e sobrepõe a força de compreensão do ser ínfimo? O senso comum caracteriza o que se segue pela expressão: "a criança está fora de si". Vistos do exterior, os sintomas do estar-fora-de-si são: a ausência de reação do ponto de vista da sensibilidade, câimbras musculares generalizadas, normalmente seguidas de paralisia generalizada ("viajar"). Levando em conta as declarações de nossos pacientes que nos relatam tais estados, este "viajar" não é necessariamente um "não ser", mas apenas um "não estar mais aqui". Mas então onde se estaria? Percebemos algo: eles viajaram para longe, universo afora, e voam com uma velocidade enorme entre os astros; sentem-se tão leves que circulam sem obstáculos através das mais densas substâncias; onde eles estão o tempo não existe; passado, presente, futuro estão todos presentes ao mesmo tempo. Em uma palavra, eles têm a impressão de ter superado*

> *o tempo e o espaço. Vista desta vasta e gigantesca perspectiva, a importância do próprio sofrimento desaparece. (Ferenczi, 1985, p. 80)*

O que mais uma vez deve-se assinalar aqui é a necessidade de estar-se à distância, mas em uma distância que evoque o alto, como se representasse um conforto por excelência imaginar-se flutuar pelo céu. Sair de seu próprio corpo ou de seu próprio psíquico é o destino desejado. Mas essa passagem parece-nos de maior interesse por descrever os sintomas corporais como uma oportunidade que o sujeito pode aproveitar para socorrer-se – uma espécie de redenção. Nessa busca de escapar do insuportável, o sujeito faz de seu corpo o lugar da batalha. Lugar escolhido para permitir ao psíquico pôr-se à distância, ao mesmo tempo que o corpo torna-se esse episódio durante o qual a batalha poderá ser mostrada ao entorno e representa, desse modo, um pedido de socorro. Podem-se encontrar certos pontos em comum entre o que nos descreve Ferenczi e o que alguns de nossos pacientes descrevem: a impressão de não mais habitar o próprio corpo. Como se, a partir de então, tudo estivesse paralisado, bloqueado, congelado e não podendo mais ser reinvestido. A inscrição dessa experiência de pavor e de intrusão reveste-se de uma massa rígida de evitação e de precaução no período que se segue imediatamente ao choque: estratégia de evitação que se traduz geralmente pelo esgotamento do trabalho psíquico mobilizado em vistas de proteger-se. Por vezes, essa sensação apresenta-se durante a sessão como se, de uma hora para a outra, o corpo se tornasse habitável, mas com o peso de uma história que ainda não foi inscrita.

Ao estarem na situação analítica, certos pacientes experimentam o sentimento, a sensação de não serem mais invisíveis, e outros ainda sentem a sessão como um buraco dentro do qual estão suscetíveis de cair. A marca no psíquico e na carne leva a uma espécie de anestesia que permite manter a angústia adormecida o tempo inteiro. Trata-se de uma tentativa de anular o peso ou uma sensação de viver em uma espécie de suspensão em relação à "gravidade terrestre" (Ferenczi, 1982b, p. 147). Nem dentro, nem fora, mas nas alturas. Ou seja, no contato com o solo, o sujeito perde o sentimento de existir, o que o leva a perder-se nas alturas, pois, no momento em que o sujeito tenta não mais sentir o peso de seu corpo, vem junto a ideia de um outro que não pode mais carregá-lo – e disso vem o desabar-se. As sessões podem ser vividas, às vezes, como uma oportunidade de apoiar-se sobre o outro, como uma espécie de relaxamento desse peso do corpo sobre o outro que o sustenta. Como se houvesse a busca de um lugar ou de um tempo em que o sujeito pudesse sentir-se sobre o solo. É o caso, por exemplo, daqueles que se comportam como se o analista fosse um receptáculo para suas palavras. O sujeito emenda uma sessão com a outra como se não precisasse retomar o que fora dito na sessão passada. É o que já nos aconteceu no caso de pacientes que voltam à sessão, depois das férias, na mesma sequência do que fora dito na última sessão, como se não houvesse ruptura alguma, como se o sentimento de continuidade não pudesse ser perturbado.

Ao mesmo tempo, o que lhe importa é continuar na ilusão de ser completamente contido pelo outro, carregado pelo outro.

Ferenczi insiste no desenvolvimento de seu texto no fato de que estar suspenso assim é uma forma de tornar-se pai ou mãe de si mesmo. Logo, é através da clivagem – resultante dessa suspensão – que uma parte do sujeito pode ocupar-se, como um pai, da outra parte:

> *Se até aqui ele foi privado de amor ou até martirizado, desprende-se assim dele um fragmento de si mesmo que – sob a forma de um socorro prestativo ou afetuoso; materno no mais das vezes – apieda-se da parte restante e atormentada da pessoa, tomando conta desta; tudo isso com uma sabedoria notável e uma inteligência penetrante. Ela é a própria inteligência e bondade, um anjo*

> *da guarda. Esse anjo vê de longe a criança que sofre ou que foi morta – e assim, de alguma forma deslizado para fora da pessoa durante o processo de "rompimento", ele percorre o universo inteiro para buscar ajuda, imagina coisas para a criança que não se pode salvar. (Ferenczi, 1982b, p. 147)*

Essa passagem deixa entender claramente a necessidade de desprender um fragmento de si mesmo – fragmento este que representa o traço traumático e favorece a clivagem. Trata-se de uma espécie de devastação na realidade do sujeito e da necessidade de criar um alterego. Mas o que surpreende mais é o fato de a clivagem funcionar como uma possibilidade de estar-se totalmente alheio, quase em um outro mundo, suspenso nas alturas. O sábio bebê é assim apresentado como a parte sábia de si que emerge do trauma. Dá-se a si mesmo a ideia de um suporte, mesmo se este suporte é destruidor. A criança torna-se o adulto clivado por causa do trauma. É um meio de restaurar uma imagem necessária para aguentar a experiência de um perigo extremo. Essa dimensão sacrificial é relevada, como se pode ler na sequência da passagem:

> *Mas, no instante de um novo traumatismo, ainda mais forte, o santo padroeiro deve confessar sua própria impotência e seus enganos bem intencionados à criança martirizada. Resta-lhe apenas o suicídio, a menos que, no último momento, produza-se algo favorável na realidade. Essa coisa favorável à qual recorremos diante do impulso de suicídio é o fato de, neste novo combate traumático, o paciente não estar mais totalmente sozinho. (Ferenczi, 1982b, p. 147)*

Nessa passagem, podemos ver como, se há uma segunda ruptura, o mito do sábio bebê cai por terra e passa-se da ideia de onipotência à da mentira, do engano. O sábio bebê pode levar ao suicídio, por um trabalho de autodestruição que se realiza (Schneider, 1988). Em outros termos, essa posição conduz a um procedimento de sobrevivência psíquica que pode tornar-se também um tipo de autodestruição. Aqui se realiza todo um sistema resultante do trauma. Isto dito, se voltarmos ao texto *Confusão de línguas entre adultos e crianças*, reencontraremos esta reação de autodestruição:

> *É difícil adivinhar quais são os sentimentos e comportamentos das crianças após estes fatos consumados. O primeiro movimento seria a rejeição, o ódio, o desgosto, uma resistência violenta: "Não, não quero, é forte demais, dói, me deixa!". Isto – ou algo do gênero – seria a reação imediata se não for inibida por um medo intenso. (Ferenczi, 1982a, p. 130)*

Nessa passagem, Ferenczi reconhece que, no ponto de partida, há reação, mas que essa reação foi inibida: certamente, ela existe, mas só a atitude de rejeição pode ser realmente considerada. Ele prossegue: "Mas este medo, quando perde seu ponto culminante, obriga-nos a submeter-nos automaticamente à vontade do agressor, a adivinhar o menor de seus desejos, a obedecer em detrimento de si mesmo e a identificar-se totalmente com o agressor" (Ferenczi, 1982a, p. 130).

O que quer dizer que, após o desespero psíquico, é a autodestruição que se segue e que pode revelar-se bem mais intensa e devastadora que a própria situação em si. Todos esses elementos organizam-se como um contrainvestimento no momento do trauma. É assim que esse movimento caracterizado por Ferenczi equivale ao transtorno, a essa impressão de desaparecimento de si mesmo. A existência reduz-se a uma ausência de pensamento, mas na qual a inscrição no corpo da experiência traumática permanece sendo o último refúgio. Para certos pacientes encontrados nos tratamentos analíticos, a experiência traumática reaparece quando as coisas são novamente mobilizadas pela transferência.

O tratamento analítico reabre a possibilidade de sentir essa dimensão traumática e angustiante que rodeia a vivência do paciente.

Referências

Assoun, P. L. (1996). Métapsychologie de la douleur: du physique au moral. In R. Tevissan (Dir.), *La douleur morale* (pp. 223-248). Du temps.

Barrois, C. (1985). Action du traumatisme, traumatisme en action, action sur le traumatisme. *Nouvelle Revue de Psychanalyse*, 31, 239-257.

Bokanowski, T. (1997). *Sándor Ferenczi*. PUF.

Dayan, M. (1995). Économie traumatique. In M. Dayan (Dir.), *Trauma et devenir psychique* (pp. 9-38). PUF.

Fédida, P. (1995). L'hypocondriaque médecin. In M. Aisenstein, A. Fine & G. Pragier (Eds.), *L'hypocondrie* (pp. 113-136). PUF.

Ferenczi, S. (1982a). Confusion de langue entre les adultes et l'enfant. Le langage de la tendresse et le langage de la passion. In *Œuvres complètes, Psychanalyse IV*. Payot.

Ferenczi, S. (1982b). Réflexions sur le traumatisme. In *Œuvres complètes, Psychanalyse IV*. Payot.

Ferenczi, S. (1985). *Journal clinique*. Payot.

Freud, S. (1977). Introduction au narcissisme. In *La vie sexuelle*. PUF. (Original publicado em 1914)

Freud, S. (1984a). *Nouvelles conférences d'introduction à la psychanalyse*. Gallimard. (Original publicado em 1933)

Freud, S. (1984b). L'analyse avec fin et l'analyse sans fin. In *Résultats, idées, problèmes, II*. PUF. (Original publicado em 1937)

Freud, S. (1992a). Le problème économique du masochisme. In *Œuvres completes* (vol. 17). PUF. (Original publicado em 1924)

Freud, S. (1992b). Inhibition, symptôme et angoisse. In *Œuvres complètes* (vol. 17). PUF. (Original publicado em 1925)

Freud, S. (1996a). Au-delà du principe du plaisir. In *Œuvres complètes* (vol. 15). PUF. (Original publicado em 1920)

Freud, S. (1996b). Rapport d'expertise sur le traitement électrique des névrosés de guerre. In *Œuvres complètes* (vol. 15). PUF. (Original publicado em 1920)

Granoff, W. (1961). Ferenczi. Faux problème ou vrai malentendu. *La Psychanalyse*, 6, 255-282.

Laplanche, J. (1981). L'angoisse dans la topique. In *Problématique*. vol. 1. PUF.

Laplanche, J. (1987). *Nouveaux fondements pour la psychanalyse*. PUF.

Lindenmeyer, C. (2007a). Être en suspend. In *Cliniques méditerranéennes. Médecine, éthique et psychanalyse* (pp. 157-165). Erès.

Lindenmeyer, C. (2007b). Le corps. Lieu de l'infantile. In *Recherches en Psychanalyse, Nouvelles technologies médicales et subjectivité* (pp. 147-156). L'Esprit du temps.

Lindenmeyer, C. (2010). Chorégraphies du corps. *Revue Française de Psychanalyse*, 5, pp. 1581-1587.

Lindenmeyer, C. (2012). Qual é o estatuto do corpo na psicanálise? *Tempo Psicanalítico*, *44*(2), pp. 341-359.

Lindenmeyer, C. (2023). Pourquoi la pulsion de mort?. *Revue Corps et Psychisme. Recherches en Psychanalyse et Sciences Humaines*, 83, pp. 33-42.

Schneider, M. (1988). *Le trauma et la filiation paradoxale*. Ramay.

6. Guardiões do silêncio

Carmem Cabral Scherer

A vida do ser humano tem uma relação intrínseca com a água, ela é fonte de saúde, segurança e dignidade. Todo e qualquer aspecto da vida é conectado pela água.

A enchente de maio de 2024 que atingiu o Rio Grande do Sul me fez lembrar de uma frase do ilustre oceanógrafo Jacques-Yves Cousteau:

> *Durante a maior parte da história, o homem teve que lutar contra a natureza para sobreviver, neste século, ele está começando a perceber que, para sobreviver, deve protegê-la.*

O excesso de chuva e o acúmulo de água nas cidades, estradas e moradias, impactou a população do estado, destruindo e desabrigando milhares de pessoas. Muitas famílias foram resgatadas em meio a inundação, correnteza e ao frio, típico do estado neste período do ano. Reações psicológicas e talvez traumáticas, emergiram junto com o medo e pavor de deixar suas casas e suas referências pessoais.

Fui impactada pelo sentimento coletivo de caos e desejo de ajudar, então ofereci minha escuta analítica aos desabrigados acolhidos numa escola de POA. Esse abrigo estava recebendo, na grande maioria, pessoas moradoras das ilhas de POA. O médico que fazia parte da equipe de saúde do local solicitou atendimento a uma família de cinco pessoas, casal, dois filhos de 20 e de 9 anos, namorada do filho de 19 anos e sobrinha de 7 anos. Desde o ingresso no abrigo, dois dias antes, não falavam, todos sem comunicação verbal. Devido ao mutismo, eles não realizaram a avaliação médica, protocolo de recebimento no abrigo.

Todas as pessoas do abrigo estavam em uma quadra de esportes coberta, sentados ou deitados em colchões. A família do atendimento estava em dois colchões num canto da quadra, sem interação com as demais pessoas. O marido estava no pátio, não conseguia permanecer no interior do abrigo e não participou do atendimento. Me aproximei, sentei- me no chão, para ficar mais próxima deles, o silêncio era como uma barreira, mas tinha uma união, pareciam "filhotes em torno da mãe". Me apresentei, perguntei se poderia falar com eles, a mãe acenou que sim com a cabeça. Falei pouco em voz baixa e olhando-os fixamente nos olhos. Depois de 40 ou 45 minutos, a mãe olhou fixamente nos meus olhos, por alguns minutos, e disse seu nome: Ana; em seguida, começou a chorar compulsivamente, por alguns minutos. Todos choraram e disseram seus nomes. A menina de 7 anos tocou meu cabelo e disse: "o meu cabelo está sujo". Ana, chorando, relatou tudo que passaram com o aumento do volume do lago Guaíba e a invasão das águas, inundando a ilha e sua casa: "Foi horrível, não sei como sobrevivemos, veio uma espécie de onda que deslocou as janelas da casa e fomos arrastados pra fora, meu filho conseguiu pegar um pedaço de telhado e disse para segurarmos pra não afundar. Eu e os dois menores ficamos em cima da telha e ele e a namorada com o corpo na água, apenas se segurando nas pontas, o peso de todos não sustentaria a flutuação. Ficamos umas três horas no lago, à deriva na correnteza, bem. Não consigo parar de pensar, fico o tempo todo com a imagem dessa onda nos arrastando para fora de casa, nós podíamos ter morrido. Eu tenho uma dor (mão no peito), de medo, pavor do que passamos. Na hora eu não pensava em nada, só olhava para meus filhos e me segurava, mas agora, desde que chegamos no abrigo, não paro de pensar, parece um filme na minha cabeça, não durmo, parece que continuo em cima da telha, descendo rio abaixo".

O filho mais velho continuou o desabafo, disse que é pescador, tinha um barco e redes de pesca, viu tudo afundar, a ilha que moravam foi atingida em cheio. "Eu só pensava em salvar minha família, tive sorte de segurar naquele pedaço de telhado, minha mãe e as crianças não aguentariam nadar por muito tempo, era noite escura, não enxergávamos nada. Eu sempre gostei do rio, cresci ali, pensava no meu pai, ele nasceu na ilha, sabia que ele ia se salvar, tudo que sei de pescaria aprendi com ele e meu avô. Eu nunca tive medo, já passei por situações difíceis, como mergulhar no rio para destrancar rede, a água é turva, o mergulho é às cegas. Agora estamos aqui, muito bem tratados, mas como disse a mãe, o pensamento não para de lembrar a destruição e o pavor que passamos. Eu pensava o tempo todo na resistência da telha, estávamos no meio do rio, nada mais para segurar, poderíamos morrer".

Esse atendimento durou cerca de 1 hora e 50 minutos, me senti inserida na história, por vezes, como se estivesse sobre essa telha em móvel mar, sem chão, flutuando na escuridão e imensidão do lago, o silêncio era uma presença, assim como as lágrimas. No decorrer do atendimento eles se movimentaram, ficando mais próximos e tocavam uns aos outros, o olhar era fixo na mãe, como se fossem guardiões da dor. Nos atendimentos seguintes, eles continuaram falando e construindo a história através da narrativa falada e lágrimas, todas as etapas do início da chuva, dias antes da inundação, e a sequência do avanço das águas do lago na ilha que moravam. Observei que Ana passou a incluir no relato a descrição da casa, a mobília, utilizando palavras no diminutivo e demonstrando carinho na rotina do dia a dia da família. Chorando dizia que tinha perdido suas coisinhas, referindo a mobília. Somos trabalhadores, adquirimos tudo no esforço, para perder assim...

O filho de 9 anos, só falou o nome, acompanhava todo o relato da mãe e irmão, com os olhos atentos e imóvel. No terceiro encontro de atendimento, Ana pediu auxílio para fazer contato com seu trabalho, gostaria de voltar sua atividade, mesmo morando no abrigo. Uma semana depois, Ana retornou ao trabalho.

Benyakar (2005) sugere uma análise ampla do conceito de Traumático, e na elaboração responsável analítica. O autor atenta para a tendência equivocada de atribuir ao traumático um acontecimento ou "situação factual".

O conceito de traumático está relacionado não ao factual e sim à situação disruptiva, que impede a articulação entre afeto e representação. O indivíduo demonstra um prejuízo na função psíquica reguladora, tanto da interação com o mundo externo como com o mundo interno. O aparelho psíquico perde a capacidade de autorregulação de forma abrupta, o ego sente um colapso pelo excesso configurando o trauma. O indivíduo pode apresentar sintomas psicopatológicos.

Freud (1895), no projeto para uma psicologia científica, estuda o início do desenvolvimento psíquico, o que nos torna humano. O funcionamento primário se inicia pelo neurônio, anterior à pulsão. A primeira função do sistema nervoso é "recepção" dos estímulos de fora, a segunda é a "descarga" da excitação endógena, colocar para fora, fugir do desprazer e da dor. A memória será o guardião da experiência, onde fica o registro do lugar onde passou a excitação. Para Freud o primeiro registro de memória de satisfação é com a mãe, primeira mamada. Posteriormente, o desejo pode ativar esse ponto registrado para repetir a satisfação.

No texto de 1920, em *Além do princípio do prazer*, Freud, diz que o externo pode apresentar o caos, a destruição, o horror, catástrofes, perdas, e a pessoa, vai lidar e reagir de acordo com o funcionamento do seu mundo interno.

No final da primeira guerra, observando os efeitos traumáticos e o efeito destrutivo do externo, Freud, percebeu que a natureza do conflito se dá entre a dimensão da pulsão de vida" ligação", e a dimensão da pulsão de morte "desligação". No caso das neuroses traumáticas, o fator "surpresa", sem preparação prévia, e a força mecânica do evento, leva o aparelho psíquico a uma sensação de tensão desagradável (desprazer). O aparelho é invadido, ocorre um transbordamento pelo estímulo externo, perdendo a noção de qualidade, ficando apenas com o registro de quantidade. Ocorre também uma regressão, uma falta de tramitação libidinal, um estancamento da libido, impedindo a simbolização. Desse modo, o sujeito fica sob o efeito da compulsão a repetição do ato violento.

O recurso para o aparelho buscar o alívio de tensão é um modelo econômico do psiquismo, uma tramitação de quantidade e qualidade.

Freud (1924/1925), em *Inibição, sintoma e angústia*, afirma que, "a angústia surgiu originalmente como uma reação a um estado de perigo e é reproduzida sempre que um estado dessa espécie se repete" (p. 133). Sendo assim, a angústia é uma reação afetiva sentida no ego. O fato externo não é suficiente para o desdobramento qualitativo que o indivíduo fará desse afeto, para a elaboração ou fracasso desta tramitação.

Este autor refere duas possibilidades da vivência de excesso de excitação, a angústia automática e a angústia sinal. A primeira depende de uma situação traumática que desperta no ego uma experiência de desamparo e na angústia sinal, existe um movimento do ego de se prevenir e proteger da situação de perigo.

Pensando a vivência dessa família, percebemos exatamente a presença do caos e horror do externo, impactando o psiquismo dessas pessoas. Não houve um estancamento libidinal a ponto de paralisarem a ação de sobrevivência no momento da avalanche das águas do lago. Conseguiram recorrer a um pedaço de telhado, que serviu de boia da sobrevivência. Após resgate, o aparelho psíquico ficou impedido de qualificação, ou seja, o registro mnêmico de quantidade criou um estado de paralização mental. A posição física que encontrei essa família no abrigo, deitados em cima de dois colchões, parecia ainda estarem à deriva das águas do lago, como a cena do dia do caos, do factual, expressão freudiana da compulsão a repetição. E a falta de linguagem, um sintoma transitório pelo excesso de excitação mental, pelo caos e risco vivido. A inundação das águas parecia estar agora no ego, que tentava se defender da ruptura traumática, poupando energia e se fechando para o externo.

O primeiro contato visual que fiz desta família, senti que precisava criar uma conexão com essa realidade, primitiva e traumática. O meu aparelho psíquico precisava usar recursos, primeiramente do sensorial e corporal para num segundo momento estabelecer a comunicação representada e mentalizada.

Vitor Guerra (2022) salienta a "Escuta estética" do analista, como uma expressão comparativa a arte. Uma experiência profunda de entrega do analista à percepção sensorial, motora, verbal e não verbal. "É possível também em uma sessão contemplar a ideia de ouvir com os olhos e pensar com os ouvidos, de sentir com a mente" (p. 273). Essa é a transmissão do "momento estético", a passagem do sensorial para o emocional, utilizando a palavra como o meio facilitador para sair do arcaico. O analista usa a abertura de sua mente, sensível ao gesto, movimento, silêncio, palavra, entonação de voz, para decodificar o conteúdo do mundo interno do paciente.

Este mesmo autor estudou o desenvolvimento psicológico infantil, a partir da relação primária mãe e bebê, salientando a importância da amplitude de variáveis na construção do vínculo. Encontro, desencontro, olhar, toque, gesto, presença e destaca o "ritmo", como uma "sinfonia" na díade mãe-bebê, construtora da comunicação com o outro.

"J. C. Ameisen (2014) afirma que o relatório da Academia de Ciências dos Estados Unidos por Asif Ghazanfar, seus colegas da Universidade de Princeton e pesquisadores da Alemanha e Escócia indicam que as mímicas labiais feitas por macacos-rhesus envolvem oscilações nos movimentos dos lábios de ritmo semelhante às envolvidas na linguagem humana, aproximadamente seis movimentos labiais por segundo". Portanto, o trabalho sugere que o ritmo ancestral de primatas não humanos, na questão de expressões faciais possuem relação com a vocalização de vogais, consoantes e a disposição para criação do ritmo do bebê humano com a mãe e outro.

Nos 45 minutos iniciais, o silêncio da família me remeteu a um vazio, sem nome, nem palavra. O olhar fixo nos olhos, algumas palavras e uma entonação suave e leve foi o meu primeiro recurso, sentada no chão, ao lado dos colchões, era o *setting* que tínhamos naquele momento e situação. Estabeleci presença física e emocional, para sustentá-los até a ligação e representação verbal poder acontecer ou não, tive uma experiência sem expectativa e desejo, apenas presença e capacidade de contenção psíquica.

Ane Brun (2018) propõe a importância das primeiras "experiências sensório-afetiva-motoras na relação com o objeto". A vivência primitiva infantil ou o arcaico estabelecerá a capacidade dos processos de simbolização ou seu fracasso na relação com os objetos ao longo da vida. A autora cita formas primárias de simbolização pré-verbais, como uma inscrição anterior ao advento da linguagem corporal, sensório motora e linguagem do objeto. O analista entra em contato com essa forma primitiva de comunicação, dos estágios iniciais da vida, tentando transformá-los em figuração, material subjetivo dos processos de representação.

Theodor Reik (1949) salienta a importância do analista estar atento e capaz de decodificar o não consciente e o não expresso usualmente pela comunicação. "O analista como seu paciente, conhece coisas sem saber que conhece. A voz que fala nele fala baixo, mas aquele que ouve com o terceiro ouvido ouve também o que é expresso quase silenciosamente, o que é dito pianíssímo" (capítulo XV – O terceiro ouvido).

O autor, refere que esse "terceiro ouvido", faz consonância com o que Freud referiu, da capacidade do analista para a escuta fina do inconsciente do paciente. Escutar o que não tem representação, mas sim sensações e pensamentos, voltar-se para o interior da comunicação do paciente e do próprio self do analista. Descolar o pensamento racional e consciente a situação externa e concreta. O caminho de desvendar os segredos do mundo interno do paciente, passa pelos significados inconscientes do psiquismo do analista. Somente a mente aberta e disponível do analista, pode iniciar o caminho árduo da escavação e descobertas, abrindo e facilitando a possibilidade de *insight*.

A análise deste atendimento, nos remete ao entendimento a partir de teorias do primitivo e das primeiras experiências de desenvolvimento do bebê. Importante citar alguns autores para essa elucidação.

Anzieu (1989) estudou o circuito da díade "bebê-círculo-maternante", no desenvolvimento primitivo e sensorial do bebê. O bebê, nasce com experiências sensoriais do final da vida uterina. Para sobreviver busca cuidados do círculo maternante, e posteriormente o refinamento desta troca recíproca, auxilia no desenvolvimento do sistema sensório motor para a exploração do ambiente. O bebê é um ser ativo deste processo.

Este autor, apoiado na obra Freudiana, afirma que toda função psíquica se desenvolve com o apoio do desenvolvimento e funcionamento corporal. Sendo assim, a pele tem relevância primordial, ela reveste o psiquismo e estabelece contato com o meio externo. A pele é a" superfície do corpo" assim como o cérebro é a "superfície do sistema nervoso", se origina do ectoderma. O primeiro registro psíquico é a mamada, que oportuniza a vivência de comunicação, tátil, visual e olfativa.

Winnicott (1948) reflete sobre as imposições frustrantes que a realidade impõe, embora essa questão não seja absoluta, em si só, devido a capacidade do bebê-sujeito fantasiar. A importância da fantasia se deve ao processo ser anterior à realidade. O enriquecimento e amplitude deste processo de fantasiar dependerá da experiência de ilusão. O bebê cria outros meios de reconhecer e lidar com o mundo externo.

Este mesmo autor, refere que a capacidade de comunicação está ligada a integração da base de desenvolvimento primitivo do psiquismo, a introjeção da "mãe suficientemente boa". A comunicação verbal ou não, é como uma música dessas esferas, sensação de pertencimento e estar vivo. Portanto o analista não deve dar relevância para comunicação verbal, tanto do sujeito como a interpretação verbal do analista. A riqueza da comunicação se dá a partir do encontro e da confiabilidade da dupla, semelhante a relação objetal internalizada.

Concluo, que este atendimento, a partir de uma situação traumática pela questão inicial e factual, não se revelou determinante. O silêncio encobria uma qualidade e vivacidade do mundo interno da mãe, transmitida na vivência da maternagem suficientemente boa, para seus filhos. A partir desta condição psíquica, a função transferencial pode se estabelecer positivamente, como se o analista fosse uma bóia de salvamento para o caos que sentiam. A realidade externa e real era de terra firme, mas ainda revivendo no mental a inundação da enchente, a correnteza do lago e o medo da morte. Puderam estabelecer uma experiência vincular e de contenção para desabafar, sair do disruptivo traumático, criar o caminho de ligação do afeto e representação, e enfrentar as várias etapas de elaboração desta vivência. O silêncio era uma barreira de proteção, o primitivo em cena, o reestabelecimento da integração do corpo, olhos que discriminam, o auditivo que atenta a voz acolhedora do analista, palavra que nomeia, a maternagem que sustenta o mental do outro. Assim a cena foi vivida na presença da marca mnêmica do caos, mas com a abertura para ser reeditada e elaborada na memória deles e de todos nós, dependendo da experiência de cada um.

Referências

Anzieu, D. (1989). *O eu-pele*. Casa do Psicólogo.

Benyakar, M.; Lezica, A. (2005). *Lo traumático: clínica y paradoja*, tomo I: El proceso traumático. Biblos.

Brun, A. (2018). A escuta das formas primárias de simbolização no trabalho analítico. *Revista Brasileira de Psicanálise*, 52(2), 35-53.

Freud, S. (1950/1895). Projeto para uma psicologia científica. Edição standard brasileira. *Obras completas de Sigmund Freud*. vol. 1. Imago, 1988.

Freud, S. (1920). Além do princípio do prazer. Edição standard brasileira. *Obras completas de Sigmund Freud*. vol. XVIII. Imago, 1988.

Freud, S. (1926/1925). Inibição, sintoma e angústia. Edição standard brasileira. *Obras completas de Sigmund Freud*. vol. XX. Imago, 1988.

Guerra, V. (2022). *Vida psíquica do bebê*. Blucher.

Reik, T. (s.d.). *O terceiro ouvido*. Tradução de E. M. N. Enck (Trabalho original publicado em 1949)

Winnicott, D. W. (1896-1971). *Da pediatria à psicanalise*. Ubu Editora, 2021.

7. Uma história, muitos resgates: uma escuta psicanalítica na enchente do Rio Grande do Sul

Aurinez Rospide Schmitz

O estado foi assolado pela maior enchente que atingiu o Rio Grande do Sul desde 1941. Porto Alegre, a capital, foi um dos municípios afetados. O Lago Guaíba, com suas calmas águas que serviam de pano de fundo para os fins de tarde, exibindo um pôr do sol magnífico, mesclado de cores e reflexos inimagináveis, era também o cenário da orla onde muitos gaúchos desfrutavam de momentos de lazer, rodas de conversa e chimarrão. Contudo, com a chegada intensa da chuva, tudo isso mudou. A rotina tranquila e apreciada por tantos foi drasticamente alterada pela enchente.

Em menos de uma semana, em final de abril de 2024 choveu um terço da média do ano todo (de 500 a 700 mm). O lago Guaíba transbordou, atingindo 5,35 metros, invadindo 476 municípios afetando 2,8 milhões de pessoas. Houve falta de água, de luz, deslizamentos de terras, estradas interrompidas, mortes e locais total e parcialmente inundados. Pessoas ficaram incomunicáveis, em muitas situações isoladas, sem acesso a água e alimentos. EMATER RS (2024), Enchentes no Rio Grande do Sul em 2024 (2024, 18 de agosto).

Estávamos diante de uma calamidade pública (Decreto 2024). O que fazer? Como ajudar? Diante dessas indagações reportei-me a

Noal (2017), que refere, por meio dos seus diários de bordo, a sua inserção como psicóloga em diferentes lugares do mundo acometidos por tornados, ciclones, terremotos, tsunamis, atravessando fronteiras para levar cuidado. Inspirada em Noal, perguntei-me o que eu poderia fazer para auxiliar as pessoas da minha cidade? Do meu estado?

Reportei-me a Gampel (2014) quando ela se questiona como responderia aos seus netos quando eles perguntassem o que ela fez durante a guerra entre Israel e o grupo terrorista Hamas em Gaza. Ela menciona que não gostaria de dizer: "não fiz nada". Da mesma forma, eu pensei que também não queria responder aos meus netos que não fiz nada diante da maior enchente que afetou milhares de pessoas ao meu redor.

Diante da minha inquietação, encontrei amparo na instituição à qual pertenço, a Sociedade Brasileira de Psicanálise de Porto Alegre, assim como em colegas que, assim como eu, compartilharam o mesmo desejo de oferecer uma escuta especializada às pessoas desabrigadas. Imediatamente, me prontifiquei. Não foi necessário atravessar as fronteiras do mundo, como fez Noal; a situação estava ali, ao meu lado, ao nosso lado.

Pujet e Wender (1982) reportam sobre o mundo superpostos entre analista e paciente, mundo este que invade a ambos e concomitantemente, um momento no qual todos estão submersos. De forma similar, estamos ambos: voluntários e pessoas atendidas, inseridas no mesmo contexto. Neste cenário integro a equipe de resgate em um dos pontos da capital. Esta equipe é composta por um grupo de 8 pessoas, voluntários, funcionários vinculados ao estado, com as devidas identificações. Ficávamos à espera da chegada do helicóptero com pessoa(s) resgatada(s) dos locais, agora, inacessíveis pela enchente. Assim que chegavam do helicóptero eram direcionadas até o ônibus para a recepção. Recebiam água, comida, roupas. Um ônibus era destinado a recepção das pessoas e o outro a levá-las ao abrigo.

Sou a única psicóloga, combino que após a recepção, antes de serem levadas ao abrigo, eu poderia conversar.

O objetivo deste trabalho é apresentar o atendimento imediato de João (nome fictício), um homem de aproximadamente 40 anos que foi resgatado de helicóptero durante a enchente, após ficar quatro dias sem comunicação e totalmente sozinho. As experiências vividas durante a enchente são, por si só traumáticas. No entanto, proponho mostrar como a estruturação do aparelho psíquico é fundamental para o enfrentamento de tais situações, influenciando a maneira como cada um as enfrenta, como também, o papel crucial da escuta psicanalítica neste processo.

Chega o helicóptero. João desce desacompanhado. Ele está sorridente, mexe a cabeça como se conversasse com ele mesmo, segue sorrindo e diz "estou salvo: nem acredito, estou salvo".(sic) e é direcionado ao ônibus. Assim que entra no ônibus é recebido com água, sanduíche e roupas. Eu o acompanho e percebo que ele está reflexivo o que, ao mesmo tempo, me leva a refletir sobre o que ele estaria sentindo diante de tudo o que viveu. Totalmente submerso ele fica parado, olhando para o que recebeu. Não come nada. Devolve as roupas dizendo: "não estou molhado não é preciso. Deixa as roupas para quem precisa." (sic).

João está sentado, contemplativo, eu me apresento e pergunto se ele gostaria de contar a sua história. Importante destacar que esta pergunta aberta visa evitar que o analista caia no desejo narcisista de querer ouvir a história que deseja escutar. O objetivo é despertar em João o desejo genuíno de compartilhar sua experiência, conforme destacado por Pujet e Wender (1982).

João concorda e começa a contar.

Trabalha em uma empresa há 20 anos e durante a enchente, foi esquecido enquanto estava a serviço. Embora estivesse bem e grato por ter sido salvo, ele viu a morte de perto e chegou a pensar que não sobreviveria. Ele ouvia os helicópteros passando, mas, por ter medo de altura, não imaginava que teria que ir para o telhado para ser resgatado.

João chegou a considerar ir até seu carro, que estava no estacionamento da empresa. Ele precisava carregar o celular, mas isso exigiria atravessar a água que estava subindo rapidamente. Sem energia há alguns dias, ele pensou que carregar o celular no carro seria uma boa opção, mas desistiu devido ao perigo de se molhar e contrair alguma doença. O carro estava mais alto, numa subida dentro do estacionamento, mas ele achou que a situação era muito arriscada. Assim, decidiu subir pelos andares da empresa. Subiu um andar, depois outro, mas sem luz, não conseguiu carregar o celular e estava sem comunicação. Sentiu-se esquecido pela empresa e se pergunta como isso pôde acontecer. Ele me olha nos olhos, esperando uma explicação, e depois diz: "Tudo bem, eu entendo eles." (sic). Justifica que não havia como a empresa chegar até onde ele estava, mas poderiam ter autorizado que ele poderia sair do posto. Ele me explica: "É uma empresa que não dá para deixar sozinha. Eu não iria sair e deixar o posto sozinho, sem ninguém. Poderiam entrar e assaltar, não faria isso. Estou há muitos anos na empresa e sempre fui responsável. Não deixaria a empresa, mas eles não podiam ter me esquecido lá." (sic). Ele respira fundo.

Diante deste depoimento tão intenso de sentimentos, eu digo: Foi muita coisa vivida por ti. Ele, me responde: "Nem fala. E não era pra ser eu, sabe?" (sic).

A: Como assim? Questiono com a intenção de que ele possa dar sequência aos seus pensamentos.

"Eu trabalhei na quinta-feira e na hora de trocar de turno o colega me ligou dizendo que não poderia ir, teria acontecido alguma coisa e ele queria ir pra casa dele em outra cidade e pediu pra eu ficar no lugar dele. Eu pensei, tá... tá bem, vou quebrar esse galho. Só que eu fui ficando e a empresa não trouxe outra pessoa para me substituir." (sic).

Chora muito, as lágrimas escorrem pelo rosto. Me olha (seu olhar é um misto de indignação, abandono, tristeza e sofrimento). Eu me sinto impotente, mas sigo conectada aos seus sentimentos.

Me olha e diz: "era pra ele ter vivido tudo isso, não eu. Mas se fui eu, deve haver algum motivo para isso." (sic).

A: Tu achas que tem um motivo?

"Ah eu era o tal, eu sempre achava que eu era o tal, sempre agia achando que sabia tudo, que resolvia tudo, não precisava de ninguém, eu dava um jeito em tudo, acho que aprendi alguma coisa." (sic).

A: O que tu achas que aprendeu?

"Não sei bem, mas acho que dar valor para as pessoas, porque se não fosse as pessoas que me salvaram eu teria morrido lá." (sic). Fica sem silêncio.

Continua contando sobre como tudo ocorreu. Foi subindo os andares do prédio, em direção ao refeitório, onde fez um lanche. Dirige o olhar para mim e indaga se terá problemas na empresa por ter se alimentado sem autorização. Comeu uma maçã, mais algumas coisas lá, nem lembra. Respondo que não terá problema, que foi uma situação de urgência e que ele precisava se alimentar. Ele diz que se tivesse ido para o escritório não conseguiria ter saído, teria morrido lá porque inundou tudo. Continua dizendo que fez a escolha certa e foi pro refeitório – como se falasse pra ele mesmo, vai concordando com a cabeça em sinal positivo. Lá ouviu o barulho dos helicópteros e pensou que teria que sair dali. Foi quando viu uma escada e subiu. Estava apavorado, porque tem medo de altura. Mas pegou uma toalha branca que tapava os pratos e começou a abanar. Os helicópteros passavam e não viam ele. Até que um helicóptero da polícia civil fez a volta e voltou. Quando olhou tinha uma marca no telhado, nem sabia que lá podia pousar helicóptero. Ele não acreditou. Quando eles chegaram, ajoelhou-se e chorou. Assim que eles pousaram ele levantou a camisa pra mostrar que estava sem arma, quem usa arma sabe que nessas horas tem que mostrar, me explica. Conta que informou a eles que tinha guardado a arma no cofre, "porque eu tive esse cuidado, antes de subir eu guardei a arma no cofre e trouxe a chave, está aqui. Me mostra o bolso com as chaves, chave do carro, chave do cofre." (sic).

Para e fica pensativo e eu permaneço em silêncio ao seu lado.

Cabe uma reflexão acerca do conteúdo até aqui apresentado.

Como nos ensina Freud (1933 [1932]) o desamparo do bebê é a primeira situação experienciada na qual o mesmo necessita do cuidado do "outro" para sobreviver. E para que isso ocorra é preciso que alguém vá ao encontro dele o alimentando e cuidando. João ficou quatro dias incomunicável. Desamparado pela empresa, sozinho, sem contato. Será que esta situação foi uma (re)vivência do desamparo que todo ser humano vivencia no nascimento? Ele necessitou que alguém o encontrasse e o atendesse, assim como quando bebê também necessitou de ajuda. Em ambas situações estas foram fundamentais para que continuasse vivo. Contudo, ele não ficou entregue "a sua própria sorte" ele foi em busca de auxílio e providências que foram fundamentais para o seu socorro: enfrentou o medo de altura, acenou para o helicóptero. Metaforicamente, seria ele, bebê, buscando o olhar materno ou acenando para a mãe o cuidar? Podemos pensar na hipótese de que os objetos primários que o atenderam deixaram marcas de cuidado e proteção, marcas essas que o fizeram ir em busca de salvamento? Conforme explicita Vals (1995) como citado em Meira (2021) a partir de um grito jogado ao vento pelo bebê, a mãe compreenderá esse grito, atenderá as suas necessidades e, diante desta vivência de satisfação se formará o alicerce para a fundação do aparato psíquico do bebê. João nos apresenta uma psiquê que foi capaz de "gritar" por uma saída. Ele foi protagonista de seu próprio socorro, contudo teve um helicóptero/mãe que foi ao seu encontro e ao ser resgatado, teve a mim e um ambiente pronto e acolhedor o esperando, como se tivesse encontrado o ambiente que, outrora, o acalmou da angústia de separação.

A partir destas vivências podemos refletir sobre as repercussões no psiquismo de João. Todo aparelho psíquico é singular, pois é formado por registros de experiências únicas vividas pelo sujeito, o que nos leva a considerar a estruturação do aparelho psíquico para lidar com essas experiências. Freud em 1933 [1932]) discute as funções do psiquismo e destaca a função mediadora do ego, que tem a difícil tarefa de equilibrar as demandas do id, do superego e do mundo externo. No caso do João, seu ego cumpriu a função de observar o mundo externo ao unificar os processos mentais em favor de sua sobrevivência. Ele avaliou os perigos, constatou a elevação da água como um risco, tomou as decisões, como ir para o andar superior e subir no telhado. Todos esses fatores denotaram a presença do princípio da realidade. Assim, temos uma demonstração do quanto o ego "luta por exercer eficientemente sua incumbência econômica de instituir a harmonia entre as forças e as influências que atuam nele e sobre ele" (Freud, p. 99, 1933 [1932]).

Diante de exigências externas e internas, Freud (1926 [1925]) assinala que em situações que envolvam perigo, ou seja, ameaça à vida, o aparecimento da angústia pode ocorrer, mas não como uma manifestação patológica e sim de proteção. Reforça que a angústia é adequadamente utilizada pelo ego para ir em busca de soluções. Identificamos em João que a angústia sentida foi direcionada para dar conta da sua sobrevivência. Contudo, algo chama a atenção. o que dizer sobre a sua preocupação por ele ter se alimentado? Apesar de ter sido crucial, esta angústia é de outra ordem psíquica. No início, o mais importante é garantir a sobrevivência. Porém, posteriormente, quando a culpa surge, outra parte do aparelho psíquico entra em ação: o superego. É nesse momento que o indivíduo começa a refletir sobre suas ações, ouvindo a voz interna que diz: "Você agiu errado, como pôde comer sem autorização?".

Evidenciamos aqui um psiquismo que avança de uma situação dual, onde tem a mãe como objeto de amor cuidando e protegendo para uma relação triangular na qual se constitui o superego como herdeiro do complexo de édipo. Identificamos então, a ação do superego sobre o ego, gerando a culpa. De acordo com Freud (1923), o super ego exerce perante o ego diferentes funções: auto-observação, consciência moral e função do ideal. A função de auto observação é identificada quando João se auto questiona sobre ter se alimentado sem a autorização da empresa; função da consciência moral quando ele descreve que não abandonaria a empresa pois ela não poderia ficar sem "segurança", e ainda quando guarda a arma no cofre, ou seja, faz o que aponta a sua moral: o correto a fazer. E, a função do ideal, no qual referencia o tempo de dedicação à empresa e seus ideais de trabalhador expressos no cuidado com seus pertences e com a própria empresa. Mas, e ter se alimentado da maçã? Aqui deixo meu pensamento fluir e penso em Adão e Eva que comeram a fruta proibida. Estaria a maçã representando algo proibido? Algo relacionado a triangulação edípica? Podemos inferir que ele se sentiu culpado porque realizou o desejo que para ele era proibido; um desejo recalcado que vem à tona e gerou culpa. Com a ação "proibida" o superego entra em funcionamento avaliando o ego. Quem sabe, um dia, se João buscar uma análise poderá adentrar mais profundamente no seu mundo psíquico e confirmar ou não, estas hipóteses.

Mas, vamos seguir o escutando.

J: "Deixei meu carro lá. Não sei se ele encheu de água ou não. Não tenho seguro". Se pergunta se vai ter o carro de novo porque lutou muito para consegui-lo, mas em seguida diz que sabe que é a vida que importa.

A: Sim, nesse momento é a tua vida que mais importa, mas é claro que tu ficas preocupado, afinal era teu carro, lutaste pra conseguir ele.

J: "Sim e eu lutei e trabalhei muito pra ter ele. Mas tu sabes, eu sou separado, tenho um filho e moro com minha avó de 86 anos. Minha mãe faleceu há seis meses. Eu me separei há muitos anos. Mas sabe em quem que eu pensava que tinha que contatar? Que tinha que avisar pra falar?

A: Quem?

J: "A minha ex mulher. Acho que agora faz sentido tanta coisa que ela falava. Eu tenho uma namorada faz uns três anos, mas quem eu pensei mesmo foi na mãe do meu filho. Fica em silêncio e completa. Acho que nessas horas vem as pessoas mais importantes na cabeça da gente, né?

Eu sorrio concordando.

João retoma seus vínculos, sua mãe, sua avó, a namorada, a ex esposa, estaria ele resgatando seus objetos primários e projetando sua vida? Chama a atenção que ele não menciona o pai nesta retrospectiva, e me questiono: onde esteve o pai no seu crescimento? Participou da sua vida ou será que ele foi "esquecido" pelo pai, assim como foi "esquecido" pela empresa em seu local de trabalho, representante este da função paterna? São questões que neste momento ficam em suspenso, contudo, a forma como ele reagiu a situação da enchente parece demonstrar que os objetos primários maternos o sustentaram, pois, como identificamos, ele manteve uma postura serena, manifestando certa compreensão pela empresa, utilizando esta vivência para pensar sobre si mesmo e por tudo que passou.

Neste momento da sua narrativa dou-me conta de que ele não fez contato com ninguém da família e pergunto se ele gostaria de contatar e com quem gostaria. Ele confirma o desejo de contatar, mas informa que está sem bateria no celular. Um voluntário empresta seu telefone e ele escolhe telefonar para casa para falar com sua avó.

Durante a ligação telefônica eu permaneço ao seu lado, e quando a avó atende o telefone ele fala e chora copiosamente. Escuto a avó gritando e chorando do outro lado da linha. Ele imediatamente a tranquiliza afirmando estar salvo contando algumas situações e prometendo contar os detalhes do que vivenciou, assim que chegar em casa. Se despede da vó e chora de soluçar. O impacto desta cena me inundou de emoção, encho os olhos de lágrimas e sigo ao seu lado.

Ainda emocionado, ele agradece o que estão fazendo por ele. E volta a me contar como foi resgatado, como foi o momento que subiu no helicóptero, o que pensou, o que sentiu. Relembra que quando foi resgatado os policias o acalmaram e também o incentivaram a abrir os olhos, pois estava com muito medo, e quando conseguiu olhar do alto se sentiu como um super herói em um filme.

Neste momento percebo ele mais relaxado, ele retoma a ideia de ter participado de um filme, de ser um herói e ambos rimos, num misto de surpresa e alívio por ele estar bem e salvo.

Observa-se a necessidade de falar, de contar a sua experiência vivida. Estaria aqui rememorando e repetindo a sua vivência como um caminho para a elaboração? Freud (1914) assinala que o processo de elaboração ocorre quando o paciente, através da repetição na transferência e do trabalho analítico, consegue reconhecer e integrar esses conteúdos inconscientes, transformando a repetição compulsiva em algo que pode ser tratado e compreendido. A situação traumática repetida é, na verdade, uma tentativa do ego de dar sentido à experiência e, eventualmente, se libertar dela. Ao final, a repetição serve como um meio para a elaboração, permitindo que o ego, ao reconhecer a situação, possa dizer: "Que sorte eu tive" ou, em outras palavras, "Agora posso entender e superar o que aconteceu." A repetição de João em contar os detalhes e várias vezes as mesmas situações denotam esta tentativa de elaboração.

Beniakar e Lezica (2005) também contribuem nessa temática quando refere que a construção da experiência da vivência é de fundamental importância para caracterizar a sua vicissitude em uma situação traumática, ou não. Os autores esclarecem que o que irá caracterizar a vivência em uma situação traumática será a desarticulação entre o afeto e a representação, ou seja, uma vivência será traumática não porque é penosa e sim porque teve uma falha no processo de integração, "uma falha que impede a ligação entre o afeto e seu concomitante representacional que teria formado a experiência normal e metabolizável" (p. 111).

Os autores destacam que o "in-trauma" refere-se a uma experiência traumática interna que ocorre quando um indivíduo enfrenta uma situação tão extrema que rompe suas defesas psíquicas, relaciona-se com a maneira como a pessoa internaliza e processa a experiência. Destacam que a elaboração de situações "in-trauma" é um processo complexo, pois envolve a rememoração, a compreensão do evento traumático, e também a reconstrução da narrativa pessoal que foi destruída. Destacam que o trabalho psicanalítico envolve ajudar o indivíduo a encontrar novas formas de simbolizar e dar sentido à experiência, reconstruindo o tecido psíquico rompido pelo trauma. Isso pode envolver a repetição, a transferência e a elaboração (Beniakar e Lezica, 2005). Ao receber João imediatamente após o resgate, apoiei-me na ideia de que, ao compartilhar sua vivência comigo, ele simultaneamente começou a construir essa história dentro de si, o que será fundamental para sua elaboração e entendimento.

Em consonância com tudo que conversamos me direciono a João dizendo que por tudo que ele vivenciou ao longo desses quatro dias ele poderia imaginar que era um filme, porque poderia ser difícil, nesse momento, acreditar e absorver tudo que ele tinha e estava vivendo. Mas, assim como ele foi resgatado de helicóptero, ele pôde revisitar a sua história e fazer resgates de aspectos muito significativos na sua vida e que pode buscar tratamento para si, para seguir fazendo resgates dentro de si mesmo.

Com sua concordância e seu agradecimento diante do quando se sentiu ajudado e frente a minha percepção dele estar aproveitando esse momento de reflexão eu informo a ele sobre o Centro de Atendimento Psicanalítico (CAP) do Instituto de Sociedade Brasileira de

Psicanálise de Porto Alegre, para, caso ele deseje buscar um atendimento psicoterápico, tenha uma referência.

Neste momento somos informados que ele será conduzido até sua residência por um voluntário. Nos despedimos.

O que dizer desta "conversa" como João a denominou? Esta conversa não foi uma simples troca de palavras. Foi uma vivência que nos permitiu identificar o modelo da relação continente – conteúdo, que neste caso foi exercida pela analista, semelhante a função, antes exercida pela mãe, ao conter e traduzir as experiências vividas pelo bebê (Bion, 1991). Este esclarecimento destaca a ideia central de que esta escuta demonstra a importância do papel do analista, que assim como a mãe, acolhe e interpreta as experiências do paciente, ajudando-o a dar sentido a elas.

Esse atendimento durou cerca de uma hora, mas o impacto do que foi compartilhado e sentido transcende esse tempo cronológico. Sobre isso aprecio a descrição sobre o tempo feita por Noal (2017) quando associa o tempo à uma unidade de medida de sentimentos. Assim, o que ocorreu nesse encontro foi muito além do tempo linear: foi um momento denso em afetos, onde a profundidade da escuta psicanalítica permitiu navegar entre o presente e o passado, e vice versa, possibilitando a transformação de palavras em uma história singular. Ainda sobre a função do analista, Ricardo Readi (2024), em comunicação pessoal[6], destaca que a tarefa do analista é acompanhar, estar junto, e isso será de grande valor psíquico.

Acompanhar João neste momento tão significativo de sua vida me permitiu sentir, articular a teoria e a prática e também experienciar a profundidade de uma escuta embasada na teoria psicanalítica, para além da sua forma tradicional, ou seja, extramuros. Conforme

6 Terceiro Encontro com PACE: Seminario de entrenamiento psicoanalítica de urgencia: WDG com o convidado de British Psychoanalytic Society, 22 jul., on-line.

Birman (2007) a psicanálise extramuros é uma maneira de ampliar o alcance da prática psicanalítica para aqueles que possivelmente não teriam oportunidade ou acesso. Destaca que esta forma de atuação exige dos profissionais uma grande capacidade de adaptação, sensibilidade às condições sociais e culturais, e uma disposição para enfrentar as limitações impostas pelo contexto. Além disso, há o desafio de manter a profundidade e a eficácia da intervenção psicanalítica em ambientes que, muitas vezes, não são os ideais.

Este pensamento é reforçado em comunicação pessoal por Moty Benyakar[7] quando afirma que a psicanálise pode auxiliar em situações de emergências, pois tem uma profundidade psíquica que deve ser utilizada para a elaboração desse tipo de vivência. E, que o analista, com sua escuta, será a ponte que favorecerá a ligação entre a forma que vivia com o que se está enfrentando. Já Benveniste (2019) sustenta que a atitude primordial na escuta de uma pessoa em crise é possibilitar a narrativa, a inundação dos afetos e a possibilidade de transformar a vivência em palavras.

Ao refletir sobre o caso de João, acredito ter alcançado o objetivo proposto, oferecendo uma escuta que não só acolheu sua dor, mas também permitiu que ele começasse a elaborar sua experiência, conectando-se novamente consigo mesmo em meio ao caos do que viveu. Essa experiência reforça a importância da psicanálise extramuros como uma prática viva e necessária, capaz de transformar e ser transformada pelo encontro com o outro.

Referências

Benveniste, D. S. (2019). *Crisis intervention after major disasters.* International Psychoanalytical Association. https://www.ipa.world/

7 Comunicação pessoal de Moty Benyakar na Reunião Científica do Projeto SOS Brasil, em 4 ago. 2024, on-line.

IPA/IPA_DOCS/Crisis%20Intervention%20-%20English%20 February%2024,%202019%20copy%202[2].pdf

Bion, W. R. (1991). *O aprender com a experiência*. Imago. (Trabalho original publicado em 1962)

Birman, J. (2007). *O trauma na psicanálise contemporânea: clínica e cultura*. Civilização Brasileira.

Benyakar, M.; Lezica, Á. (2005). *Lo traumatico: clínica y paradoja*, vol. 1. Biblos.

Decreto n. 57.596, de 1º de maio de 2024. Declara estado de calamidade pública no território do Estado do Rio Grande do Sul afetado pelos eventos climáticos de chuvas intensas, COBRADE 1.3.2.1.4, ocorridos no período de 24 de abril a 1º de maio de 2024. https://www.sema.rs.gov.br/upload/arquivos/202407/30144500-decreto-n-57-596-de-1-de-maio-de-2024-declara-estado-calamidade-pub.pdf

Enchentes no Rio Grande do Sul em 2024, 18 ago. 2024. https://pt.wikipedia.org/wiki/Enchentes_no_Rio_Grande_do_Sul_em_2024#cite_note-4

EMATER/RS-ASCAR. Impactos das chuvas e cheias extremas no Rio Grande do Sul em maio de 2024. *Boletim Evento Adverso*, 1º maio 2024. https://estado.rs.gov.br/upload/arquivos/202406/relatorio-sisperdas-evento-enchentes-em-maio-2024.pdf

Freud, S. (1996). Recordar, repetir e elaborar (Novas recomendações sobre a técnica da psicanálise II). Edição standard brasileira das *Obras Completas de Sigmund Freud*, vol. XII. Imago. (Trabalho original publicado em 1914)

Freud, S. (1996). Inibição, sintoma e angústia. Edição standard brasileira das *Obras Completas de Sigmund Freud*, vol. XXIII. Imago. (Trabalho original publicado em 1926 [1925])

Freud, S. (1996). Novas conferências introdutórias sobre psicanálise. Conferência XXXI – A dissecação da personalidade psíquica.

Edição standard brasileira das *Obras Completas de Sigmund Freud*, vol. XXII. Imago. (Trabalho original publicado em 1933 [1932])

Gampel, Y. (2014). Yolanda Gampel: psicanálise quando uma bomba cai. *Revista Brasileira de Psicanálise*, vol. 48, n. 4, pp. 19-26.

Meira, A. C. S. (2021). *Histórias de captura: investimentos mortíferos nas relações mãe e filha*. Blucher.

Noal, D. (2017). *O humano no mundo: diário de uma psicóloga sem fronteiras*. Alto Astral.

Pujet, J.; Wender, L. (1982). Analista y paciente en mundos superpuestos. *Psicoanálisis*, vol. IV, n. 3.

8. O prenúncio de uma catástrofe... As águas de maio...

Nora Helena Pastori Steffen

Sábado, 27 de abril de 2024, Região dos Vales do Rio Grande do Sul.

...O céu escureceu! Ventos e chuva forte sobrecarregaram as bacias dos rios da Região dos Vales que transbordaram, invadindo municípios, arrasando cidades e destruindo vidas. A chuva não parou, não deu trégua e, impiedosa, a água continuou seu curso, se estendendo também a outras regiões do estado gaúcho, chegando onde, até então, nunca havia chegado.

Dos 497 municípios de nosso estado, 478 foram atingidos por esta que foi considerada a maior tragédia climática de nossa história.

Incrédulos e atônitos assistíamos cenas de inundações, destruições e mortes. Em estado de alerta máximo, milhares de pessoas precisaram sair de suas casas, sendo acolhidas em casas de amigos, familiares ou abrigos. A Defesa Civil Estadual, em 20/08/2024, atualizou os dados referentes às enchentes, no Rio Grande do Sul: 183 mortes confirmadas, 27 pessoas desaparecidas e 806 feridas. Cerca de 2,4 milhões de pessoas foram afetadas pelos efeitos das chuvas nas regiões Central, dos Vales, Serra e Metropolitana de Porto Alegre, sendo que mais de 647 mil moradores tiveram que deixar suas casas. O abastecimento de luz e água foi cortado em mais de 640 mil residências. Cerca de

77.712 pessoas foram resgatadas, 12.215 animais socorridos. Segundo a CNM (Confederação Nacional dos Municípios), até metade do mês de agosto de 2024, o prejuízo dos municípios com as chuvas no Rio Grande do Sul, teve um impacto de 13,3 bilhões, sendo o setor habitacional o mais afetado, com 4,7 bilhões. Ocorreram bloqueios em dezenas de pontos nas estradas estaduais e federais, por deslizamentos de terras, alagamentos, destruição de pistas e pontes ou queda de barreiras e árvores. Cidades inteiras desapareceram do mapa pela ação das águas e da lama. Houve colapso na rede de saúde pública, bem como de abastecimento geral. A capital gaúcha ficou sem rodoviária, sem aeroporto, sem funcionamento portuário e teve interrompidas suas principais ligações com cidades do interior do estado.

Tudo isto aconteceu, de forma abrupta e intensa entre os dias 27 de abril e 02 de maio de 2024, estendendo-se por cerca de 30 dias. Em várias cidades, no período entre 27 de abril e 02 de maio, chegou a chover de 500 a 700mm, correspondendo a um terço da média histórica de precipitação para todo um ano e, em muitas outras, a precipitação ficou entre 300 e 400mm. Dados do Instituto de Pesquisas Hidráulicas (IPH), da Universidade Federal do Rio Grande do Sul, mostraram que as chuvas de maio levaram 14,2 trilhões de litros de água para o lago Guaíba, volume que equivale a quase metade do reservatório da Usina Hidrelétrica de Itaipu. A precipitação excessiva afetou mais de 90% do território estadual. O resultado foram cenas de catástrofe ambiental...cenas de tragédia humanitária!

Em paralelo a este sentimento de desamparo, fragilidade e impotência vivido pelo Rio Grande do Sul, surgiu uma onda de solidariedade local e nacional, onde o imediatismo do trauma exigia uma resposta pronta e eficiente.

Uma corrente de voluntariado se estendeu por todo o solo (agora, inundado) gaúcho! Pessoas eram resgatadas com a roupa do corpo, assustadas e indefesas. Animais eram retirados das águas, sem reação, mas com muita submissão por gratidão. Mutirões humanitários se revezavam nos abrigos e frentes de resgate. Eram barcos e jet-skis circulando pelas ruas e avenidas gaúchas...Eram marmitas, cobertores, roupas, brinquedos, remédios chegando de diferentes lugares para serem distribuídos entre os necessitados. Tudo era preciso, tudo tinha pressa, tudo era urgência...

As cenas de destruição e salvamentos nos remetiam a tempos de guerra. Se repetiam não somente em zonas de vulnerabilidade social e ambiental; mas, em todas as regiões, urbanas e rurais, bairros nobres e populares. Tudo, então virou água, água escura e lamacenta. Água esta que levou casas, árvores, carros, lembranças, memórias, fotos...levou sonhos, conquistas, projetos...Levou vidas!

Muito mais que o lamento pelas perdas materiais, o choro era, também, pelas memórias levadas pelas águas, pelas referências arrancadas do solo e dos alicerces, pelas perdas da identidade e da maneira de ser-no-mundo, pela continuidade da vida e da própria história que foi interrompida. E, agora...?

Era impossível não arregaçar as mangas e ajudar, não se envolver, não sofrer a dor, a angústia e o desamparo de tantos gaúchos. A água que inundou nossas cidades, inundou também nossos corações e mentes. **Nos primeiros dias de maio, a Sociedade Brasileira de Psicanálise de Porto Alegre, com supervisão da IPA (Associação Internacional de Psicanálise), por meio do PACE (Comitê de Assistência Psicanalítica em Crises e Emergências Internacionais) começou a organizar um projeto de Ação Emergencial para atuar de forma online e presencial, nos abrigos. Dia 08.05.24, formou-se o grupo de Ação Emergencial Online, com 136 profissionais, tanto do RS como de outros estados brasileiros, visando o atendimento às vítimas e voluntários deste desastre climático. A ação emergencial online se propôs a ofertar quatro encontros gratuitos, podendo ser aumentado para oito encontros e, após, se necessária a continuidade do acompanhamento, seria feito o encaminhamento para serviços específicos.**

No início e ao término dos atendimentos, foram preenchidos questionários à fim de coleta de dados para estudo futuro.

A Organização Mundial de Saúde (OMS, 1992) (Coimbra e Morais) define desastre como uma severa ruptura ecológica e psicológica, a qual excede a capacidade de enfrentamento da comunidade afetada, que passa a necessitar de ajuda externa. De modo mais específico, alguns autores acrescentam a essa definição aspectos como o início agudo, a delimitação no tempo e o fato de ser vivido de modo coletivo.

Para a Defesa Civil Nacional (MIN, 2012) (Rafaloski e outros) desastre é o resultado de eventos adversos naturais ou provocados pelo homem, sobre um ecossistema vulnerável, causando danos humanos, materiais e/ou ambientais e consequentes prejuízos econômicos e sociais.

Os desastres naturais, em geral, ocorrem de forma repentina, são de curta duração e têm um efeito devastador importante; ou seja, têm um caráter agudo. A surpresa e a brutalidade com que determinados eventos impactam o psiquismo desencadeiam diferentes maneiras de percebê-lo, gerando grande sofrimento e medo em alguns e, em outros, mínima resposta. É um abismo que se forma, imenso e traumático, e a repercussão que ocasiona tem a ver com o encontro entre as propriedades do entorno, o ponto de fragilidade do sujeito e o modo como se articulam ambos os fenômenos, no seu psiquismo.

Do ponto de vista sociológico, um desastre, com as dimensões deste que assolou o Rio Grande do Sul, é um dos acontecimentos traumáticos coletivos que são catalizadores de profundas mudanças na coletividade, ao lado das guerras, das revoluções, das grandes recessões econômicas e das graves crises ambientais (em que há um esgotamento dos recursos naturais, por exemplo); pois, desorganiza os sistemas de significação base da identidade cultural dos indivíduos. Em tempos de catástrofe, a vida cotidiana e a dignidade das pessoas são ameaçadas em proporções nunca pensadas.

Segundo Kaës, em situações como esta, as estruturas emocionais de enquadramento inconscientes, históricas e culturalmente determinadas, que regulam os processos da vida social, são perdidas (Barros, 2020).

Uma situação, por mais catastrófica que seja, não será necessariamente traumática para todos os indivíduos no mesmo grau e da mesma maneira, razão pela qual se faz absolutamente necessária a organização de ajuda emergencial às pessoas expostas a estes eventos.

Segundo a psicóloga gaúcha Débora Noal, coordenadora do núcleo de saúde mental em desastres da Fundação Osvaldo Cruz (Fiocruz), considerando o universo de pessoas atingidas pela situação catastrófica, a proporcionalidade percentual de comprometimento é a seguinte:

De **65% a 85%** dos atingidos terão um nível de afetação alto, especialmente no primeiro mês, demonstrando muito sofrimento, dificuldades para se alimentar, dormir, alteração de pensamento, inclusive com o aparecimento de pensamentos intrusivos, dificuldades para se concentrar, estarão mais propensas a se envolver em brigas e conflitos; mas, **não terão dificuldades para se adaptar a curto, médio e longo prazo**.

Aqui, atua a rede tradicional de solidariedade: família, amigos, vizinhos, líderes espirituais e comunitários, pessoas que tenham um bom nível de liderança e/ou confiança em grandes coletivos. O ideal é podermos acionar quem eram estas pessoas, no período pré-catástrofe; pois, a população se sentirá mais confortada e confiante as tendo como referência.

De **15% a 25%** dos envolvidos no evento irão necessitar de monitoramento. São aquelas pessoas que já passaram pela atenção primária da saúde (INSS, CRAS, CREA) (médicos generalistas, assistentes sociais, psicólogos), por já terem apresentado algum tipo de transtorno ou dificuldade de adaptação e/ou elaboração de um determinado tipo de evento ou de um processo mais dolorido, no passado, e que, agora, terão um potencial muito maior de adoecer ou de precisar de ajuda. Esta é a chamada **"População de Risco"**, que precisará ser acompanhada, são as pessoas que estarão com reações que se sobressaem as suas próprias capacidades de fazer frente; ou seja, que suas reservas psíquicas individuais ou familiares ou coletivas não estão dando conta. Será necessária uma aproximação com mais efetividade. Aqui, é importante compreender que este primeiro cuidado que será oferecido será crucial para a dependência ou a dificuldade de elaboração a médio e longo prazo. Daqui, sairão as pessoas que irão necessitar de uma continuidade no acompanhamento.

Neste grupo, o cuidado com a medicalização é fundamental; pois, poderá alterar a capacidade da pessoa de se conectar com o momento presente, fazendo com que seja um dificultador à adaptação, a médio e longo prazo. É necessário que a pessoa viva, em doses homeopáticas e em doses afetivas a sua dor e o seu sofrimento. Nesta primeira fase, a medicalização, se possível, deverá ser evitada.

Cerca de até 8%, do universo de pessoas atingidas será a parcela da população que irá apresentar **problemas psiquiátricos**. São situações que envolvem violência extrema, como guerras e conflitos armados. Aqui, serão necessários os cuidados psiquiátricos no componente mais ampliado da reforma psiquiátrica.

Com base nestes percentuais, torna-se de extrema importância entendermos como se organizam os recursos que irão proporcionar as condições de adaptação, à maior parte da população atingida por um evento de catástrofe.

A importância do ambiente, da função materna como escudo protetor do bebê e de sua erotização e a articulação de ambos são questões fundamentalmente importantes, nas fases iniciais da vida, para o estabelecimento dos mecanismos defensivos do Ego. Mecanismos estes que darão maior ou menor capacidade de enfrentamento ao indivíduo.

Segundo Béjar (2017), este mecanismo ocorre da seguinte maneira: a tradução das excitações somáticas em linguagem psíquica é um percurso intrasubjetivo que depende da qualidade das relações iniciais intersubjetivas ou da função materna. A organização mental estruturante é originária das experiências de satisfação e de dor. A necessidade ou o instinto de auto conservação põe em movimento o seguinte circuito: a percepção da experiência de satisfação enraizará o prazer e a sexualidade que se inscreverão como marca mnêmica, marca que, por sua vez, será investida pelo representante psíquico da pulsão, produzindo a representação-coisa. Inicialmente, as pulsões sexuais parciais se encontram apoiadas no funcionamento instintual auto conservativo, para, em seguida, se destacarem e se tornarem auto eróticas. Experiências sucessivas de satisfação com o objeto constroem a marca mnêmica e sua representação, que, por sua vez, formam uma malha de representações que permite ligar a quantidade. Por outro lado, as vivências de dor são ligadas pelo masoquismo guardião da vida. De acordo com a insuficiência do papel materno e/ou ambiente como escudo protetor e sua consequente ruptura, em decorrência dos excessos de excitações internas ou externas, teremos, assim, a situação traumática.

Conforme o desfecho deste mecanismo psíquico, Freud (1939) concebe o duplo destino do traumático da seguinte maneira: um primeiro destino negativo, por falta de uma capacidade de simbolização, de ligação do traumático, compreende a criação de obstáculo no psiquismo, o qual impede as atividades de rememoração, repetição e elaboração, como exemplo temos os destinos psicossomático ou psicótico. E, um segundo destino, este positivo, de estruturação e organização do Ego, favorecendo, sucessivamente, repetições, rememorações e elaborações, como exemplo, a solução neurótica (Smadja, 2023).

Destino desorganizador do traumático

A prevalência das vivências de dor dará lugar a desinvestimentos, cisões e curtos-circuitos psíquicos. A excitação endossomática não terá acesso ao psíquico, não terá representação mental e se inscreverá somente como marca sensorial. Trata-se do inconsciente propriamente dito que nunca foi consciente. A situação traumática consiste na quantidade que não pode ser ligada, que transborda do aparelho psíquico, definição que se superpõe à da angústia automática e à dor psíquica intensa. Nos traumas precoces, estamos diante da função materna insuficiente tanto em relação ao escudo protetor quanto à libidinização ou ao investimento narcísico, que, ao não poder ligar as quantidades de excitação, expõe o bebê a vivências de profundo desamparo e dor. Por outro lado, as excessivas vivências de dor, resultado das situações traumáticas, originam outro tipo de funcionamento que produz marcas sensoriais que não são traduzidas em marcas mnêmicas nem em representações. Há desinvestimentos e cisões, e essas marcas primitivas, se forem investidas, levam a curtos-circuitos, ao corpo e ao ato. É o funcionamento predominante nas estruturas não neuróticas e não psicóticas.

> *...Com tudo isto que está acontecendo, não estou conseguindo dormir, estou muito angustiado. Sou da área da saúde, abri a minha clínica para buscar materiais e fui para uma frente de resgate, ajudar no acolhimento dos animais. Estou ficando muito preocupado com dinheiro, se vou ter, depois, trabalho para poder pagar minhas contas. Quero saber se é normal estar angustiado assim, não conseguir comer, nem dormir. Isso é normal? (voluntário, masculino, 65 anos)*

A inadequação sistemática da resposta materna configura um tipo específico de trauma precoce e produz sofrimento psíquico por dois motivos. O primeiro é que as necessidades emocionais não são atendidas. O segundo é que se instala uma condição de incomunicabilidade: o sofrimento não pode ser compartilhado e é vivido como agonia. Minerbo (2020), trazendo o pensamento de Roussillon, diz que além disso, como os apelos emocionais da criança caem no vazio, o bom encaixe entre os apelos do bebê e a resposta da mãe não acontece. A capacidade de comunicação simbólica que era um potencial inato da criança, degenera. A função simbolizante não é instalada de modo suficiente; pior, é investida negativamente. Pois, quando o vínculo primário produz dor em vez de prazer, o psiquismo vai se organizar contra o objeto e contra a simbolização.

Estes registros traumáticos podem agir muito tempo depois, pela lembrança; pois, estes registros ainda não sofreram a ação do recalque, ainda não é designado como uma clivagem. Ele se encontra no entre-dois-tempos do Eu pré-consciente, mas mantém todas as suas potencialidades de agir après-coup, dois tempos separados por uma latência.

Para Freud (1895), no primeiro tempo do trauma, o vivido não tem significado; é somente a posteriori, na vivência próxima, que a situação traumática ganhará significação e poderá ser integrada, em termos psíquicos, promovendo reorganizações e reinscrições psíquicas, transformando, enfim, o próprio trauma.

> *...Mas, não estou triste pelas coisas que perdi, pelo meu sofá, eletrodomésticos, estou triste pelas fotos que se foram, pelas memórias...(faz um silêncio mais prolongado). Há pouco tempo, perdi meu marido. Morreu na minha frente...olhando para mim...Quando a ajuda veio, ele já estava morto. Desde então, decidi que não iria me abater, não falava sobre esta falta, seguia a vida como se nada tivesse acontecido. Gostava de ficar olhando as fotos, lembrando...Isto é o que me dói. Sei que quando voltar lá, não*

> *terei mais as fotos, não terei mais as lembranças. A água vai ter levado as fotos, os porta-retratos, até o meu sofá, todas as minhas lembranças, a minha vida. (vítima, feminina, 61 anos)*

Minerbo (2020), apoiada em ideias de Roussillon, esclarece o funcionamento da função simbolizante em dois tempos.

No primeiro impacto da experiência, os traços mnêmicos precisam ser transformados em imagens mentais (a aquisição da representação-coisa, o processo de simbolização primária que impede o trauma primário), quando a experiência traumática pode ser imaginada. Dessa forma, nomear a situação angustiante e traumatizante, além do alívio, pode delimitar o problema, que fica passível de ser pensado. Nesse segundo tempo da simbolização, a simbolização secundária, com a aquisição da representação-palavra, a vivência pode ser verbalmente comunicável, pensável (e a falta deste símbolo ocasiona o trauma secundário); pode ser enfrentada, modificavel em algum nível. Os tempos do trauma têm a ver com a possibilidade de dar um sentido a posteriori a uma situação traumática inicial.

Durante uma situação de desastre, na maioria das vezes, a pessoa se depara de forma abrupta com a realidade, podendo experimentar sensações emocionais de grande intensidade indo do medo paralisante à agitação desordenada, da dor extrema à ausência de dor. Passado o impacto agudo, a sensação de medo e ansiedade tanto poderá se manter como se transformar em tristeza e irritabilidade, podendo ainda surgir sintomas psicossomáticos como dores e agravos em geral. Os sintomas podem ser agravados em situações de perdas materiais e/ou pessoais. Muitas vezes, é preciso lidar com o luto e uma nova adaptação de sua vida.

Nas condições em que se deu a quebra da realidade, o trauma rompe a organização mental e causa uma anulação da continuidade da vida. A intensidade do que é experienciado é tanta que impede a elaboração de seus conteúdos, podendo se manifestar como sintoma. Traumatismos precoces ou mais tardios, súbitos ou cumulativos, ou ainda reativados de modo inesperado: são estes choques que colocam à prova a capacidade das funções psíquicas para regular a homeostasia do humano. A gravidade de um evento traumático é medida pelo nível de desorganização psíquica que provoca em determinado indivíduo. A resistência aos impactos desorganizadores dependeria das capacidades defensivas e, no nível do aparelho psíquico, da funcionalidade das representações mentais disponíveis no pré-consciente, de sua quantidade e de sua qualidade, e da fluidez de sua circulação entre a consciência e o inconsciente.

Foi possível observar como queixas recorrentes, em todos os atendimentos, a perturbação do sono, do apetite e instabilidade do humor, oscilando da apatia à agitação, da calma à irritabilidade.

> *...Eu estava com minha vida estável, casada, com minha casa, tudo organizado. A água chegou e inundou tudo, não deu tempo de tirar nada. Estou morando na casa de familiares, meu marido perdeu o emprego. Sempre dei valor para coisas como roupas e aparência, hoje, vejo que nada disto tem valor, ficou tudo lá, sujo e perdido. Agora, não sei como recomeçar... Me sinto nervosa, choro por qualquer coisa, tenho dor de cabeça, não consigo dormir, estou com queda de cabelo... (vítima, feminina, 28 anos)*

Em 1920, Freud fez a seguinte definição de traumatismo: "Descrevemos como "traumáticas" quaisquer excitações provindas de fora que sejam suficientemente poderosas para atravessar o escudo protetor. Parece-me que o conceito de trauma implica necessariamente uma conexão desse tipo com uma ruptura numa barreira sob outros aspectos eficazes contra os estímulos" (Freud, 1920).

O ego tem, dentre outras funções, a de evitar os estados traumáticos, o que é possível graças à capacidade de antecipar os fatos e se preparar para o que pode vir, contando para isto com o que Freud chamou de angústia sinal. Nas situações traumáticas, todo este mecanismo se rompe e o aparelho psíquico é invadido pelo susto e pelo perigo de morte. Todas as demais funções do ego ficam em suspensão devido ao aporte de energia psíquica disponibilizado para o estancamento da ruptura traumática (Trachtenberg e outros).

Assim, o traumatismo representa, a partir de tal definição, uma carga de excitação que excede as capacidades de domínio e de ligação do Ego. Ele se torna uma ameaça ao Ego e a sua organização.

> *(Depois de um tempo, com fala pausada e cuidada, ela conta) "Dra. Há um tempo atrás, de tanto todo mundo ficar comentando, eu fiz uma colocação para Deus, sou evangélica e espírita, eu disse: Se o senhor acha que estou vivendo minha vida de forma errada, se deveria fazer diferente, me dá um sinal, me mostra de alguma maneira." (Aqui, ela para, chora e complementa) "Mas ele não precisava dar um sinal deste tamanho (referindo-se à enchente). (vítima, feminina, 61 anos)*

Considerando as diferentes possibilidades de respostas dos indivíduos envolvidos, em situações de "excessos", o psicanalista argentino, de origem turco-judaica, Moty Benyakar propõe o uso do termo "disruptivo" em substituição à palavra "traumático", sempre que houver menção a fatos e situações de excesso que ocorram no mundo externo. Este autor define "disruptivo" como "todo evento ou situação com a capacidade potencial de irromper no psiquismo e produzir reações que alterem sua capacidade integradora e de elaboração" (Benyakar, 2006).

Segundo Benyakar, um evento se consolida como disruptivo quando desorganiza, desestrutura e provoca descontinuidade. A desorganização e o que lhe sucede, não pertencem ao evento, se não que ao sujeito que a vive. Para este autor, um evento considerado disruptivo apresenta as seguintes qualidades: ser inesperado; interromper um processo normal e habitual indispensável para nossa existência ou para manter nosso equilíbrio; minar o sentimento de confiança nos outros; conter características românticas não codificáveis nem interpretáveis segundo os parâmetros que oferecem a cultura; ameaçar a integridade física própria ou de outros significativos e distorcer ou destruir o habitat cotidiano.

Destino organizador do traumático

Os indivíduos mais sadios psiquicamente vivem a ameaça, às vezes de modo intenso, mas não se traumatizam; ficam apenas com medo, muito medo, mas se organizam emocionalmente para enfrentá-lo. A possibilidade do ego de se reorganizar, se recompor, tem a ver com a chance de pensar sobre o caos ou a tragédia vivida, de dar sentido às angústias e, consequentemente, conferir a elas novos destinos, impedidos pela vivência traumática.

Estamos, aqui, falando de resiliência, que é a possiblidade de retomar a vida após uma agonia psíquica traumática ou em condições adversas.

Cyrulnik e Cabral definem resiliência como o processo intersubjetivo que se organiza como uma das possíveis respostas após um traumatismo, mas com a peculiaridade de levar a retomada a algum tipo de desenvolvimento.

Depois de uma situação de crise extrema, os indivíduos podem sentir-se vulneráveis, isolados ou impotentes. Em algumas situações, suas vidas cotidianas serão interrompidas. Em determinados casos, não terão acesso a suas fontes de apoio habituais ou estarão vivendo em condições estressantes. A possibilidade de combater a instauração de um processo traumático vai depender da capacidade de cada pessoa em converter a fantasia aterradora em algo assimilável.

Torna-se essencial compreender, de forma integrada, os fatores heterogêneos que tornarão possível um processo de "neodesenvolvimento", uma vez que não há como voltar ao suposto estado de desenvolvimento anterior ao trauma. É a busca por condições, oferecidas pela forma como seu traumatismo é tratado pelo ambiente, de realizar um processo de resiliência, de retomar suas possibilidades de investimento no cotidiano e de criação de novas oportunidades de viver. Ao pensar esta saída do traumatismo como rota de entrada para um novo desenvolvimento, será a retomada de um movimento ativo, que rompe a cadeia de repetições imobilizadoras instaurada pelo trauma e permite ao indivíduo libertar-se do sofrimento e do isolamento, trazê-lo para o circuito relacional e instaurar um campo de forças favorável a resiliência.

A resiliência deve ser reconhecida como um importante conjunto de processos que possibilita ajustes cognitivos, emocionais e relacionais/sociais para obter saúde e bem-estar. transformadores/ reconstrutores de condições favoráveis individuais e comunitárias. Com isso se quer dizer que adaptar-se não significa apenas acomodar-se passivamente às condições de sofrimento, mas flexibilizar o cenário das situações estressoras de forma ativa, modificando o que for possível.

> *...No sábado, vou lá ver como está minha casa. Não sei o que vou fazer, não quero sair de lá; mas, não sei o que vou encontrar, tenho que me preparar para o que vou encontrar. Dra. temos mais um encontro, né? (confirmei e ela seguiu) Então, não vamos marcar agora. Me deixa ir lá, ver como consigo lidar com o que vou encontrar e, depois, vou te avisar para marcarmos. Pode ser? (vítima, feminina, 61 anos)*

Do ponto de vista de grupo, o conceito de resiliência comunitária ressalta o potencial de adaptação e transformação de comunidades a partir das condições e modificações impostas por situações de extrema adversidade. Em casos de grandes catástrofes, as pessoas que não foram afetadas sentem-se mobilizadas a estender a mão àqueles que não tiveram a mesma sorte.

Este tipo de resiliência é entendido como o conjunto de pessoas que envolvem uma rede de capacidades adaptativas e recursos suficientemente robustos, abundantes ou rápidos para amortecer ou neutralizar os efeitos do estressor, de forma que ocorra o retorno o mais rápido possível ao funcionamento, mesmo se adaptado a um ambiente alterado. Quando membros da comunidade se juntam em torno de interesses práticos, eles aumentam seu entrosamento social e criam um espaço propício para compartilhar informações sobre recursos, solucionar problemas e apoiar-se mutuamente.

Neste sentido, foi fundamental a criação deste grupo de ação solidária emergencial da SBPdePA, com encontros e reuniões, orientações e informações, afinal, estávamos também, inseridos neste contexto de catástrofe. E, segundo a psicóloga Débora Noal, em situações como esta, se faz necessário um "COLETIVO GESTOR", para cuidar e acompanhar todas as pessoas envolvidas nestes cuidados, proporcionando um espaço de trocas, de apoio e acolhimento a quem cuida, é o tão necessário "cuidar dos cuidadores". Desde a criação do grupo, seguimos com acompanhamento, supervisões e compartilhamento de experiências através de reuniões com o comitê do PACE, da IPA.

Do ponto de vista contratransferencial, nos atendimentos, sentia um misto de expectativa e ansiedade, não sabia o que iria ouvir e se iria poder ajudar. Foram sensações intensas, ouvir relatos com tamanho sofrimento, no escuro, sem um rosto, somente uma voz, por ora forte e por vezes, fraca, quase inaudível; mas, com uma imensa tristeza. Abria a possibilidade de ligações com vídeo, para proporcionar um acolhimento maior, mais afetivo, mais próximo... Muitas vezes, permanecia em silêncio, ouvindo e me sentindo encharcar pela dor dos relatos. O que dizer? Faltavam palavras e, talvez, palavras não fossem necessárias naquele momento; afinal, os relatos continuavam intensos e profundos. Entendia que a necessidade era falar, desabafar, ser escutada; pois, as águas trouxeram à superfície as perdas, os lutos, as dores não elaboradas, não vividas. Ao término dos atendimentos, ficava, por algum tempo, sentada, pensando, tentando organizar tudo o que havia escutado. Me sentia pesada, num misto de sentimentos, a constatação da realidade dura, com tantas perdas e tanta dor e, ao mesmo tempo, tanta vontade de poder colaborar no recomeço, ajudar a fortalecer as pessoas para que pudessem utilizar seus próprios recursos pessoais e sociais para enfrentar os problemas e recuperar-se ao longo do tempo. Enfim, auxiliar para que pudessem ajudar a si mesmas a recuperar o controle da situação.

De fato, um dos mais importantes processos para a recuperação envolve reunir as pessoas, permitir-lhes reconectar-se, a fim de que adquiram um senso de apoio mútuo, solidariedade e compreensão da "normalidade" das suas respostas diante de um evento extremo. Os rituais que mantêm a comunidade viva ao longo do tempo são críticos para restabelecer a rotina e fornecer uma forma para a ação construtiva da comunidade.

Na oferta da primeira ajuda psicológica, a rede de apoio familiar e comunitária convencional tem papel fundamental, pois é uma intervenção primária que consiste, basicamente, em fazer as pessoas afetadas sentirem-se seguras, conectadas aos outros, em situação de calma e com esperança. Em suma, compreende um conjunto de ações com o objetivo de fazer as pessoas se sentirem capazes de ajudar-se a si mesmas como indivíduos e em comunidades, conectando assim aqueles que foram afetados diretamente e aqueles que, poupados do sofrimento, mobilizam-se a ajudar.

A psicologia das emergências e dos desastres é definida como aquela área da psicologia geral que estuda as diferentes mudanças e os fenômenos pessoais e sociais presentes em uma catástrofe, seja natural ou provocada pelo homem (Melo & Santos, 2011).

Segundo Zappe, Yunes e Dell'Aglio, a atuação em emergências e desastres abrange três momentos e/ou modalidades:

a) **Prevenção:** consiste em ações educativas que visam o reconhecimento dos riscos presentes nos ambientes em que as pessoas vivem e a criação de estratégias preventivas ou que possam minimizar os efeitos de um possível desastre.
b) **Emergência:** envolve a ação direta com os envolvidos, incluindo os sobreviventes, os familiares de vítimas fatais e os profissionais envolvidos nas atividades de resgate e intervenção na crise. Aqui, as intervenções são breves e buscam prevenir consequências psicossociais negativas por meio da oferta de apoio emocional e da mobilização de recursos pessoais e sociais para o enfrentamento e a recuperação. É preciso reconhecer os possíveis efeitos psicossociais do desastre, os quais podem variar do desenvolvimento de problemas psicológicos específicos, como depressão e transtorno do estresse pós-traumático, a dificuldades psicológicas inespecíficas, como reações ao estresse agudo, queixas psicossomáticas e uso de substâncias, assim como, condições crônicas, como o aumento do estresse cotidiano.

A primeira ajuda psicológica, segundo a OMS (2011), consiste em uma resposta humana de apoio que pode ser efetuada por voluntários, profissionais ou não. Em um momento de emergência, é fundamental oferecer ajuda e apoio práticos, de maneira não invasiva, visando atender as necessidades criadas pelo desastre, que podem envolver desde danos físicos, como ferimentos, até sintomas psicológicas como reações agudas ao estresse. É fundamental avaliar de que precisam e quais são as principais preocupações dos envolvidos, bem como ajuda-los a atender suas necessidades básicas, como alimentação, hidratação e informação. **Em primeira ajuda psicológica, os três princípios básicos são**: **observar** (comprovar se existem pessoas com necessidades básicas urgentes e se há pessoas que apresentam reações graves de angústia), **escutar** (dirigir-se a todos que podem precisar de ajuda, perguntando de que necessitam e o que lhes preocupa, bem como auxiliá-los a se tranquilizar) **e conectar** (busca-se ajudar as pessoas a resolver suas necessidades básicas, acessar aos serviços e enfrentar os problemas, deve-se oferecer informações e promover o contato entre os afetados e suas redes de apoio social).

De acordo com a experiência de Noal, a ESTRATÉGIA DE GESTÃO PARA OS PRIMEIROS TRINTA DIAS DO EVENTO pode ser resumida da seguinte forma:

1. Diminuir ao máximo o nível de estresse agudo;
2. Prevenir os possíveis transtornos psicopatológicos;
3. Ajudar as pessoas a entender o que de fato aconteceu e como começar a produzir uma elaboração, deste momento;
4. Pela previsão de ocorrências repetidas destes eventos, se faz necessário entender como lidar com este cotidiano e como elaborar e abordar as consequentes dificuldades psicossociais.

Enquanto as NECESSIDADES EMERGENCIAIS PARA O PRIMEIRO MÊS, podem ser organizadas da seguinte maneira:

Necessidades Intrapessoais:

1. Assegurar as necessidades básicas: hidratação, alimentação e segurança.
2. Identificar mecanismos de defesa: observar se estão em estado de alerta e vigília, se não estão se expondo a situações de risco.
3. Reconstituir histórias singulares: é lidar com a "estranheza de si mesmo", as pessoas não se reconhecem, estranham a situação, é preciso validar isto.

Necessidades Interpessoais:

1. Informar: estar atento a pessoas com risco de violência e suicídio, reconhecer e encaminhar as que precisam de ajuda, orientar onde buscar esta ajuda, os serviços e centros que podem acolher e, algumas vezes, se faz necessário acompanhar estas pessoas até o local adequado.
2. Orientar: permitir espaços para falar, escutar, ser escutado pelo outro, isto cria o sentimento de pertencimento, proporciona suporte emocional.
3. Constituir redes sociais: é necessário restabelecer os contatos sociais, localizar familiares, animais de estimação, ver o que causa uma sensação de conforto e de suporte, garantir um espaço, privacidade.

Necessidades Macrossociais:

1. Estruturar sistemas que deem conta das lacunas causadas pela crise, mas que não desestruturem os já existentes: manter tratamentos, suportes e, com relação aos voluntários, estes devem permanecer por um curto período de tempo e, gradualmente, irem cedendo o espaço para que o cuidar seja assumido pela rede de atendimento já existente.

c) **Reconstrução:** abrange ações terapêuticas, educativas e sociais que visam a adaptação das pessoas e das comunidades ao ambiente modificado pelo desastre.

Adaptar-se envolve elaborar e significar a situação vivida, superando a experiência adversa. Considerando que isto ocorre em um determinado contexto e envolve o pertencimento a uma rede de relações sociais e afetivas, não se trata de um processo linear ou estanque; mas, de algo que resulta tanto em crescimento pessoal e fortalecimento, quanto em capacidade de agir ativamente para modificar o ambiente externo.

Baseada na experiência de ter participado deste projeto de Ação Emergencial Online da SBPdePA e considerando o caráter agudo de uma catástrofe, penso que se faz necessário termos um grupo de voluntários previamente treinado para atuar em situações emergenciais, com protocolos de atendimento e conduta, bem como o estabelecimento das redes de apoio, para quando se fizer necessário.

Catástrofes com a proporção da vivida no estado gaúcho evidenciam a importância do estabelecimento de redes de apoio familiar e social efetivas e eficientes como estratégias preventivas para o enfrentamento de crises.

O processo de interrupção da vida e à exposição as consequências da tragédia amplificam o potencial de adoecimento mental das pessoas atingidas. Aqueles que souberem sofrer, elaborar este momento doloroso, sentirem a tristeza e a dor, conseguirem reconhecer e validar o medo e a solidariedade serão os que irão apresentar mais recursos para superar este momento de crise.

Referências

Barros, E. M. R.; Neto, A. M. R. B.; Barros, E. R. (2020). O potencial traumático da pandemia de Covid-19. In *Revista Brasileira de Psicanálise*, vol. 54, n. 2, pp. 45-57.

Béjar, V. R. (2017). *Dor psíquica, dor corporal, uma abordagem multidisciplinar.* Blucher.

Benveniste, D. S. Ph.D. (24 fevereiro de 2019). *Crisis Intervention, after major disasters*, Wuhan, China.

Benyakar, M. (2006). *Lo disruptivo: amenazas individuales y colectivas – el psiquismo ante guerras, terrorismos y catástrofes sociales.* Editorial Biblos.

Brasil, Lei nº 12.608, de 10 de abril de 2012. Ministério de Integração Nacional. Secretaria Nacional de Proteção e Defesa Civil. Política

Nacional de Defesa Civil. Diário Oficial da União, 11 abril 2012. In Rafaloski, A. R. e outros.

Casa Militar Defesa Civil – RS, 20 de agosto de 2024. https://www.defesacivil.rs.gov

Coimbra, R. M.; Morais, N. A. (orgs.) (2015). *A resiliência em questão: perspectivas teóricas, pesquisa e intervenção*. Artmed.

Confederação Nacional de Municípios, Defesa Civil RS, 16 de agosto de 2024.

Cyrulnik, B.; Cabral, S. (2015). Resiliência: ações pela reinstauração de um futuro. In *A resiliência em questão: perspectivas teóricas, pesquisa e intervenção*. Artmed.

Freud, S. (1895). Obsessões e fobias: seu mecanismo psíquico e sua etiologia. In Freud, S. *Edição Standard Brasileira das Obras Completas de Sigmund Freud*. Imago.

Freud, S. (1920). Além do princípio do prazer. In Freud, S. *Edição Standard Brasileira das Obras Completas de Sigmund Freud*. Imago.

Freud, S. (1939). Moisés e o monoteísmo. In Freud, S. *Edição Standard Brasileira das Obras Completas de Sigmund Freud*. Imago.

Gomes, E. R. B.; Cavalcante, A. C. S. (2012). Desastres naturais: perdas e reações psicológicas de vítimas de enchente em Teresina-PI. *Psicologia & Sociedade*, 24(3), pp. 720-728.

Instituto de Pesquisas Hidráulicas (IPH) da UFRGS, ufrgs.br/iph/noticias

Lima. C. R. O.; Cerchiari, E. A. N.; Contini, M. L. J.; Soares, M. F. M.; Codorniz, M. C. B.; Silva, T. A. (2020). Patchwork psicanalítico: costurando em tempos revoltos. In *Revista Brasileira de Psicanálise*, vol. 54, n. 2, pp. 73-88.

Melo, C. A.; Santos, F. A. (2011). Psicologia dos desastres e resiliência comunitária. In *A resiliência em questão: perspectivas teóricas, pesquisa e intervenção*. Artmed (2015).

Minerbo, M. (2020). *A posteriori, um percurso*. Blucher.

Moreno, J. (2010). *Tiempo y trauma: continuidades rotas*. Lugar Editorial.

Noal, D. (2024). *Cuidados psicoemocionais em situações de catástrofes*. Curso promovido pelos Departamentos de Psicoterapia e Psiquiatria Comunitária da Associação de Psiquiatria do RS (APRS), em 08.05.2024. Disponível no YouTube.

Organização Mundial da Saúde. OMS (2011). In *A resiliência em questão: perspectivas teóricas, pesquisa e intervenção*. Artmed (2015).

Rafaloski, A. R.; Zeferino, M. T.; Forgearini, B. A. O.; Fernandes, G. C. M.; Menegon, F. A. (2020). *Saúde mental das pessoas em situação de desastre natural sob a ótica dos trabalhadores envolvidos*. Saúde Debate, vol. 44, n. Especial 2, pp. 230-241, julho 2020.

Smadja, C. (2023). *Os destinos dos estados traumáticos*. Conferência proferida na atividade inaugural do Instituto de Psicanálise da SBPdePA, realizada em 25 março 2023.

Tabacof, D. (2021). *Clínica da excitação, psicossomática e traumatismo*. Blucher.

Trachtenberg, A. R.; Piva, A.; Kopittke, C.; Zimpek, D.; Soares, G. F.; Korbes, J.; Ferreira, P. P.; Avritvhir, R.; Mello, V. H. P. (2018). *Por que psicanálise vincular?* Editora Criação Humana.

Zappe, J. G.; Yunes, M. A. M.; Dell'Aglio, D. D. (2015). Psicologia dos desastres e Resiliência Comunitária: reflexões sobre o incêndio da boate Kiss, em Santa Maria. In *A resiliência em questão: perspectivas teóricas, pesquisa e intervenção*. Artmed.

9. Ecos oceânicos: um retorno a Thalassa

Gabriela Alves Morsch

Há ecos que resistem ao tempo, ao passado inaudível e alagado. Re-existir diante de uma disrupção seria construir uma narrativa própria e uma aquisição de palavras que dêem conta deste tempo, que poderíamos chamar de oceânico e, que, finalmente, pode encontrar socorro pela fala.

Em psicanálise, costumamos pensar que é preciso um fenômeno externo que irrompa o real para que, desta perturbação, faça emergir algo que dê oportunidade à historicização da dor de um horror vivido. São ecos do passado aguardando trabalho mental de elaboração.

Sobretudo, ao analista, cabe o pleito de acolher o desconhecido que se avizinha, até que possa dizer a que vem e, como um porto à espera de uma embarcação, o inesperado será, justamente, a carga que dará arrancada à potência da escuta. E, assim deve ser! Ora, uma escuta que não conte com o inusitado, faz de seu analista um ser com menos perspectivas, atracado num encontro pouco criativo, o que não pode ser desejável. Afinal, são nas ressonâncias dos tempos e daquilo que deles evocamos – sem sequer sabermos – que tateamos, sensivelmente, as bordas do lugar que vamos chegar, dando-lhe assim, novos contornos. Certamente, não antevemos os destinos, tampouco, conhecemos porque cruzadas haveremos de navegar. Mas navegaremos, mesmo assim, e já não mais sozinhos.

Assim, introduzo esta escrita que é *sobre viver* uma experiência de escuta que mobiliza o *setting* analítico. Desafio que faz o encontro inédito entre duas mulheres: de um lado, Auxiliadora, de 56 anos, que nunca recebera atendimento psicológico e, de outro lado, eu, uma psicanalista pretensamente apta a acolhê-la. Todavia, pairava a apreensão com o que seria desta ação emergencial, que por tal singularidade, também era errante – sem bem a *eira* do terreno firme que a modalidade do enquadre analítico indica, nem a *beira* definida nas margens das paredes de um consultório, feito para ser dique, que contenha e drene, com privacidade e cuidado o deságue de quem ali chega. Enfim, aqui venho aportar um encontro a mar aberto.

A paciente que aqui chamo de Auxiliadora, ganha o codinome, por este conservar certa ambiguidade no oposto entre vida e morte, que espero lhes faça sentido ao longo da leitura. É sobrevivente de um naufrágio antigo em sua história infantil e que emerge nas águas da grande enchente que assolou o estado do Rio Grande do Sul no final de abril e início de maio deste ano de 2024. Chegou-me para atendimento, através do Programa de Ação Emergencial Online da Sociedade Brasileira de Psicanálise de Porto Alegre, criado para oferecer apoio psicológico aos atingidos pelas inundações.

Num primeiro contato, em 13/05/2024, relata que um quadro de extrema ansiedade teve início após alerta de evacuação das regiões detectadas com risco de alagamento. Auxiliadora teve de desocupar seu lar, às pressas, refugiando-se na casa de amigos. Conta que, nesses dias passou por crises de falta de ar, dores de cabeça decorrentes de apertamento dos dentes, além de estar insone há dias. Descreve, ainda, que manchas surgiram em sua face, lhe provocando coceiras intermitentes e, por isso, feridas em carne viva.

Pude ver suas lesões através da chamada de vídeo que realizamos e testemunhei em seu semblante a agudeza da fricção com que coçava (o que chamou de alergia) e a angústia estampada em sua face, convocando-me a recobrar o conceito de regressão talássica de Sándor Ferenczi.

O autor publica em 1924, *Thalassa: ensaio sobre a teoria da genitalidade*, onde especula os traços filogenéticos herdados pela espécie humana, inspirado na chamada "Grande catástrofe do ressecamento das águas". Desenvolve então, um complexo trabalho onde diz que, marcas mnêmicas se reatualizam no indivíduo através do sono e do coito como manifestação do desejo de retorno ao oceano primitivo e ao estado de zero tensão, simbolizado pelo útero materno.

Em seu ensaio, menciona que, o ato de coçar é um resíduo arcaico de um comportamento análogo à autotomia, ou seja, um jeito de arrancar com as unhas a parte do corpo que está ameaçada e que gera sofrimento, assim como fazem alguns seres vivos que se desprendem da cauda, penugem ou da própria pele, quando estão em perigo, por exemplo. Trata-se de uma tentativa de despistar o inimigo para, então, em seguida, regenerarem-se as partes fragmentadas.

Ferenczi assevera que, esta reação de sobrevivência corresponde a um dispositivo fundamental de todo ser vivo e é certo supor que seja correlato, segundo ele, ao *modelo biológico de recalcamento*, que representa, melhor dizendo, uma fuga que o psiquismo empreende quando está diante de sentimentos de intenso desprazer (Ferenczi, 2011, p. 301).

O disparador da crise de angústia em Auxiliadora é inequívoco: as manchetes de jornais que contabilizavam, dia-a-dia, em listas de abrigos, as crianças perdidas de seus pais, as mães que depunham em apelo sobre o desespero de não localizarem seus filhos e vídeos de resgates sobre as águas que invadiram casas em diversas cidades, foram noticiados nas principais redes de jornalismo de todo o mundo.

Com o passar dos dias, alguns filhos eram encontrados vivos, outros não. Contudo, um caso em especial inundara Auxiliadora: a notícia de uma mãe que perdera um de seus bebês gêmeos no instante em que o barco de resgate virou e seus tripulantes não puderam impedir que um dos bebês fosse levado pela correnteza.

Em Thalassa, de 1924, Ferenczi enfatiza que cair na água é o símbolo mais originário de retorno ao útero da mãe, assim como, o resgate das águas, pode estar relacionado ao evento do nascimento. Aqui, recorrer aos mitos antigos sobre a criação do mundo, que representam a terra surgindo dos oceanos, confere elementos que servem para a interpretação de uma figurabilidade simbólica do nascimento. Do mesmo modo, o material da clínica psicanalítica, também oferece exemplos irrefutáveis do simbolismo materno da terra e da água. Ao que proponho com o mito de Thalassa e os desdobramentos de Ferenczi, acerca de seu conceito de regressão talássica, metaforizar o motivo que trouxe Auxiliadora até mim, por ocasião do evento meteorológico da enchente gaúcha.

Chegava o momento de eu saber a que vinha o pedido de ajuda de Auxiliadora, que, embora estivesse segura e abrigada da subida das águas do Guaíba, estava alagada em seu passado de horror, que veio à tona junto com as histórias das mães e seus bebês na enchente atual.

> *A minha mãe foi um monstro (chora). Eu preciso falar com alguém sobre isso; eu preciso tirar isso de mim, porque está me matando por dentro. A minha mãe matava bebês dentro de seu ventre. Eu fui um deles, mas sobrevivi. Além de mim, tenho outros dois irmãos. Ao total, foram 15 tentativas de aborto ao longo da vida dela.*

Seria possível imaginar que no drama de bebês perdidos na enchente, as manifestações de angústia em Auxiliadora, sua insônia, dores de cabeça, falta de ar e os ferimentos que se impingia à face, refletiriam uma forma arcaica de restabelecer um modo de vida perdido no interior do útero nutriz de sua mãe, pela via do desfazimento de uma parte do próprio corpo, segundo a lógica da regressão talássica de Ferenczi? Dito de outro modo, poderia tratar-se de uma perturbação exterior que promoveria esse movimento de retorno ao corpo materno, diante de um evento extremo e disruptivo, proposição que não seria um equívoco. Entretanto, o corpo para o qual regridiria Auxiliadora era, na verdade, um ambiente ameaçador, que jamais lhe fora abrigo hospitaleiro.

Então, poderia o bebê perdido na enchente ser representante atualizado do paradoxo entre a vida aquática intrauterina e a morte aquática na enchente – como figura – tal qual o enredo vivenciado por Auxiliadora em seus primórdios? Aqui, avento um retorno talássico, que reúne um duplo infamiliar – a travessia do oceano uterino real e mortífero, que resistiu dentro de Auxiliadora, mesmo quando esta já estava fora do corpo hostil da mãe e que se exprime nos sintomas de angústia ao longo da vida.

Assim, me parece tocar o bebê da enchente, que ao sair das águas do corpo materno e nutriz de sua mãe, poucos meses de vida depois, caiu nas águas da enchente para morrer, deixando nos braços maternos, seu semelhante, gêmeo, aliás, seu duplo representante que, desde aquele resgate, passou a figurar a própria vida que se salvara, mas, também, a que se perdera.

Pois bem, se pela perspectiva ferencziana de 1928, em *A adaptação da família à criança*, o nascimento seria um verdadeiro triunfo na vida, então, para Auxiliadora, nascer foi seu primeiro ato de sobrevivência; foi triunfar, à revelia do desejo materno de afogá-la no interior do útero. Todavia, também seria passível de assimilação, tomarmos em conta os sintomas de falta de ar de Auxiliadora, por exemplo, como sendo resposta ao nascimento, enquanto trauma. Neste sentido, o nascimento seria uma experiência de angústia, a primeira e mais árdua luta em prol da adaptação à vida, como afirmou Ferenczi em 1924.

Ainda que, sendo fruto do fracasso da humanização parental e culpada por ter sobrevivido, contrariando o desejo da mãe, Auxiliadora demonstrava força de viver. E, mesmo que suas manifestações psicossomáticas tivessem sido o meio pelo qual ela se entregava ao desejo da mãe filicida, cuidar dos irmãos que nasciam poderia ser a forma com que ela espiava a culpa por estar viva e aderida à vida funesta da mãe.

– "Eu sobrevivi, de metida, como ela me falou a vida toda!", exclamou Auxiliadora – "Eu sobrevivi e ela me fez participar de tudo aquilo. Eu era uma criança, meu Deus, uma criança" (chora muito). Essas foram suas palavras ao introduzir o que lhe atormentava. Sua necessidade de desabafar urgia, me dando a rápida chance de dizer-lhe, apenas, que eu estava ali para o que ela precisasse dividir. E ela seguiu: – "Eu sei, eu sei." E repete: – "Eu só preciso tirar isso de mim que está me matando por dentro. Eu tenho muita dor de dizer isso que faz parte da minha história. Não sei nem como dizer um nome pra isso.".

E de fato, o que habitava Auxiliadora era da ordem do indizível, do horror e do traumático. O nível de ansiedade e a expressão de dor em seu semblante me consternaram e inquietaram, simultaneamente, pela intensidade com que ela friccioanava os dedos contra as feridas de seu rosto, à medida que descortinava seu passado. Era claro no ritmo com que narrava que ela queria falar sem ser interrompida. Respirei fundo e recostei-me, enquanto ela prosseguia: – "É tão terrível, tão terrível essa minha história, que eu nem sei como eu estou tendo coragem de contar e de admitir que a minha mãe forçava a morte de bebês dentro dela. Então, o que tem me consumido a alma hoje é ver quantas mães estão chorando e sofrendo a perda dos seus bebês perdidos nas águas dessa tragédia, enquanto a minha mãe, que queria me perder, me teve. Eu me sinto culpada por estar viva. O bebê do resgate queria viver e a sua mãe queria estar com ele agora, com os seus dois filhos salvos em seus braços".

A catástrofe da enchente é, evidentemente, um eco de todos os perigos a que Auxiliadora já esteve exposta. O filicídio cometido pela mãe, reiteradamente, tornou-se uma sombra de violência em sua vida por acreditar, em meio a sua onipotência infantil, ser a carrasca da morte dos irmãos – no mínimo, coadjuvante nas mortes desses bebês, tanto quanto, no adoecimento de sua mãe psicótica. Sua sobrevivência tinha de se justificar através do auxílio que era obrigada a dar à mãe, não só nos cuidados durante os períodos de convalescência desta, a cada aborto, como, inclusive, nos cuidados daqueles irmãos que insistiram, assim como ela, em nascer. Ao cuidar desses irmãos, sobreviventes como ela, Auxiliadora celebrava o triunfo da vida.

Enfim, o regresso talássico para Auxiliadora, seria um revés, que não lhe serviria como queda das tensões, mas sim, o reencontro com um ambiente diretamente ameaçador da vida, muito mais que uma experiência disruptiva, o útero materno era a representação da morte concreta. A insônia representa o medo de encontrar-se com a morte violenta. Portanto, seus sintomas são defesas por onde ela resiste e se mantém existindo, como pode – à deriva.

Seu sono estava sendo regulado com acompanhamento médico, após encaminhamento feito por mim, logo no primeiro dia, a uma colega habilitada pelo mesmo Programa de Ação Emergencial, que prontamente a examinou. No terceiro encontro, persistiam ainda, o apertamento dos dentes, que lhe causavam as dores de cabeça. Todavia, as feridas abertas provocadas pela suposta alergia de Auxiliadora, já não eram mais em carne viva, o que indicava uma redução significativa do ato de coçar, efeitos do cuidado que ela se permitia receber. Contudo, a força da fricção das unhas sobre a pele resultou em cicatrizes perceptíveis.

Seus sintomas configuravam uma organização psicossomática descrita por Pierre Marty, como regressão a um ponto de fixação arcaico que direciona o sujeito a uma espécie de sistema em que se forma um todo indiferenciado com o meio ambiente, denominado de *alérgica essencial*, no qual o funcionamento principal refere-se ao fantasma de uma modalidade de fixação pré-natal, que tem origem nas relações da mãe com o bebê dentro do útero (Marty *in* Tabacof, 2021, p. 104), como configura a história do nascimento de Auxiliadora e que parece estar representada na inundação e na morte do bebê gêmeo, que a impactaram.

> – "Eu já era maior quando me dei conta do que ela fazia. Eu não entendia o que passava e nunca tive coragem de perguntar-lhe qualquer coisa. Lembro-me dela estar bem, num momento, mas no momento seguinte, ela ficava doente. Isso acontecia depois que ela tomava medicações. Minha mãe mandava levar uma lista de compras de farmácia a uma conhecida. Eu me sentia culpada, porque ela me pedia para alcançar-lhe a sacola de "apetrechos" que aquela mulher trazia da farmácia. Ela só ficava doente depois que tomava aquelas medicações. Claro, hoje eu sei que ela ficava acamada toda vez que sangrava muito para expulsar o bebê, o que a obrigava a repousar, obrigando-me a cuidá-la. Lembro-me daqueles paninhos ensanguentados, que eram lavados por mim, porque ela não podia se levantar pra fazer nada. Eu não sei se eu sabia, talvez, bem no fundo, eu soubesse.
>
> Não lembro de tudo, mas sei que, muitas vezes, o dinheiro que ela usou para comprar os remédios dela era do meu trabalho como babá. Eu separava o suficiente para comprar as minhas coisas de menina, desodorante, absorvente, alguma roupa quando precisava e o restante eu tinha que dar para ela. Na última vez, eu já devia ter uns 15 anos e aquela fora sua 15º tentativa de aborto. Foi a última vez que isso aconteceu, porque minha mãe quase morreu, teve uma hemorragia e ficou em coma no

hospital por mais de um mês. Fizeram histerectomia nela e, finalmente, ela não teria mais como engravidar. Eu acho que nasci ali.".

Neste instante, lhe digo: "Dalí em diante, o dinheiro do teu trabalho era para os teus absorventes, as tuas coisas.". –"Sim, ela nunca mais usaria meu dinheiro para aquilo. Sabe, Gabriela, eu só tive coragem de enfrentar ela e exigir que ela me contasse porque fazia aquilo, depois dessa vez que ela quase morreu. Ela me contou que usava os remédios e agulhas de tricô para forçar o feto a sair. Por isso, me disse a vida toda que eu tinha nascido de metida. Ali, eu assumi que a odiava." (chora por um tempo).

Custara à Auxiliadora a luta por diferenciar-se da mãe, uma vez que, nos casos de pacientes ditos alérgicos, é comum a extinção das fronteiras entre ele e o próprio mundo, ou seja, o sujeito habita o objeto do mesmo modo como é habitado por ele (Marty *in* Tabacof, 2021). Evoco, aqui, uma passagem emblemática de Marty (1958), citada por Diana Tabacof (2021):

> *...cada objeto que se apresente, quer seja humano, animal, vegetal ou coisa, possa ser investido como "hóspede" em muito pouco tempo. E que possa, aliás, ao sabor das rupturas e das retomadas de contato têmporo-espaciais, ser também rapidamente desinvestido e abandonado em benefício de um novo "hóspede". (Marty, 1958, p. 9)*

Tabacof (2021) assinala sobre uma necessidade de adaptação profunda que se arma em certas condições ameaçadoras. Esta fusão ao ambiente é um modo defensivo bastante comum na natureza e a autora indaga se no alérgico essencial representa a indiferenciação entre o eu e os seus objetos e os objetos entre si em prol da proteção contra uma angústia aterradora que faz temer a falta de ar ou o rasgo da pele. Se for assim, poderíamos hipotetizar que Auxiliadora temia pela vida de seus irmãos e, por esta razão, ficara mimetizada ao ambiente mortífero da mãe filicida, na tentativa de salvá-los (p. 106).

Por longo período, Auxiliadora vivera um total desapreço por si mesma. Suas manifestações somáticas, como coçar seus ferimentos até sangrar e a falta de ar eram formas muito primitivas de exprimir sua angústia e o borramento de sua identidade.

– "Foi mesmo um marco zero a 15ª tentativa de aborto de tua mãe e o teu 15º ano de vida, não?". Ela reage surpresa – "Ah, eu nunca tinha me dado conta dessa coincidência. É verdade, eu, realmente, me senti renascida quando soube que ela não conseguiria mais engravidar.". – "Sim. E sabe que fiquei pensando que os 15 anos é mesmo uma idade significativa para 'se nascer'".

No sangue ávido e fértil da puberdade, Auxiliadora pôde *nascer-se* psiquicamente em busca de lugar mais seguro. Não ter mais de lavar os paninhos ensanguentados da mãe fora, realmente, uma chance de re-existir e sair daquele enredo de indiferenciação terrorífica.

Os ecos da enchente, que lhe imprimiram no corpo suas cicatrizes, suas dores de cabeça, sua falta de ar e sua insônia, revelam a fragmentação de seu ser ao mesmo tempo em que são um pedido por se reintegrar.

Ao pesquisar sobre o Mito de Thalassa, encontrei-me com o trabalho da artista visual e produtora, Gisa Araújo, cujo ensaio fotográfico intitulado *Thalassa* (2024) ilustra o que chama de "auto retrato fragmentado, que corporifica a fragilidade e a força da natureza", concomitantemente. Nele, exibe uma série fotográfica onde descreve o mar como elemento central, "uma entidade que permanece dentro do sujeito como um transbordamento de marés, de memórias e fantasias; uma convocação a que Thalassa, que na mitologia grega é a personificação feminina dos oceanos, seja a representante da vida evocada como um processo de transição, em que tudo se desalinha e se desequilibra". Segundo a artista, desintegrar-se é parte de um processo que possibilita "voltar inteiro e com contornos mais expansivos".

E assim, a montagem fotográfica de Araújo, areja a conclusão desta escrita. As águas da enchente, remeteram-me ao processo de transição talássica, onde o ser humano e a natureza são indissociáveis, Sendo, portanto, sua integração inerente a um processo de transições. A artista e produtora, imprime imagens em papel e as leva às águas do mar para que Thalassa deixe seus vestígios de areia, colaborando com o que chama de "materialidade de um gesto singular". A proposição de Araújo da "criação de diálogo entre o sentir corporal e o fazer poético, que materializa acasos", surgiram-me como metáfora para a ideia de que os eventos meteorológicos que vivemos atualmente no mundo, impõem a reconciliação entre o ser humano e a natureza, assim como, para a psicanálise, a busca em reconciliar cada ser singular à natureza de sua história interna em um processo contínuo de transformações.

Analogamente à escuta psicanalítica, concluo que, se por um lado as feridas de Auxiliadora eram um borramento de seu ser que resistira ao tempo de um horror inominável, por outro, sua resistência não foi em vão. Os ecos de Thalassa fazem das cheias um tempo de novas cruzadas, onde as marcas deixadas no corpo fragmentado possam receber o olhar sensível que inaugura uma narrativa e que faz emergir a figura a partir da dor psíquica. Assim, experimentamos ambas, Auxiliadora e eu, a perspectiva da escuta como via transformadora da experiência, que dá fôlego, voz e, quem sabe, novos símbolos que amenizem e permitam re-existir, afinal.

As águas da enchente gaúcha promoveram esse encontro entre mim e Auxiliadora para que Thalassa fosse evocada a dar sentido, margem e horizonte a esse resgate.

Referências

Araújo, G. (2024). Thalassa foi selecionado pelo Edital Nova Fotografia 2024 do MIS (Museu da Imagem e do Som de São Paulo). https://youtu.be/qaNo3OW6avY?si=2mm1zYJEpXsQDpi5

Ferenczi, S. (2011). Thalassa: ensaio sobre a teoria da genitalidade (1924). *Obras Completas Psicanálise III*. Martins Fontes. 2. ed.

Ferenczi, S. (2011). A adaptação da família à criança (1928). *Obras Completas Psicanálise IV*. Martins Fontes, 2. ed.

Tabacof, D. (2021). *Clínica da excitação: psicossomática e traumatismo*. Blucher.

10. A chuva que transborda rios e rompe diques psíquicos: nas catástrofes naturais, o que pode a Psicanálise?

Augusta Gerchmann

Marcela Pohlmann

Morgana Mengue Saft Tarragó

Nicole Campagnolo

Silvia Varela Dian

A experiência emocional diante da catástrofe

> *Foi assim: num tempo muito antigo, muito, houve uma noite tão comprida que pareceu que nunca mais haveria luz do dia [...] os campos foram inundados; as lagoas subiram e se largaram em fitas serpenteando pelos tacuruzais*[1] *e banhados, que se juntaram, todos, num. (A Mboitatá,* Lendas do Sul, *pp. 37-39)*

Nos propomos, neste capítulo, a examinar os desdobramentos psíquicos desencadeados pela experiência traumática que acometeu a população gaúcha, decorrente do fenômeno da natureza gerado pelas chuvas volumosas, que causou transbordamentos de rios e atingiu um grande número de cidades que compõem o Rio Grande do Sul[2]. Este

---

1 Ninho de cupim, que forma pequenos montes nos campos.

2 Inundações provocadas pelo alto volume de chuvas de longa duração, provocadas por um ciclone extratropical pela região Sul e geografia específica que dificultou o escoamento da água. Soma-se às causas naturais um grau considerável de

evento de proporções inéditas, causou desordem, desamparo e caos na comunidade civil do estado. Concomitantemente, despertou as mais diversas reações solidárias em sua coletividade, ao mesmo tempo em que os governantes, além de ações de contingência, buscavam liberação de verba do governo federal para colocar em marcha algum plano, tanto para conter a expansão do desastre ambiental como para criar abrigos que acolhesse as pessoas que se encontravam desabrigadas. Em meio ao caos, ocorreu a falência dos órgãos estaduais e municipais, gerando medo, insegurança, angústia, desvalimento e, em alguns, revolta e ressentimento.

Diante desta realidade, o que pode a psicanálise?

Como aponta Benyakar[3] (2003), em situações consideradas disruptivas, como a que vivemos, pode ocorrer uma inversão nas instituições sociais, ao tornarem-se ineficientes no cumprimento das responsabilidades a elas outorgadas. Pelo prisma do indivíduo e do grupo, é comum o ser humano engendrar alguma ordem no caos, como um meio de atenuar vivências de desvalimento e desamparo. Foi possível acompanhar muitas pessoas que, apesar de perderem sua casa, trataram de participar de resgates dos que ainda se encontravam em situação de risco, devido ao aumento contínuo do nível das águas e da falta de alimentos. Em meio às águas residuais que brotavam dos esgotos, faltava a água potável, essencial para a vida[4].

---

responsabilidade humana gerada pela ocupação desordenada do território em detrimento do planejamento econômico e potencializadas por sucessivas gestões ao longo de décadas, deste a enchente de 1941, que não valorizaram alertas de técnicos e cientistas, sobretudo causadas pelas mudanças climáticas que se estendem no planeta.

3 Psicanalista da APA, médico e psicólogo, especialista em análise de crianças.

4 https://g1.globo.com/rs/rio-grande-do-sul/noticia/2024/05/06/com-parte-de-porto-alegre-sem-acesso-a-agua-das-torneiras-prefeitura-decreta-racionamento.ghtm

Assim, apesar de um passado muito próximo, sem a vida ter voltado a sua normalidade, nos encontramos pensando e buscando elaborar o vivido. A sensação de desamparo provocado por este fenômeno da natureza soberana, marcou nossas vidas. Ainda que não tenhamos sofrido perdas significativas, inegavelmente, todos fomos atingidos.

Na medida do possível e do viável, nos debruçamos, acolhendo os que se encontravam em situação de vulnerabilidade, individualmente ou ligados à força-tarefa colocada em marcha pela nossa Sociedade – SBPdePA. Além disso, a partir da proposta do seminário curricular do Instituto de Psicanálise da SBPdePA, e o estudo do artigo "Moisés e a Religião Monoteísta" (1939 [1934-38]), articulado com outros textos considerados sociais, sobretudo o *Mal-estar na Cultura*, de 1930, tornou-se ponto de partida para pensarmos na repercussão, interna e externa, da tragédia que ocorreu no Rio Grande do Sul, em maio de 2024. A troca de mensagens entre os participantes do seminário ilustra, infimamente, o que vivenciamos, como podemos demonstrar, em síntese:

> *[...] Espero que todos estejam bem. Por aqui, estamos bem. Não tem como não se preocupar com tudo o que estamos assistindo, vivendo incertezas e tristezas. E junto disso, também vemos muita solidariedade e empatia. [...] por aqui as coisas estão difíceis. Cachoeirinha e Canoas estão debaixo d'água. Minha família está bem, mas estamos trabalhando sem parar para ajudar todos ao nosso redor, amigos, parentes e desconhecidos [...] muitas crianças foram separadas dos pais e estão sem identificação nos abrigos [...] todos os acessos da cidade estão fechados e a luz não está estável. [...] O Instituto informou que seminários foram suspensos esta semana, pelo desastre que o estado vive nesse momento. Sempre à disposição para*

> *ser um lugar de troca aqui, enquanto não conseguimos nos encontrar.*

É pelo pai da Psicanálise que iniciamos nossa tentativa de encontrar sentido e dar algum destino a essas vivências que irromperam na vida da comunidade riograndense.

> *O sofrer nos ameaça a partir de três lados: do próprio corpo que, fadado ao declínio e à dissolução, não pode sequer dispensar a dor e o medo, como sinais de advertência; do mundo externo, que pode se abater sobre nós com forças poderosíssimas, inexoráveis, destruidoras; e, por fim, das relações com os outros seres humanos. (Freud, 1930, p. 31)*

Freud acreditava que o sofrimento advindo das relações recíprocas seria a mais dolorosa. Entretanto, a ameaça do mundo externo, a manifestação das forças da natureza, foi e ainda permanece causa de um grande sofrimento, quiçá, causa de vivências traumáticas, como a que assolou o nosso estado[5]. Tais ocorrências contém potencial de gerar desorganização de dimensões imensuráveis, que podem impedir, de pronto, qualquer representação psíquica, sobretudo àqueles que passaram por perdas familiares e tiveram sua habitação inundada ou as perderam.

Tomamos de Benyakar a ideia de que todo evento possui uma capacidade potencial de irromper violentamente em pessoas, instituições e comunidades. Quando ocorre essa violência, é alterado o estado anterior de homeostase, produzindo-se as mais adversas reações. Nomeia de "evento fático disruptivo" (Benyakar, 2003, p. 46) as situações dessa ordem, em que o atributo de disruptivo corresponde

---

5 http://www.gov.br/inpe/pt-br/assuntos/ultimas-noticias/relatorio-do-inpe-explica-evento-meteorologico-que-causou-a-tragedia-no-rs

exclusivamente ao evento capaz de desencadear uma descontinuidade ou alteração da capacidade psíquica singular de elaboração da invasão sofrida subitamente.

Freud, em 1927, no artigo "O futuro de uma ilusão", afirma que o desamparo vivido, tanto frente à força da natureza ou do outro, quanto das próprias pulsões, faz com que ao bebê, seja necessária, imprescindivelmente, a proteção dos pais. O reconhecimento do próprio desamparo durará a vida toda, o que coloca os seres humanos em busca de um pai sempre mais poderoso. Nessa busca, está a ilusão que abranda a angústia frente aos perigos da vida.

Nesse sentido, o trauma, para Freud, é a consequência de todo e qualquer estímulo que supere as possibilidades do aparelho psíquico de ligá-lo a representações, prioritariamente, a representações-palavra. Assim, ainda que se trate de um psiquismo que esteja inserido na lógica do princípio do prazer, a quantidade excessiva de estimulação avança sem direcionar-se conforme às marcas, registros e representações existentes. As fronteiras são desconsideradas e a quantidade de estímulo tende a sair da mesma forma que ingressou no aparelho. Sem fazer marca representacional, deixa sensações dolorosas e a devastação gerada, provoca tanto facilitação para a descarga direta quanto, por contrainvestimento, leva à fixação do trauma. Ambas são motores para a repetição (Freud, 1895, 1920; Valls, 2009).

Seja o agressor um vulcão, a cheia de um rio, um povo estrangeiro ou um vizinho familiar, em todos os casos, o agredido se sente melhor, mais forte e menos angustiado quando consegue analisar o agressor e entendê-lo, a fim de se proteger dele. "Para se salvar, a vítima se torna especialista no agressor" (Cyrulnik, 2009, p. 59). De alguma forma, os gaúchos de todo o Brasil, se puseram a buscar compreender o que aconteceu.

Dessa maneira, impactados pela extensão do desastre climático, na tentativa de encontrar alguma explicação que pudesse aplacar o impacto emocional do vivido, "nomear o inimigo", tornou-se uma narrativa cotidiana. Embora a busca de informações sobre a previsão do tempo, quantidade de chuva, aumento das águas dos rios e velocidade dos ventos envolvessem o interesse da população em geral, a fantasia ganhou grandes proporções, como contornos metafísicos de castigo e punição divina.

Os caminhos da constituição psíquica: por onde transitam as águas que nascem no leito do rio

Freud (1950 [1895]) postulou que "o desamparo (*Hilflosigkeit*) inicial do ser humano é a fonte de todos os motivos morais" (p. 32) para explicar o paradigmático grito do recém-nascido. Parte da premissa de que esse pujante grito é o meio através do qual coloca seus pulmões em funcionamento, até então bombeados pelo cordão umbilical da vida intrauterina. A cesura do nascimento será o primeiro dos tantos traumas que a vida e o mundo civilizado impactam o ser humano, como destinos não previsíveis ao longo de sua trajetória. A chegada ao mundo é traumática por excelência, são as ligações promovidas pelo objeto primordial que irão regular o efeito desse evento ao longo da vida de cada sujeito.

A angústia automática disparada pelo desamparo, toma dimensão irrepresentável e quando não cessa de repetir-se, gera sensações de desvalimento no Eu incipiente que, de entrada, esperava viver o narcisismo primário e trófico. A vivência de satisfação neste período, cumpre, assim, a mais importante identificação que o ser humano conhece, a identificação primária, como primeiro laço emocional que o ser humano estabelece com aquele que exerce a ação específica, o seu semelhante.

Como a constituição do psiquismo é cadenciada de forma única, sobredeterminada pelo que conhecemos como a equação etiológica, a história que cada sujeito construirá será inédita, imprevisível e terá cronologia própria. No sujeito, o que foi precoce se repetirá. O que foi excessivo para ser assimilado retornará como marca do traumático.

Não é possível estabelecer uma escala para a experiência do excesso, visto que a maneira com que cada um vai enfrentar adversidades, tem relação direta com sua história pregressa. Dito de outra forma, "a força de enfrentar vem da confiança adquirida antes do trauma" (Cyrulnik, 2009, p. 43) e acrescido da construção de sentidos possíveis, no trabalho com o outro-semelhante e no *a posteriori*.

Os destinos exequíveis, determinarão "a sorte" de como o sujeito poderá metamorfosear o horror vivido. Relaciona-se, outrossim, com a tendência do psiquismo a repetir-se, não somente para tentar mudar o que foi anteriormente desprazeroso, mas para, saindo da condição de passividade que lhe era característico no período infantil, poder ser dono de seu destino, ao mudar os antigos caminhos percorridos como sujeito ativo, no seu direito ao livre arbítrio.

Da mais alta relevância é a descoberta de Freud sobre o papel do objeto para que ocorra a intrincação da pulsão de vida com a pulsão desgovernada nos primeiros momentos da vida. Acompanhado de empatia, o objeto, ao colocar-se no lugar do recém-nascido, traduz seu choro e, sobretudo, acompanhado pelo desejo de investir libido proporciona algo funda-mental à sobrevivência física e emocional: a ligadura da energia livre. Ou seja, se no surgimento da vida, essa primeira fusão, esse primeiro encontro da pulsão não ligada com o investimento de vida advindo do objeto foi satisfatório, inaugura-se um Eu primitivo, arcaico, com potencial para seguir desenvolvendo-se.

Ao longo do desenvolvimento e a partir da *ação específica*, fica garantido que "[...] os aspectos de ligação sobrepõem-se às angústias destrutivas sentidas pelo bebê, através do rebaixamento de tensões existentes no seu interior, estabelecendo no bebê uma sensação de *joie de vivre*[6]. O ser é, então, apresentado à pulsão de vida." (Gerchmann; Antunes, 2019, p. 83).

6 *Joie de vivre* (prazer de viver): expressão francesa utilizada para descrever um alegre prazer da vida, uma exaltação do espírito.

No capítulo dedicado à identificação, no artigo de 1921, *Psicologia das Massas e Análise do Eu*, Freud refere que a identificação primária é o primeiro laço emocional que o bebê estabelece com seu semelhante, identificação direta e imediata com o "auxiliador alheio". Assim, essa identificação precede ao vínculo com o objeto e ao reconhecimento dele. Descrito como um processo inconsciente, que pertencerá ao patrimônio arcaico do ser humano, o Eu incipiente do bebê apropria-se de traços e atributos do objeto primário, sem reconhecê-lo, mas deixando, para sempre, os mais significativos registros e sensações. Ainda que não haja nenhuma possibilidade de lembrança, proporcionará as mais profundas consequências ao longo da vida.

Da mesma forma, também são os laços emocionais que constituem a essência da mente grupal. A motivação para abrir mão ou, para perder sua individualidade parece justificada pela presença de um líder que garante cuidados e proteção à sobrevivência, sobretudo amor e aprovação. E são os atributos de um de seus membros e o lugar de ideal em que ele é colocado, que o torna líder, em geral possuindo mais autoestima ou, inversamente, encontrando na liderança do grupo alguma reafirmação, outrora inexistente, inclusive para sentir-se existindo no mundo.

Kernberg, de acordo com Freud, propõe que "a influência que o líder exerce sobre os membros da multidão é a principal causa da consolidação da multidão. Ao projetar seus ideais no Eu do líder, os membros da multidão criam a precondição para as suas identificações mútuas" (Kernberg, 2000, p. 15). Todavia, acrescenta (2000) que o grupo também tem influência sobre o líder na medida em que busca atendê-lo, gratificando suas necessidades agressivas, sexuais ou de dependência. Na medida em que o outro está indiferenciado na demanda de não frustrar, a perspectiva narcísica se apresenta, tanto no líder quanto no grupo como algo que perpassa as relações, independente do lugar ocupado pelo sujeito, no tecido social.

Entretanto, o que está em jogo é nada mais que o não reconhecimento do outro enquanto sujeito, sua subjetividade e alteridade. Nota-se, já em 1921, a antecipação do que Freud veio a denominar de infecção psíquica, pela perda sofrida no reconhecimento do si mesmo ao buscar colocar-se na posição de poder dessa pessoa a quem, apesar de prescindir da relação objetal com ela, coloca no lugar do seu ideal. Nesse sentido, na formação de massa, a identificação prevalece sobre a relação objetal, reduzindo o espaço para o reconhecimento das diferenças, de lugares de pertença e de valor à vida de todos.

Neste contexto, se perdem os limites do Eu, os membros passam a fazer parte do todo e voltados, frequentemente, ao líder que, derivado do Eu Ideal, mantém a massa retida na lógica narcísica. Na massa, não há projetos individuais, o Ideal de Eu adota matizes que não se integram ao Eu do sujeito, tornando-se, por vezes, corpo estranho no interior do Supereu e submetendo ao Eu que se torna "estranho em sua própria casa", como apontado por Freud em *O Eu e o Id* (1923).

A mobilização da sociedade civil brasileira, em maio de 2024, pode ter sido positivamente motivada por esse mecanismo acima descrito? De acordo com essa ideia, o movimento da massa não seria, a priori, destrutivo.

Como Freud postula no artigo *Os dois princípios do funcionamento mental* (1911), e acrescenta em *Além do princípio do prazer* (1920), ao dar sentido a certos funcionamentos da mente em que prevalece uma compulsão à repetição, até então incompreensível, diz: "Para o organismo vivo, a proteção contra estímulos é tarefa quase mais importante do que a recepção de estímulos..." (Freud, 1920, p. 190). Ou seja, o aparelho perceptivo, os órgãos dos sentidos, não somente captam os estímulos, mas também, carregam em si, a capacidade de direcioná-los, retirando pequenas amostras do mundo externo e provando-as em quantidades mínimas, como "antenas que tateiam o mundo externo e sempre se retiram novamente dele" (ibidem, p. 191).

No contexto que aqui nos convoca, a atenção através das antenas poderia funcionar como faróis de milha para visualizar em grande distância, mas, ainda assim, teriam sido suficientemente eficazes, para garantir proteção frente à força com que a natureza irrompeu? Tudo nos leva a pensar que sem um dispositivo construído pela mão do homem, para protegê-lo, bem como, o alerta dos órgãos responsáveis pelas previsões climáticas, não foram suficientes para barrar o nível das águas que não cessavam de subir.

Recorte do sofrimento humano: vazios e "cheias" que desaguam em dor

> *Minto: na última tarde em que houve sol, quando o sol ia descambando para o outro lado das coxilhas, rumo do minuano, e de onde sobe a estrela-d'alva, nessa última tarde também desandou uma chuvarada tremenda; foi uma manga d'agua que levou um tempão a cair, e durou... e durou. (A Mboitatá,* Lendas do Sul, *p. 39)*

O traumático[7], assim como a sexualidade humana, foi tema de revisão e acréscimos ao longo da teoria freudiana. Assim, em 1926, no texto *Inibição, Sintoma e Angústia*, Freud amplia suas proposições

7 Desde Anna O. (1893) escrito com Breuer, Freud relaciona uma vivência que atua como elemento patógeno. Em 1900, refere que o trauma é derivado de um fator interno, de fonte pulsional. O pensamento que Freud inicia em 1911 segue em 1914, com o desenvolvimento da teoria do narcisismo, que, por sua vez, abre caminho para as mudanças propostas em 1920: a compulsão à repetição de experiências não somente de prazer, mas também, as desprazerosas. Em 1926, localiza e define diferentes modalidades de angústia, estabelece a segunda teoria da angústia como angústia sinal, segundo seus desencadeantes, os relaciona com os mecanismos de defesas utilizados e diferencia a angústia da neurose traumática.

acerca do tema e afirma que toda angústia é decorrente de uma experiência traumática em geral relacionada ao complexo edípico e as fantasias concernentes a esse período, pelo temor da castração ou temor da perda do objeto, ou seja, de natureza narcísica ou objetal. O Eu diante da ameaça de perda de objeto, reage através da angústia e as soluções que encontrará, dependerão da qualidade de sua organização e de seus recursos defensivos. Smadja (2023) refere que o último tempo da evolução freudiana relativo ao traumatismo, está presente no trabalho tardio de Freud, intitulado *Moisés e o Monoteísmo*, de 1939 [1934-38].

Nesse texto, Freud (1939 [1934-38]) descreve a neurose como uma estrutura organizada em dois tempos, separados por um período de latência. É durante o primeiro tempo infantil, anterior à aquisição da linguagem, que surgem os traumatismos mais graves, os quais referem-se a experiências sobre o próprio corpo, vivências que deixam impressões ou percepções sensoriais, algo visto ou ouvido.

Ainda em 1939 [1934-38], Freud descreve que o Eu, ao sentir-se ameaçado, se defende dos perigos internos através do recalcamento. A moção pulsional é inibida e as percepções e as ideias a ele pertencentes são temporariamente esquecidas. Porém, quando a pulsão mantém sua força ou é despertada por um novo evento, ela renova sua reivindicação. Uma vez que a via para a satisfação direta continua impossibilitada devido à pressão contínua do recalcamento, ocorre uma formação de compromisso entre o Eu e demais instâncias, em busca de uma satisfação substitutiva, que aparece como sintoma, sem compreensão por parte do Eu.

No mesmo artigo, Freud observa a natureza cindida e paradoxal do trauma, por um lado resiste por meio das defesas para que lhe sejam acessíveis, ao mesmo tempo em que buscam se fazer conhecer manifestando-se com toda sua força, revelando "a natureza compulsiva" dos sintomas e limitações do Eu: "com grande intensidade psíquica mostram ampla independência da organização dos outros processos psíquicos que são adaptados às exigências do mundo externo real, que obedecem às leis do pensamento lógico" (Freud, 1939 [1934-38], p. 108).

Nessa esteira, Smadja (2023) descreve que os estados traumáticos tomam duas direções possíveis do ponto de vista evolutivo, sendo uma direção positiva de estruturação e organização do Eu, na qual utiliza meios de simbolização e de ligação: são as soluções neuróticas. Já os estados traumáticos, que podem levar a uma solução negativa por falta de capacidade de simbolização ou de ligação do traumatismo, podem gerar uma evolução desestruturante do Eu, como, por exemplo, as soluções psicopatológicas ou psicossomáticas.

Para Aulagnier (1979), os registros mnêmicos, que a autora nomeia de pictograma e, as primeiras vivências enquanto memórias primitivas, serão oferecidas pelo investimento do porta-voz (mãe ou cuidador) que fornece pensamentos com função identificatória, constituindo o fundo representacional através do qual será modulada a capacidade de cada sujeito em lidar com os acidentes da vida e a força ou fragilidade de enfrentá-los. A importância do livre arbítrio é consequência e reflexo da preponderância da violência primária sobre a violência secundária, essa última, responsável por um autômato passivo e desafetado, cuja alteridade e singularidade lhe foram roubadas. Em situações disruptivas como as que pudemos acompanhar de muito perto, afetados pela dor e desesperança, os instrumentos, com os quais poderia lutar para lidar com o factual, são empobrecidos ou inexistem, e no caos do ambiente, se embriagam em sua própria desorganização.

Cadência humana travando luta com a natureza: da capacidade humana de abrir novos afluentes

> *A confusão traumática viu-se atenuada pela confiança infantil que os feridos depositavam naqueles que voavam em seu socorro. (Cyrulnik, 2009, p. 56)*

O encontro da força da natureza com a capacidade humana de abrir novos afluentes, na árdua luta entre *Cila e Caribdis*[8], poderá ser determinado pelo que de constitucional e acidental foi experienciado ao longo da estruturação psíquica do sujeito, como já referido, sua alteridade e subjetividade.

Tomamos de Freud, desde o *Projeto* (1950[1895]), incluindo os artigos aos quais se referiu sobre a constituição psíquica, propondo uma metáfora sobre o que ocorreu na tragédia, a fim de tentar compreendê-la. A falha dos diques que fizeram irromper as águas, com toda sua força em nosso estado, romperam com as barreiras que a sua frente se interpunha. No caminho de seu livre escoamento devido a quantidade e a intensidade com que ela descarregava seu acúmulo, penetraram na vida de cada cidadão, causando efeitos na estrutura psíquica, tal qual essa lá se encontrava, antes da tragédia.

Tivemos acesso a histórias[9] de pessoas que, igualmente desabrigadas, se colocaram a ajudar amigos, familiares e desconhecidos a saírem de lugares parcial ou totalmente submersos na água. Em suas narrativas, ficou marcada a empatia pelo valor à vida, a salvar os que se encontravam em situação de perigo e administrando a frustração gerada pelos próprios riscos e por suas perdas materiais.

De acordo com Cyrulnik (2009), os efeitos traumáticos são menores no grupo de pessoas que, mesmo que atingidos pela catástrofe,

---

8 https://en.m.wikipedia.org/wiki/Between_Scylla_and_Charybdis, acesso em: 20 ago. 2024.

9 Voluntários se desdobram em meio a enchentes no RS. Conheça histórias. Metrópoles (metropoles.com), noticiado em 16/05/2024.

Prefeitura reabre cadastro de voluntários para atuação em abrigos. Prefeitura de Porto Alegre, noticiado em 16/05/2024.

Chuvas no Rio Grande do Sul: o chef gaúcho que perdeu restaurantes e foi cozinhar para centenas de desabrigados – BBC News Brasil, noticiado em 16/05/2024.

puderam voltar a ajudar seus semelhantes. O autor, de acordo com Freud (1921), enfatiza que "ficar traumatizado depois de uma geada que destrói a colheita e nos condena à fome não induz as mesmas representações que um grupo humano que nos tortura para nos expulsar da humanidade. A estrutura do trauma participa do sentido que se lhe atribui a ele" (Cyrulnik, 2009, p. 39).

Nesse contexto, o movimento contrário, qual seja, de ajuda oferecida por outro ser humano, pode proporcionar, como no bebê atendido empaticamente pelo semelhante, a renovação de esperança na vida e nas relações? Isso teria impacto na amplitude e na intensidade do trauma?

De acordo com Benyakar (2003, p. 43), uma situação é considerada disruptiva, geradora de vivência traumática, quando as capacidades articuladoras e metabolizadoras foram superadas. E no trabalho mais recente, escrito com Lezika (2006), os autores consideram que, na vivência de um fenômeno traumático, o discurso é parte importante na elaboração do devir pós-traumático. O ato discursivo, ao adotar um gênero narrativo que apresente os fatos em palavras, traduz seu conteúdo, bem como contempla a expressão dos afetos, promovendo o avanço na elaboração do traumático. À medida em que aproximam sensações, emoções e sentimentos, conforme Aulagnier descreve sobre a constituição do psiquismo. Na primeira etapa do relato do traumático, identifica-se um esforço do psiquismo para outorgar coerência ao relato do que foi vivido, revelando a importância da violência primária como imprescindível e estruturante (Aulagnier, 1979; Gerchmann, 2009).

Seguindo a concepção de Aulagnier, para que a vivência traumática possa ser integrada ao Eu do sujeito e não permaneça causando danos psíquicos, gerador de cisões e sintomas, ele deverá ser metabolizado, através das sucessivas etapas que lhe concerne. Quer dizer, para que as sensações próprias do processo originário, geradas pela ocorrência disruptiva, ao serem metabolizadas, venham a se tornar afetos – processo primário e sentimentos – processo secundário, ligando-se a representações, de forma que os pensamentos despertados venham a ser nomeados, quando advém o Eu (Aulagnier, 1979; Gerchmann, 2009; Gerchmann e Dias, 2022).

Benyakar (1996, p. 78) aponta essa experiência muito semelhante com as características do dramático em contraste com o trágico. O trágico remonta a experiência subjetiva com o imprevisto movido por forças que o sujeito não controla, mas o condicionam, resultando na especificidade de existir. O dramático, articula a diversidade e oposição do bem e do mal, causa e efeito, culpado e inocente, promovendo uma história coerente, de afeto tranquilizador.

Quando pensamos nos desassistidos, que se encontram na **outra margem do rio**, nos deparamos com um duplo desamparo, remetendo aos antigos trilhamentos, figurações não representadas que impossibilitaram a constituição psíquica com alicerces sólidos e, portanto, uma vida rica em fantasias e capacidade simbólica para operar maiores recursos egóicos.

Nesse contexto, sabemos que é mais provável que não se espere pelo que nunca se teve. A expectativa de futuro é dada pela oferta recebida no passado, na história individual. Assim, a capacidade de esperar ou, se esperançar, não é uma condição dada pela passividade, senão, revela um psiquismo fortalecido e capaz de suportar alguma dor, sem perder a capacidade de apostar na vida.

Em *O problema econômico do masoquismo* (1924) Freud postula acerca da mescla das pulsões, de como ambas se amalgamam para sustentar a manutenção da vida. O autor segue, afirmando que a união neutraliza a força disruptiva da pulsão de morte e conduz a destrutividade para o exterior. Esse movimento é ruidoso, por isso temos condições de saber algo sobre a parcela da pulsão de morte expulsa para o mundo. A parte que segue desintricada e contida no psiquismo regride a uma fase anterior da libido, uma vez que os componentes eróticos perdem intensidade.

De acordo com o proposto por Rosenberg (2003): "[...] sem intrincação pulsional primária (masoquismo erógeno), a lei de funcionamento da pulsão de morte (princípio de nirvana) tende a excluir toda excitação da matéria orgânica, fazendo-a regressar ao inorgânico" (2003, p. 108). Entendemos que a instauração satisfatória do masoquismo erógeno primário sirva como potencializador de vida e para a vida que cada sujeito carrega em si (Tarragó, 2021, p. 381).

Na luta travada do humano com a natureza, lembramos Kancyper, que aponta ser a memória da dor fundamentada no passado como experiência e não como peso, operando "mediante a pulsão de vida – como um não esquecer estruturante e organizador, como um sinal de alarme que protege e previne a repetição do mal e dá passagem a uma transformação e a uma renovada construção do possível" (Kancyper, 2018, p. 193).

Contrariamente, no caso do rancoroso, a memória reinstala – mediante a pulsão de morte – a compulsão à repetição e o insaciável desejo de vingança, obstaculizando o processo de elaboração do luto normal. Kancyper lembra que a repetição é a forma medular de interceptar o futuro e impedir qualquer possibilidade de mudança. Ainda: "A memória do rancor, diferentemente da memória da dor, não está regida pelo princípio do prazer-desprazer nem pelo princípio de realidade, mas pelo princípio do 'tormento'" (Kancyper, 2018, p. 193, grifo do autor).

No caso acima referido pensamos na manifestação do sadismo, que requer um objeto-destinatário da agressividade, para voltar para o mundo externo a crueldade que poderá ter-se instalado com autorrecriminações causadas pela impotência, oriunda em algum momento de sua história. Para tanto, sua existência é reconhecida, bem como, a manutenção e a preservação do sujeito a quem se direciona o ataque, é necessária. Estamos no terreno da destrutividade, que, segundo Freud, preserva a mescla pulsional, ainda com prevalência da pulsão de morte. Todavia, conforme destaca Cyrulnik (2009, p. 84) "... o perverso cultural faz seu serviço perverso sem sentir prazer em causar dor nem realmente transgredir".

Se nos referimos ao conceito de sadismo, é com o intuito de marcar a necessidade de sua presença em momentos de reconstrução. Na medida em que o sadismo se expressa no exercício imperativo do poder, ele nos parece tão essencial quanto seu contraponto, o masoquismo. Esse último possibilita a manutenção da esperança, quando guardião da vida, não somente da vida psíquica (Freud, 1924). Já o primeiro, resguarda a força e o poder sobre o que impõe limites e submissão. O prazer de superar e de dominar, se torna assim, força propulsora para a reconstrução.

No caso dos ressentidos, a repercussão emocional frente a perdas materiais, física e emocional da tragédia é aguçada, pelo desamparo vivido em outros tempos, passado que está sempre se reatualizando através de uma cobrança sem fim e cujo projeto de vingar-se habita seu mundo interno, seja através de martirização oral, seja através de atos violentos, devido a desorganização psíquica. Na situação da enchente, também foi possível perceber atuações coletivas do rancor, em que vários usurpadores se reuniram para, de embarcações, assaltarem casas que haviam sido abandonadas, expressão da mente grupal que não dá trégua em se aproveitarem sem dó nem piedade. Onde a palavra de ordem é descarregar seu ódio e rancor por uma sociedade da qual não se sentem pertencentes.

Das catástrofes naturais à resiliência humana: da capacidade humana de, com restos, construir "estuários vivos"[10]

> *... no meio do escuro e do silêncio morto, de vez em quando, ora duma banda, ora doutra, de vez em quando uma cantiga forte, de bicho vivente, furava o ar; era o téu-téu*[11] *ativo, que não dormia desde o entrar do último sol e que vigiava sempre, esperando a volta do sol novo, que devia vir e que tardava tanto já... (A Mboitatá,* Lendas do Sul, *pp. 38-39)*

Como referimos inicialmente, ao tomarmos a catástrofe natural como uma metáfora do trauma psíquico, compreendemos a razão de ambos serem impensáveis no ato do acontecimento. Como nos lembra Cyrulnik (2009, p. 26), a única coisa a fazer "é tentar permanecer em pé, evitar os escombros e respirar". Todavia, metaforizar um desastre climático não é igualá-lo a um trauma psíquico, senão tomá-los desde uma mesma raiz, em que o primeiro foi o agente causador do segundo.

Ou seja, cada um sentiu rompendo os seus diques correspondentes e desorganizando a outrora manutenção da ordem material e psíquica. A inundação da geografia do estado, também se deveu ao rompimento dos diques na cidade de Porto Alegre e de barragens em outros estados. A água invadiu física e mentalmente sua população. Nesta vertente, os princípios e tempos vividos são distintos. Para o

---

10 Ambiente aquático de transição entre um rio e o mar, que sofre a influência das marés e apresenta fortes gradientes ambientais. São áreas de extraordinária produtividade e diversidade biológica devido aos nutrientes que as águas de terra transportam.

11 Quero-quero.

sujeito psíquico se apropriar do vivido, caberá, em algum momento do processo, levantar memórias, historicizar a experiência, ligando, tanto quanto possível com seu passado, com vistas a elaboração, tarefa árdua e incerta.

Se entendemos que um relato não significa a volta ao passado, senão uma reconciliação com a própria história, nos parece possível aproximar do evento histórico ocorrido em maio de 2024 em Porto Alegre, com relatos de guerra. Considerando os atravessamentos que ambos os episódios carregam: as circunstâncias sociais podem facilitar a elaboração e a superação do excesso. Contudo, conforme a qualidade do ambiente ou do entorno, qualquer movimento psíquico que impeça eterna repetição do mesmo, pode ficar truncado. "Todo relato é uma defesa, uma legítima defesa. Sempre que pensamos no nosso passado, procuramos defini-lo" (Bruner, 2002, p. 17).

Nesse sentido, bastaria endereçar esse relato aos nossos semelhantes para modificarmos nossas relações e para deixar de nos sentir como nos sentíamos antes. "[...] Todo relato é um projeto de libertação" (Cyrulnik, 2009, p. 11), desde que encontremos bons ouvidos, dispostos a escutar todos os sons e ruídos. Bons ouvidos são necessários, uma vez que a reação de quem escuta tem participação ativa na reconstrução da narrativa. Ou na repetição da experiência.

> *Os sobreviventes, por sua vez, não estão totalmente mortos. Não passam de espantalhos, ilusões de seres humanos que só poderão voltar a ser pessoas de verdade desde que seu meio os deixe falar. O retorno da vida psíquica depois da agonia compreende um momento de despersonalização que beira o masoquismo moral. (Cyrulnik, 2009, p. 15)*

O relato, segundo Cyrulnik, é uma reconciliação com a própria história, na medida em que torna possível uma nova montagem, mais coerente, que pode alcançar o vazio das origens, se a construção de uma quimera[12] possibilitar autonomia. Quimera, aqui, está para a verdade histórica referida por Freud em 1937, como expressão do vivido, assim, está para além da dicotomia verdadeiro-falso. O que interessa é a experiência, como pode ser lembrada e contada. Nesse sentido, o relato é restaurador, na medida em que repara os danos causados pelo trauma e "toda história flerta com o trauma" (Cyrulnik, 2009, p. 13). Lembramos que não há psiquismo constituído sem a interferência de outro psiquismo e que todas as marcas alteram o tecido (psíquico) original. Sem o outro, que traumatiza com sua pulsão-libido-sexualidade (o que é vital), não nos tornamos humanos.

E a psicanálise, o que pode: ilusão ou esperança de futuro?

Retomamos o Futuro de uma Ilusão (1927), texto em que Freud levanta vários questionamentos a respeito do destino da humanidade caso os indivíduos não atentem para o seu passado e o seu presente. Como estratégia, ele aponta a importância de conhecermos as nossas origens e a trajetória de sua evolução, assim como a influência da cultura e suas especificidades sobre cada agrupamento. Freud afirma que há poucos indivíduos capazes de ter uma visão abrangente da empresa humana e de suas ramificações. Acrescente que, quanto menos se sabe do passado e do presente, tanto mais incerto é o juízo do futuro. Cada sujeito tem expectativas próprias e estas se relacionam a fatores puramente individuais, relativos a sua vivência o que leva a expectativas de maior ou menor esperança diante da vida.

Geralmente, as pessoas vivem o presente de modo ingênuo, sem apreciar devidamente o seu conteúdo. O presente deve se tornar

12 Quimera: monstro mitológico: cabeça de leão, corpo de cabra, cauda de serpente. Combinação heterogênea ou incongruente de diversos elementos (*Dicionário online*, acessado em 7 de julho de 2024).

passado, a fim de fornecer pontos de apoio para se julgar o futuro. Freud refere-se à cultura humana como tudo aquilo em que se diferencia da vida animal. Por um lado, abrange todos os conhecimentos e habilidades que os homens adquiriram para controlar as forças da natureza e dela extrair os bens para a satisfação das necessidades humanas; e, por outro lado, todas as instituições necessárias para regulamentar as relações entre os indivíduos e, em especial, a distribuição dos bens obteníveis (Freud, 1930).

Seguindo as suas indagações, Freud destaca que enquanto a humanidade fez contínuos avanços no controle da natureza, esperando avanços ainda maiores, não foi possível constatar seguramente um progresso igual na regulação dos assuntos humanos. Provavelmente em todas as épocas, como agora novamente, muitos indivíduos se perguntaram se vale mesmo a pena defender tal porção de conquista cultural. Poderíamos, com base nestes apontamentos de Freud, em 1927, refletirmos a respeito da nossa relação atual com a natureza, em 2024, quase 100 anos depois? O que aconteceu com esse binômio humanidade-natureza, que ainda não é possível vivermos com respeito e harmonia?

O que vivemos aqui, não foi exclusividade dos gaúchos. Fica evidente, para todos, que a ganância também mobiliza ações humanas, com vistas a buscar crescimento tanto pessoal quanto econômico, por vezes causando danos aos menos favorecidos. Contudo, incontestavelmente, gera devastação no planeta. A motivação gananciosa tem gerado um movimento não só contra a natureza, mas um ataque à civilização.

Conforme Freud (1927), toda cultura teria que se basear na coação e na renúncia das mais diversas disposições pulsionais, sobretudo para proteger a cultura das tendências destrutivas, antissociais e anticulturais que habitam o ser humano. Se pensarmos que a natureza não exige de nós nenhuma restrição das pulsões, permitindo-nos fazer de tudo, por outro lado, ela nos mostra ter sua maneira eficaz de reagir às ações humanas, podendo nos aniquilar a partir daquilo que poderia satisfazer nossas pretensões de domínio.

Sabemos que, ainda que todos os bebês necessitem de um objeto que possibilite colocar em marcha a pulsão, inserindo o sujeito à lógica proposta por Aulagnier (1979), de que o humano está "condenado a investir" desde sua chegada ao mundo, é somente através de uma ação específica que essa pulsão se ligará, – intrincação pulsional – ao tempo que revelará a intenção do objeto auxiliador. A exigência de investirmos requer avaliação das condições, tanto de investimento, quanto do preço a pagar para a realização dos desejos.

Na esteira de nossas atribuições, se por um lado, tínhamos alguma pretensão de oferecermos atendimentos seguindo o dispositivo analítico, em um enquadre extramuros, a experiência e a busca de conhecimento através da leitura e de colegas que passaram por tais experiências deixou-nos claro que estaríamos fadados ao fracasso. Como convocar uma pessoa que recém viveu uma experiência disruptiva para pensá-la? O que a ela pode ser oferecido, inicialmente, senão um espaço seguro para contar e contar de novo, escutando-a empaticamente, sem atacar sua percepção do terror vivido?

Desde a lógica da pura descarga de emoção, da angústia e dos temores gerados, a fim de tornar possível, num segundo tempo, o relato, nos colocamos a escutar. A escuta analítica carrega o potencial de transformação que está para além de ouvir o manifesto. E, nesses encontros tornados possíveis, mesmo com tamanha adversidade, quem sabe, novas experiências emocionais foram possibilitadas e essas, se sobrepuseram às marcas antigas de sofrimento. Talvez o registro original, marcado pela passividade, característica dos tempos da infância, possa ter sido alçado para a atividade e, cada um, a seu modo, pôde se reencontrar com algum desejo de construir uma sociedade em que a vida de todos seja valiosa.

"É preciso um ato de passagem e não uma passagem ao ato para começar um trabalho psíquico" (Lingren, 2007, p. 95).

> *Depois de rebolar-se rabiosa nos montes de carniça, sobre os couros pelados, sobre as carnes desfeitas, sobre as cabelamas soltas, sobre as ossamentas desparramadas, o corpo dela desmanchou-se, também como cousa da terra, que se estraga de vez. E foi então que a luz que estava presa se desatou por aí. e até apareceu cousa mandada: o sol apareceu de novo! (Mboitatá,* Lendas do Sul, *p. 43)*

Referências

Aulagnier, P. (1979). *A violência da interpretação: do pictograma ao enunciado*. Imago.

Benyakar, M. (2006). *Lo disruptivo: amenazas individuales y colectivas – el psiquismo ante guerras, terrorismos y catástrofes sociales.* Biblos. Primera ed. marzo de 2003.

Bruner, J. (2007). *Pourquoi nous racontons-nous des histoires?* Retz.

Cyrulnik, B. (2009). *Autobiografia de um espantalho. Histórias de resiliência: o retorno à vida.* Martins Fontes.

Freud, S. (1920). Além do princípio do prazer. In *Freud*. Tradução de Paulo César Souza.

Freud, S. (1996). Psicologia de grupo e análise do Ego. In Freud, S. *Obras psicológicas completas de Sigmund Freud*. Imago. Edição standard brasileira, 18. (Trabalho original publicado em 1921)

Freud, S. (1996). Inibição, sintoma e angústia. In Freud, S. *Obras psicológicas completas de Sigmund Freud.* Imago. Edição standard brasileira, 20. (Trabalho original publicado em 1926)

Freud, S. (1996). O mal-estar na civilização. In Freud, S. *Obras psicológicas completas de Sigmund Freud.* Imago. Edição standard brasileira, 21. (Trabalho original publicado em 1930)

Freud, S. (1996). Construções em análise. In Freud, S. *Obras psicológicas completas de Sigmund Freud.* Imago. Edição standard brasileira, 23. (Trabalho original publicado em 1937)

Freud, S. (1996). Moisés e o monoteísmo. In Freud, S. *Obras psicológicas completas de Sigmund Freud*. Imago. Edição standard brasileira, 23. (Trabalho original publicado em 1939 [1934-38])

Freud, S. (1996). Projeto para uma psicologia científica. In Freud, S. *Obras psicológicas completas de Sigmund Freud.* Imago. Edição standard brasileira, 1. (Trabalho original publicado em 1950 [1895])

Freud, S. (2014). O futuro de uma ilusão. In Freud, S. *Obras completas*: Inibição, sintoma e angústia. O futuro de uma ilusão e outros textos (1926-1929), vol. 17. Companhia das Letras. (Trabalho original publicado em 1927)

Gerchmann, A. (2009). Sobre Piera Aulagnier: uma psicanálise original e atual. In *Revista Brasileira de Psicoterapia*, Centro de Estudos Luis Guedes, vol. 11, n. 1, pp. 7-18.

Gerchmann, A.; Antunes, C. (2019). O ódio primário e os processos de individualização. *Revista Brasileira de Psicanálise: Ódio*, vol. 53, n. 1, pp. 79-92.

Gerchmann, A.; Dias, L. (2022). Ferida aberta: descolonizando o Eu. In *Psicanálise – Revista da SBPdePA*, vol. 24, n. 1, pp. 57-65.

Green, A. (1998). *Narcisismo de vida, narcisismo de morte.* Escuta.

Kancyper, L. (2018). *Ressentimento terminável e interminável.* Tradução de Emiliano de Brito Rossi. Blucher. (Primeira publicação original em 2010)

Lingren, O. *Une rencontre involontaire avec le néant, gestion des crises et catastrophesen Suède*, Psy-Cause, Draguignam, 2007, n. 44-45.

Lopes Neto, S. (2018). *Lendas do Sul.* Artes e Ofícios.

Rosenberg, B. (2003). *Masoquismo mortífero e masoquismo guardião da vida*. Tradução de Célia Gambini. Escuta. (Primeira publicação original em 1991)

Smadja, C. (2023). Os destinos dos estados traumáticos. In *Psicanálise – Revista da Sociedade Brasileira de Psicanálise de Porto Alegre*, vol. 25, n. 1.

Tarragó, M. (2021). Ode ao masoquismo erógeno primário. In *Pulsão de morte: a inegável existência do mal*. Centro de Estudos Psicanalíticos de Porto Alegre. pp. 373-397.

Valls, L. (2009). *Diccionario freudiano*. Gaby Ediciones.

11. Encontro clínico x encontro humano: a clínica em situações-limite ou extremas

Astrid E. Müller Ribeiro

Foi através da experencia desafiadora com a pandemia do Covid-19 e participando como diretora do Centro de Atendimento Psicanalítico (CAP) da nossa sociedade (Sociedade Brasileira de Psicanálise de Porto Alegre – SBPdePA), naquele momento tão angustiante para todos, pensamos na necessidade de criarmos, junto com a diretoria da Brasileira um projeto para atendimento da população em geral que se chamou "Projeto Psicanálise Solidária". Para isto, se fez necessário adaptações e mudanças no nosso tradicional Centro de Atendimento Psicanalítico da Sociedade (CAP), que oferece atendimento analítico de alta frequência para população geral com valores acessíveis, mas quando frente aquele momento da pandemia se fez necessário fazermos uma mudança e adaptação na oferta deste serviço, quando passamos a ser gratuito, em formato virtual e reduzido para 12 encontros. Depois, em um segundo tempo, foram reduzidos a 8 encontros para atender a alta demanda da procura. Desafios que nos possibilitaram comprovar, que a nossa disponibilidade de escuta psicanalítica do sofrimento humano é vital e que as pessoas têm benefícios, mesmo fora do *setting* tradicional psicanalítico (alta frequência e uso divã). Através desta experiência de atendimentos, percebemos como estas pessoas sem contato com a escuta analítica até então, conseguiram fazer reflexões e terem *insights* demonstrando satisfação por essa nova escuta. Observou-se que a motivação para busca de atendimento clínico da população, manteve-se após o término do período ofertado e muitos seguiram em atendimento psicanalítico por sua própria escolha. Confirmou-se com esta experiência do projeto, a importância destes espaços bem como a especificidade da nossa escuta analítica, do sofrimento individual e social como promotora de saúde. Nos grupos de discussão e supervisões dos casos confirmava-se a importância das propostas já pensadas por Freud em 1918, sobre a abertura das Clínicas Públicas. Citamos aqui o artigo publicado por nosso grupo de atendimento voluntário do projeto, o artigo: "Psicanalise Solidária: ampliando a escuta analítica na pandemia":

> *A palavra solidariedade, do francês, "Solidarité" tem o sentido de "responsabilidade reciproca", interdependência, cooperação mútua. Um trabalho solidário não é filantropia nem caridade. Sua essência é de uma "solidez compartilhada". Nenhum trabalho essencialmente solidário existe se não houver transformação mútua". (2022, vol. 24, n. 2)*

Todos aprendemos muito com esta experiência transformadora. Depois do encerramento destes projetos, passados apenas quatro anos, nos deparamos com uma nova tragédia no Rio Grande do Sul, a enchente em maio de 2024, deixando a população gaúcha diante de uma situação de calamidade pública sem precedentes, com grande parte da população desabrigada e alguns com perdas das condições de sobrevivência, atingindo todas as classes sociais, mas especialmente aqueles que já não possuem fácil acesso aos recursos. Citamos as palavras de Freud para expressar as repercussões psíquicas de momentos como este:

> *Um evento como trauma externo vai gerar uma enorme perturbação no gerenciamento de energia do organismo e pôr em movimento todos os meios de defesa. Mas o princípio do prazer é inicialmente posto fora de ação. Já não pode evitar que o aparelho psíquico seja inundado por grandes quantidades de estímulo; surge, isto sim, outra tarefa, a de controlar o estímulo, de ligar psicologicamente as quantidades de estímulo que irromperam, para conduzi-las à eliminação. (Freud, 1920)*

Assim, constatava-se novo momento de caos social e emocional que o considero mais desafiador do que o do Covid-19, e que foi agravando-se no decorrer, tendo um tempo para organização social, entretanto esta enchente aconteceu de modo abrupto e todos precisaram contar com maior apoio do meio externo, com medidas de socorro imediato, buscando restabelecer possíveis ligações e tentando organizar junto destes, o gerenciamento desta energia vital de sobrevivência, colocando-as em movimento para possibilitar às pessoas usarem o seu arsenal de defesas e manter a vida. Prontamente surgiram muitos movimentos de voluntários de todas as áreas, primeiro focando no salvamento e após a solidariedade com o sofrimento das pessoas ofertando recursos materiais e emocionais.

Aqui pensamos na importância de uma "Rede de Apoio (RV)", que segundo Zukerfeld (1999) em seu artigo "Red Vincular e Vulnerabilidade" o autor entende a importância de uma Rede Vincular como seria a presença e interiorização de relações significativas, que se traduzem em uma percepção subjetiva de apoio, incluindo em ter tanto a quem recorrer como com a quem pensar para sentir-se reconfortado ou motivado. Em geral, quando o sujeito se sente integrado a sua comunidade melhora sua qualidade de vida e o ajuda a recuperar-se mais rapidamente de seu estado de vulnerabilidade.

Shaefer (1982) distingue três tipos de apoios sociais: o emocional (sentir-se querido ou cuidado), o tangível (ajuda concreta direta) e a informação (brindando explicações e conhecimento).

Convicta da importância de nossa participação nestas redes de apoio, nos sentimos convocados a contribuir nesta nova tragédia, impelidos a dar atendimento emocional a pessoas vítimas desta catástrofe. Atendimento este que acontece fora da sala de análise e o desafio de se fazer esse atendimento, por exemplo, após as pessoas sendo retiradas de suas casas inundadas e colocadas em abrigos temporários lotados. Onde está o nosso *setting*? Resolvi me voluntariar para o atendimento emocional emergencial nas enchentes, logo que este foi aberto e sem saber o que encontraria, e prontamente fui a um dos locais de abrigados indicados. Entrei para dentro de um grande abrigo montado no Ginásio de Esportes do Clube G.N.União. Ao chegar no local, o encontrei lotado com muitas camas improvisadas em colchões no chão. Famílias, idosos, adolescentes e crianças coordenados por uma equipe muito organizada de voluntários. Médicos, professores, enfermeiros, fisioterapeutas, psicólogos. Tudo parecendo funcionar com certa tranquilidade para este momento tão doloroso, a maioria dos abrigados estavam deitados em meio aos seus pertences salvos, parecendo cada metro de colchão ser seu único espaço. Observo impactada e depois decido sentar-me, no chão, para conversar próximo aos colchões e buscando contato com alguns para saber como estão. Logo minha atenção se dirige para uma mãe, com olhar assustado para seu bebê choroso e ela trocando suas fraldas com movimentos muito agitados, denotando ansiedade. Ao me ver perto, disponível, ela passa a contar sua história de ter perdido tudo. Concordo, que era mesmo muito difícil este momento para todos e em especial para ela por ter um bebê tão pequeno para cuidar. Ela então diz: "Mas eu não perdi ele, o bebê está bem e vamos conseguir recuperar nosso cantinho". Concordo novamente com ela, lhe dizendo que o bebê é sim o seu maior valor que possui e que ele está seguro ali com ela. Depois, me dirijo para uma adolescente 13 anos, de grandes cílios postiços bem salientes, olhando-se no espelho como que conferindo se estes ainda estavam ali, e pensei; estes ela não perdeu. Comento que ela parecia muito cuidadosa em manter os seus cílios, e que estes estavam bem firmes, mesmo com toda corrida do dia anterior para sair da casa. Diz que está triste por sua mãe ter perdido tudo e ela também, inclusive suas maquiagens. Percebo então a sua mãe próxima ao colchão, em pé nos observando, muito agitada, dobrando algumas roupas doadas. Neste momento, uma colega voluntária me solicita para eu conversar com um rapaz de 26 anos, que precisava de mais atenção pois parecia muito apático e isolado sentado na parte externa do ginásio sob a sombra das árvores. Logo, o encontro e me apresento, ele sorri. Início falando que ele havia conseguido encontrar um lugar na rua mais silencioso e agradável e na sombra, para se sentir melhor em meio a tantas pessoas e barulho. Concorda, e diz que está muito ruim ficar lá dentro e que sua mãe, corrige, diz; *na verdade minha avó, ela está lá dentro do ginásio*. Refere que não entende por que eles novamente têm que lutar tanto, pois já haviam perdido tudo antes. Digo sorrindo; *quem sabe não perderam tudo já que estão a salvos ali abrigados*. Ele então conta sua história de ter sido abandonado pela mãe. E refere que está avó, a quem chama de mãe, foi quem o criou e que ela é a sua maior preocupação em ter de cuidá-la. "Se não fosse por ela, eu queria desistir de tudo". Digo: *Que sorte então você ter sua avó*. Ele diz: *ela é muito forte e batalhadora e trabalham juntos numa oficina de reciclagem que é dela e vivemos disto, e agora perdemos tudo da oficina também*. A avó aparece então junto a nós, e nos interrompe querendo saber se ele já almoçou, pois afirma que ele não tem feito as refeições. Ele responde que não tem fome. Ela diz que ele tem que comer e que o esperava lá dentro do ginásio. Ele sorri ternamente para ela. Digo a ele que sua avó parece dizer que o importante é, se alimentar e se sentir forte para seguir a vida. Então falou ainda sobre as coisas que gostava de se ocupar e agora não conseguia usar mais seu laptop, também perdido. Me despeço e digo que poderíamos voltar a conversar na manhã seguinte. Ele concorda. No outro dia ele me aguardava no mesmo local, na sombra e conta rindo que extraiu um dente sizo de emergência, e que estava frustrado porque tinha a esperança de que isto pudesse ter dado errado, assim teria acabado com tudo de uma vez. Conversamos sobre seu desejo de desistir de viver e ele diz que seria mais fácil se tivesse tido problemas na cirurgia. Sua avó aceitaria melhor o azar e não a sua vontade de desistir. Nisto a equipe de médicos o chama e estes avaliam sua possível internação psiquiátrica o considerando de risco, ao que concordo. Soube depois que foi internado. Me deparo com o meu limite de poder ajudá-lo mais.

Encontro em Roussillon suporte teórico para pensar sobre estes limites, que encontramos frente a situações como as expostas acima e para os desafios da clínica psicanalítica em situações extremas como estas, quando questionamos o nosso instrumento clínico para ajudar alguém nestas condições. Este autor se dedicou ao estudo dos dispositivos clínicos, quando não é possível mantermos a técnica clássica. Coloco aqui a citação do diálogo que fiz com ele na sua participação em nossa Jornada Científica da SBPdePA em 2021, na ocasião citei a ele as suas próprias palavras em uma entrevista que concedeu na França, e que foi publicada em 2009, que cito em meu artigo publicado em *Dialogando com Roussillon* (Ribeiro, 2022), e falamos sobre os desafios do nosso atendimento analítico em tempos de Pandemia, em que fomos levados rapidamente de um momento ao outro a modificar o *setting*, usando apenas um celular para escutar nossos pacientes. Roussillon responde: "O que fazemos com os conhecimentos da psicanálise quando o paciente esta debaixo da mesa? O que eu faço? Eu tento o colocar no divã?".

Roussillon (2019), em seu artigo "Inventar/pensar um dispositivo nas situações-limite e extremas", diz que, o que caracteriza a psicanalise não é o seu dispositivo, e sim a sensível escuta do analista. O fundamental para ele é escutar as associações do paciente tendo claro que, se duas coisas se associam é porque, necessariamente, entre elas existe um vínculo e cabe a nós tentarmos encontrá-lo, seja debaixo da mesa, seja ao escutar ao telefone em grupo, individual ou em família. Diz que deve se considerar que este método tem suas implicações, pois ele implica o sujeito e o clínico, tendo a imposição do que se diz para o sujeito e do sujeito sobre nós, escutar aquilo que ele diz e que repercute em nós, um interferindo no outro.

> *quando digo escutar, é preciso e claro escutar como metáfora...a posição clínica me parece ser aquela que se atém a escutar e compreender todas as manifestações do sujeito e que ele tende a nos comunicar quais são suas necessidades, quais representações ele pode fazer para si daquilo que precisa e daquilo que pode esperar de nós. (Roussillon, 2019, p. 151)*

Nos curtos e simples diálogos que mantive com alguns dos abrigados, senti a importância da minha escuta atenta e sobre o que eu poderia dizer. Nos casos citados, senti e entendi a angústia destes em sobreviver e de suportar a perda de todas suas referências. Percebi a importância de reconhecer esta angústia e ao mesmo tempo salientar a conexão do que ainda os mantinha conectados com a vida. No caso citado da mãe, reforço ela dizer que seu bebê ela não perdeu. Na adolescente, a sua vaidade com os cílios, e com o rapaz, o cuidado da sua avó com ele, em se alimentar e o dele com ela. Assim, reforçando seus aspectos conectados com a vida.

Roussillon (2019) nos propõe uma tentativa de resposta a estes questionamentos sobre qual a possibilidade de ajudarmos alguém fora do nosso contexto tradicional, de tratamento psicanalítico ou situações adversas como em tragédias citadas. O autor nos coloca que, independentemente de onde este sujeito-paciente esteja, é fundamental estarmos atentos a sua associação/fala sobre o que este paciente está necessitando, e cabe a nós fazermos associações com ele que o possibilite reencontrar seu estado de maior integração. Para isto ser possível, Roussillon nos diz de uma clínica, que se faz através de um dispositivo clínico "sob medida" considerando a singularidade do sujeito, da realidade de cada sofrimento, assegurando uma escuta do analista sem julgamento de valores e "suficientemente maleável" para adaptar-se ao outro e ao que ele necessita. Ele nos propõe uma "teoria geral da prática clínica" ou no seu plural, prática(s) clínica(s) pois aqui suas ideias incluem todas as "práticas clínicas do cuidado"; psicologia, psiquiatria, fonoaudiologia, terapia ocupacionais, fisioterapeutas, medicina, odontologia enfermagem, assistência social, psicanálise etc.

Como o próprio significado da palavra *Cuidado*, segundo os dicionários clássicos de filosofia, deriva do latim Cura(coera) ter atenção, interesse, atitudes que expressam cuidado, da preocupação com objetos ou pessoas estimados. O cuidado como uma ética, um modo de estar em sintonia não apenas executando tarefas, seria uma ética relacional, não apenas ao que fazemos, mas sobre a nossa sensibilidade ao outro, segundo pensamento de Peter Moss (2005).

Valoriza-se, portanto, apoiados em Roussillon e outros autores contemporâneos, uma elasticidade da técnica clínica, particularmente com pacientes em sofrimento, abrindo um horizonte através da clínica de mediações terapêuticas, por assim alcançar uma certa modalidade de funcionamento mental que a clínica psicanalítica padrão não atinge, possibilitando maiores intercâmbios na interface com outras práticas de cuidado. Salienta, Roussillon, que todas essas práticas clínicas do cuidado sejam baseadas numa "prática clínica fundamental" das quais se pode extrair conhecimento e os articular entre si, baseados em seus parâmetros fundamentais e assim sustentar a diversidade das formas concretas das práticas clínicas e suas interfaces com a psicanálise.

Roussillon (2019), no artigo "Encontro Clínico X Encontro Humano", nos coloca que o encontro clínico é um encontro de um sujeito com um profissional da prática clínica do cuidado, e este profissional toma conta do paciente. "Tomar conta-cuidar do outro-sujeito" entende-se aqui, seria tomar conta do funcionamento psíquico; da sua vida psíquica como sujeito humano. Considerando-se que este sujeito não é "passivo" e nem "paciente", portanto o clínico não se inscreve de imediato, a sua identidade como um encontro com a patologia ou psicopatologia, nem uma ação-atenção voltada para o processo psíquico do sujeito humano. O que o clínico encontra não é um "doente", é um sujeito, não é um "outro", um "estranho", é um "semelhante", assim enfatizando a singularidade do sujeito encontrado e o caráter único e específico do encontro. Entende, o autor que o essencial para pensar o encontro humano é o que se produz num encontro com aquele a quem a parte consciente e a parte inconsciente de si estão dirigidos, assim, temos os efeitos de presença de um sobre o outro, do outro sobre o sujeito. Propõe que seja estabelecida sob uma "identificação narcísica de base" (INB) para Roussillon. Esta repousa, segundo ele, tanto em um mecanismo cognitivo (imitação), quanto em mecanismos afetivos (identificação). E estes independem de nossa vontade, se queiramos ou não, em contrapartida, podemos os barrar sem acesso a consciência. Eu acrescentaria, isto se dá através de uma base empática. Para Roussillon, sua hipótese, é que o essencial para se pensar o encontro humano, mesmo que ainda não o seja nomeado como tal, ele já está presente/acontecendo num encontro. Nestas situações emergenciais, mesmo que não sejamos nomeados os cuidadores oficialmente, o autor citando o conceito de Freud (1921), "Nilenmensch"; onde neste conceito está implícito; O próximo (o vizinho); o outro semelhante, aquele com quem se produzem ou pode-se produzir, uma "partilha de afeto". Estamos frente a alguém que precisa de cuidado!

Interessante como Roussillon define ao que ele chama: "Regulação da identificação narcísica de base" (reciprocidade), e, passo aqui a colocá-las como uma forma de direção para pensarmos todos os encontros de cuidados clínicos e os dispositivos clínicos que temos para o diferenciar de outros encontros. Essa regulação busca mediar níveis quantitativos e qualitativos, e várias modalidades que definem um enquadre social do encontro clínico. Sublinha Roussillon, que entre os aspectos qualitativos se remetem aos aspectos da formação pessoal dos clínicos e a qualidade do seu próprio funcionamento psíquico, com se considerando também a sua moderação reciprocamente conforme o estado afetivo do outro, ou conforme o que deste outro aceitamos sentir e levar em conta.

Sobre o enquadre para um encontro clínico

Um encontro humano tende a se tornar mensagem e mensagem endereçada, e sempre endereçada a um outro segundo Roussillon. Ele afirma que esta mensagem não deve ser tratada como "coisa em si", mas ser considerada destinada a um sujeito e este, por sua vez, também nos explora como nós o exploramos, como o compreendemos, como o interpretamos, ele nos interpreta como nós o interpretamos. Cita:

> *Há uma dialética entre aquilo que é por vezes chamado de enquadre interno do clínico, e o que designa o seu funcionamento psíquico em situação profissional e o enquadre externo, isto é o conjunto das condições materiais do encontro, o dispositivo do encontro clínico. Esta dialética é estruturada de modo que o dispositivo "comporte", quando possível, de maneira "econômica" para o clínico e dos sistemas de diferenciação daquilo que este encontro precisa. (Roussillon, 2019, p. 48)*

Aqui para o autor, a situação se diferencia da reciprocidade que mencionamos estar na base dos encontros em geral, pois neste encontro clínico a situação é assimétrica: um se coloca a serviço do outro e isso não é simétrico e não pode sê-lo pois ameaçaria a definição do encontro clínico. Tendemos a moderar reciprocamente a escuta e a sensibilidade deste encontro, conforme o estado afetivo do outro ou conforme aquilo que sentimos e aceitamos deste. Diante de situações emergenciais, conforme estamos nos focando agora, o atendimento clínico pode ser em qualquer local, o enquadre externo pode mudar, mas exige do clínico que tenha um enquadre interno regulado por suas bases que garantem que se diferencie de outros enquadres sociais.

Como a condição humana neste momento da enchente gaúcha, o sujeito foi excluído de sua condição humana e para fora do espaço simbólico da sua expressão do conseguir pôr em palavras. É precisamente, em primeiro lugar, uma experiência psíquica inominável e não partilhável. Assim, um dos aspectos desta tarefa se refere a escolha de um lugar ou de um enquadre para um sujeito que tem o difícil acesso até o espaço de cuidado e muitas vezes é preciso o clínico ir até o lugar deste encontro. Estes recursos, entretanto, devem ter uma duração limitada e combinada. Não se espere uma aliança de trabalho com sujeitos em situações extremas, existe uma parte sempre que resiste a encontrar em si mesmo saídas para sua agonia, tendendo a projetar no outro o seu sofrimento.

O "contrato simbólico" do encontro clínico e as suas condições

A especificidade da "resposta clínica" para Roussillon ao engajamento da realidade na transferência (Freud – transferência positiva na relação clínica e sua eficácia na aderência ao trabalho/expectativa de que o outro o ajude e vai melhorar) em todos os encontros ela acontece. Esta transferência positiva estabelece a confiança para criar uma aliança terapêutica necessária, quando vamos ajudar o sujeito a ser capaz de se sentir, se ver, se escutar melhor. Todos os encontros estão sob a base de um tipo de contrato, para se estruturar e cumprir a sua função. Estes encontros, quando a duração é limitada sofrem maior desafio de estabelecer este contrato. A frequência vai ritmar os encontros e assegurar a relação clínica para atingir seus objetivos baseados num vínculo mínimo. É o estabelecimento deste vínculo, que possibilita progressivamente a organização de um dispositivo estável, mesmo que este processo clínico possa ser perturbado. Portanto, importante termos uma duração suficiente e frequência suficiente para que o clínico realize uma aliança necessária a alcançar seus objetivos ao que se propõe.

Assim, podemos perguntar o que é que dá embasamento ao clínico, para colocar em ação as condições de um encontro clínico, mesmo em situações emergenciais fora dos enquadres habituais do consultório? O que o diferencia de um encontro comum com outras pessoas? Certamente, a escuta do clínico e seu modo de presença são povoados e embasados em muito estudo em sua formação profissional, assim como através da memória, identificação com aqueles que o acompanharam na sua formação e em seu processo de apropriação de simbolização desta atribuição clínica, segundo Roussillon.

Roussillon afirma que seria um elemento indispensável do próprio dispositivo clínico, que o clínico mantenha uma relação com um grupo, ou grupos clínicos, até de outros clínicos com quem estabelecem trocas, quer se chame de grupos de "supervisão" ou "grupo de elaboração da prática", ou ainda "seminários clínicos". A possibilidade de elaborar em grupo (ou num acompanhamento), os efeitos que o sofrimento do outro e os afetos que nos mobiliza ou as suas cargas de demandas daqueles à quem presta atendimento, para atenuar o impacto sobre seus processos de pensamento, e para assegurar a manutenção do seu dispositivo clínico, segundo ele pensa. Alertando-se que um atendimento emocional fora de um enquadre embasado como citado, seria próximo ao que Freud em 1910, ressaltava em seu artigo consagrado "Análise Selvagem", como um desrespeito às regras de um encontro clínico. Portanto, podemos entender que não há clínica e nem dispositivo sem um método de escuta aprimorada por estudos.

Pensamos como Roussillon, que nestes casos de situações extremas, o fator de maior importância é a Escuta e a Empatia com aquilo que o sujeito experimentou e que deve ser o nosso maior guia nestes atendimentos, aceitando o sujeito como ele é, ter atenção a quais estratégias de sobrevivência estão nele já organizadas, e qual lógica ele adotou sempre, sendo nas situações extremas ainda mais significativo esta aceitação do que em qualquer outra de cuidado psíquico. Muitas vezes, nos aponta Roussillon, observa-se nos atendimentos nas situações extremas, pela grande precariedade e desamparo dos sujeitos, somos tentados a esquecer essa verdade essencial do campo terapêutico e do encontro clinico, cedendo a ilusão que nossa posição de ajuda nos conceda a licença de propor as "nossas" soluções e "nossas" respostas e até mesmo impô-las.

Portanto, a maior importância de ajudar ao outro nestes momentos é na construção de uma narrativa, do tentar pôr em palavras o inominável das situações limites ou extremas vividas e que estas expressões poderão ser de qualquer forma, palavras, escritas, atos, afetos e gestos. E para isto, nosso melhor instrumento é a escuta, que significa estar atento a todos os sinais, a todas as mensagens verbais e não verbais. E conseguir, primeiramente, propormos que o sujeito não está mais sozinho diante daquilo que experimentou ou experimenta.

Referências

Danto, E. A. (2019). *As clínicas públicas de Freud: psicanálise e justiça social.* Perspectiva.

Freud, S. Recomendações aos médicos que exercem psicanálise. In *Edições Standard Brasileira das Obras Psicológicas Completas de Sigmund Freud* (v. 12). Imago. (Trabalho original em 1912)

Freud, S. Psicanálise silvestre. In *Edições Standard Brasileira das Obras Completas de Sigmund Freud* (v. 11). Imago. (Trabalho original em 1910)

Freud, S. Observações sobre o amor transferencial. In *Edições Standard Brasileira das Obras Completas de Sigmund Freud* (v. 12). Imago. (Trabalho original de 1914)

Freud, S. Além do princípio do prazer. In *Edições Standard Brasileira das Obras Completas de Sigmund Freud* (v. 18). Imago. (Trabalho original de 1920)

Moss, P. (2005). *Ética e a política na educação infantil.* Routldge.

Ribeiro, A. M. (2022). Psicanálise solidária: ampliando a escuta da clínica na pandemia. In *Psicanálise – Revista da Sociedade Brasileira de Psicanálise de Porto Alegre*. vol. 24, n. 2.

Ribeiro, A. M. (2022). Dialogando com Roussillon. In *Psicanálise – Revista da Sociedade Brasileira de Psicanálise de Porto Alegre*. vol. 24, n. 1.

Roussillon, R. (2009). Entrevista com René Roussillon. Rene Roussillon: Exploration en psychalyse. https//reneroussillon.com/em-em-espagnol-portugais-allemand/entrevista-com-rene-roussillon/

Roussillon, R. (2019). Inventar/pensar um dispositivo nas situações-limite e extremas. In *Manual da Prática clínica em psicologia e psicopatologia*. Blucher.

Roussillon, R. (2019). O encontro humano e o encontro clínico. In *Manual da prática clínica em psicologia e psicopatologia*. Blucher.

Roussillon, R. (2019). As questões do dispositivo clínico. In *Manual da prática clínica em psicologia e psicopatologia*. Blucher.

Roussillon, R. (2019). Teoria do dispositivo clínico. In *Manual da prática clínica em psicologia e psicopatologia*. Blucher.

Shaefer, C. (1986). *Estrés y processos cognitivos*. Martinez Roca.

Zukerfeld, R. (1999). *Red vincular y vulnerabilidade*. Psicanálisis Tercera Tópica y vulnerabilidade somática. Lugar Editorial.

12. Dias de inundações

Christine Nunes

Diante da inundação das chuvas no Rio Grande do Sul, me voluntariei num abrigo em Porto Alegre, onde tive algumas vivências que oportunizaram outras inundações.

> *A Sociedade Brasileira de Psicanálise de Porto Alegre (SBP de PA), desenvolveu um Projeto de Ação Emergencial para o atendimento gratuito às vítimas dessa catástrofe, bem como aos profissionais e voluntários civis que cuidam das vítimas. O Projeto é constituído por duas linhas de ação: o atendimento online e o atendimento presencial em abrigos de resgatados e desalojados de suas moradias. Desde o início da Ação foram realizadas reuniões regulares com os profissionais dos dois grupos, visando proporcionar uma escuta da escuta. O método escuta da escuta, de Haydée Faimberg (2002/2010), permite não só escutar o paciente, mas também os supostos básicos dos terapeutas. Com o passar dos dias e o aprofundamento da crise provocada pela enchente, a demanda cresceu e solicitamos apoio do PACE/IPA. (Goldfeld, Projeto de Ação Emergencial, 2024)*

Junto à SBPdePA, estive em contato com diversos psicanalistas, especialistas em situações de crises emergenciais, estudiosos no tema dos refugiados e no trabalho com os mais vulneráveis. Um dos convidados da programação de estudos, durante este período, foi Moty Benyakar, que nos trouxe, em profundidade, o conceito "lo disruptivo".

Benyakar (2003) propõe a palavra disruptivo para tomar o lugar da palavra traumático, "conceito baseado no fato traumático e que mascara as diferenças das subjetividades individuais, uniformizando os efeitos de um evento disruptivo em uma população afetada". Para ele, disruptivo é todo evento ou situação com capacidade de irromper no psiquismo e produzir reações que alterem sua capacidade integradora e de elaboração (pp. 39 e 42).

O PACE/IPA, coordenado pela Mónica Cardenal, nos ofereceu grande suporte neste difícil período, através do Grupo de Discussão do Trabalho (Work Discussion Group). Este espaço de função central, onde são detectados e contidos os elementos inconscientes despertados durante a tarefa de ajudar o outro e que são difíceis de reconhecer e entender durante a tarefa em si. É no WDG que o profissional começa a perceber, com a ajuda do grupo, os processos inconscientes e transferências que, inevitavelmente, aparecem em toda relação de cuidado. Isso se dá devido a ansiedades, fantasias e defesas que as crianças mobilizam em suas relações, e que ao mesmo tempo, despertam ansiedades e defesas naqueles que a elas se dedicam.

> *O objetivo final é o de melhorar as estratégias de intervenção, tanto preventivas como curativas. Motivada por isto, Martha Harris implementou um seminário na Clínica Tavistock que se chamou inicialmente Estudo do Trabalho* (Work Study) *(Klauber, 1999), mais tarde e atualmente Discussão do Trabalho* (Work Discussion), *e cujo objetivo principal se centra na observação detalhada da tarefa realizada pelo profissional, para depois poder*

> *pensar no grupo do seminário sobre o que se passa entre o profissional e a pessoa com quem a tarefa está a ser realizada, bem como tudo o que se passou no contexto de trabalho, com a particularidade de o observador ser ao mesmo tempo um participante ativo; Por isso, a variante neste tipo de observação é que a narração deve ser feita na primeira pessoa. (Cardenal, 2011)*

Sobre o momento da intervenção à situação dos desabrigados, gostaria de citar Lucía Barbero Fuks, no texto Trauma e Contemporaneidade, em Narcisismo e Vínculos (2008) onde demonstra como, nas situações agudas de trauma, a atenção imediata à vítima possui uma eficiência terapêutica maior do que a atenção tardia, uma vez que age profilaticamente, impedindo a destruição da malha simbólica e a cristalização da patologia, com o consequente desinvestimento da expressão verbal:

> *O mais importante nesta prática é estabelecer com a vítima um vínculo de fala, propondo-lhe que ponha em palavras a experiência que acaba de viver. Falar com alguém nesse momento já implica tomar um pouco de distância das imagens de horror que produziram marcas no aparelho psíquico. Falar com alguém é também se segurar no mundo dos humanos – a comunidade dos vivos – e escapar, dentro do possível, ao poder de atração do horror e da morte. (p. 131)*

É importante destacar que compartilharei aqui, da experiência de uma psicanalista em expansão e sempre em formação e que

> *... mantemos a abordagem psicanalítica para partir da nossa maneira de escutar, a maneira de escutar o que nos é transmitido com a convicção de que os conteúdos*

> *sociais e culturais são absolutamente susceptíveis de serem compreendidos e de ganharem sentido a partir da nossa escuta. (Maria Pia Costa, PhD, Lima, In Podcast)*

Tenho em minha trajetória a criação do Projeto Social "Livros no Tatame", que recebeu o Prêmio pela IPA na Cultura/2021. Este projeto tem como enfoque a construção de um espaço de responsabilidade social e da expansão da psicanálise. E, nos dias em que estive no abrigo, carregava sempre comigo alguns livros infantis juntos ao método psicanalítico e à atitude analítica internalizados, à serviço da comunidade.

Para ilustrar minha vivência neste voluntariado e um pouco desta experiência, ainda em construção, selecionei 4 vinhetas.

> Livros no *Tatame – O menino que tinha medo e depois medo de ter medo*
>
> É o terceiro dia do abrigo. Caminho pelo corredor de colchões, me aproximo de três crianças que estão sentadas num colchão. Em seguida, aproximam-se mais duas crianças. Mostro os livros para que eles possam escolher o que lerei. A escolha é por um livro em que a capa tem uma ilustração de um menino triste e apavorado. O título do livro é "O menino que tinha medo, mas muito medo...", de Cláudio Martins.
>
> A história trata de mostrar formas de lidar com o medo, tornando-o num monstro fofo menos assustador, até que ele precise de cuidado e seja colocado para dormir.
>
> Em determinado momento, quando o medo ainda assusta, um dos meninos se levanta e começa correr dizendo: "vou correr do medo". E corre do medo e cada vez que passa por mim, me toca para que olhe para ele, ele diz: "olha pra mim, olha! Vê como eu consigo." Sento-me de frente, junto com as outras crianças. Tento acompanhar o seu movimento, com meu olhar e continuar a narrativa da história.

Passa correndo muito rápido e fica mais lento a cada momento que passa por onde estamos sentadas, escuta um pouco da história e segue a corrida para longe do medo – isso se passa no corredor entre os colchões. Até que começa a caminhar, vem em nossa direção olhando para cada um, bem dentro dos nossos olhos, senta e diz: "vocês mandaram o meu medo embora.".

No dia seguinte, trago brinquedos para doação, me dirijo até a sala em que está se instalando uma sala de brincar. Lá tem uma psicóloga organizando o material doado, alcanço alguns brinquedos e de repente sinto uma puxada no meu braço, é aquele menino de ontem. Ele me diz: vamos ler hoje o livro do medo de ter medo. Essa ideia do medo de ter medo é semelhante a uma das ideias que aparecem no livro. Mais tarde nos reunimos naquele mesmo colchão. Três das crianças são as mesmas, duas que estavam brincando na rua, chegam durante a leitura. O menino que solicitou a leitura está ali, escuta a história atentamente sem interrupção. Quando termina, todos vibram e querem explorar o livro que tem diferentes ilustrações como descrição e formas de lidar com o medo.

Inundação de narrativa!

As intervenções terapêuticas individuais e de grupo darão prioridade à recuperação do brincar espontâneo e criativo (Botella e Botella, 1997, in Benyakar, 2001).

O terapeuta deve ser capaz de detectar quando o brincar se torna estereotipado e repetitivo, o que lhe permitirá abordar e libertar os núcleos de angústia coagulada (Benyakar, 2001).

Aquela narrativa, cada detalhe daquela história ampliava mais e mais a elaboração e as emoções retidas foram sendo liberadas. Ferro (1995) postula que ocorre uma "trama afetiva" entre a criança que escuta uma história e o adulto que se dispõe à narrativa.

O DESENHO de quem foi salva pela 2ª vez – uma menina boliviana

MEU PRIMEIRO dia na sala de brincar, organizamos as estações de brinquedos e autorizamos a abertura da porta para a entrada das crianças. Já temos fila lá fora! As crianças entram saltitantes, algumas se dirigem aos brinquedos outras querem desenhar, acompanho a maioria que se dirige à mesa. Como numa dança, nós, as voluntárias entramos no movimento, e então, sem nada antes combinado, eu e uma colega nos dirigimos à mesa de desenho e conosco, ali, temos sete crianças. Sento-me ao lado de uma pequena menina, de 4 anos, que estendeu a mão para mim assim que se aproximou da mesa. Me olha, sorri, diz seu nome e pergunta o meu. Começa a desenhar dizendo que vai me mostrar uma coisa. Neste curto diálogo percebi o seu sotaque, era uma menina boliviana. Já havia percebido esta menina com sua família dentro do ginásio, uma família muito grande: seus pais, irmãos, tios e primos. Os cuidados prestados às crianças haviam me chamado a atenção. Sempre vestidas com as cores combinando, cabelos escovados, trançados e enlaçados delicada e divertidamente.

FICO ALI em silêncio, ao lado da menina concentrada no seu desenho, em suas cores.

RESPIRO PARA iniciar uma frase: estou… e ela em seguida me interrompe com um gesto com a mão para que eu parasse, carregado por um terno sorriso. Me calo...

SEU DESENHO é colorido e em perspectiva. Ela parece perceber meu interesse em continuar ali. Observo a minha volta e vejo que está tudo tranquilo no restante da sala.

É UM momento como se não estivéssemos numa sala com 40 crianças e 4 voluntárias.

COMPARTILHO AGORA, as palavras que escutei sobre aquele desenho descrito por aquela pequena menina: É uma pequena cachorrinha que estava num lugar onde a chuva levou tudo, mas a cachorrinha conseguiu subir numa árvore e ficar lá quietinha até que chegasse uma pessoa, porque era a segunda vez, e ela foi salva na primeira vez. Ela sabia ser salva."

Uma inundação de resiliência!

A psicanálise emprega como instrumento a comunicação verbal e a não-verbal. Nesta vinheta destacaria, também, comunicação pré-verbal, ou seja, os fenômenos que ocorrem durante um longo tempo antes do emprego das palavras. Spitz, em a gênese da comunicação humana, diz que "experiências nos ensinaram a força organizadora de uma troca de sorrisos" (Spitz, 1998).

Os processos de subjetivação implicam um sentimento de continuidade, num fio que liga as diferentes vivências. Neste processo é fundamental a presença do adulto, representante de um ambiente acolhedor, auxiliando na ligação e metabolização de tais vivências.

Winnicott nos traz a compreensão de que no cerne da constituição do psiquismo está o processo de integração do eu, seguindo um percurso não linear, mas oscilatório, favorecendo gradualmente a experiência de unidade (Winnicott, 2000 [1945]). Argumenta que vivências corporais arcaicas de unidade, tornam viável a constituição gradativa de um self capaz de metabolizar as experiências sensório-corporais e transformá-las em pensamento. E ainda, que o olhar de quem cuida e sua disponibilidade para atender as necessidades do bebê, fornecem as condições que possibilitam à criança experimentar um sentimento de continuidade de existência.

Mamãe precisa brincar

É o Dia das Mães. Sei que será um dia difícil no abrigo. Chove muito! São 10 dias após a chegada da maioria da população abrigada neste ginásio. Haverá uma atividade de dança na sala de brincar, organizada pelo grupo de professores de educação física. A atividade foi referida como dia da família, entretanto sabe-se que este domingo é o domingo do dia das mães. Começamos uma mobilização para levar as crianças até lá e chamar as famílias. O ginásio está lotado devido à chuva. Muitos dos colchões dos quais me aproximo convidando as pessoas, percebo a tristeza, a apatia em seus olhares, deitadas em seus "colchões-casa" fazem um gesto pra mim de agradecimento, de legal, esboçam sorrisos, mas não se movimentam. Vejo lá no meio do ginásio, entre tantos colchões, um menino puxando sua mãe pelo braço, que está deitada no colchão ao lado de um homem. A criança puxa o seu braço estendido. Me aproximo lentamente, ninguém me percebe, escuto ele dizer: "vamos mamãe, vamos!"; me aproximo um pouco mais, cuidando para não ser invasiva. O menino me avista, uso um colete de identificação, solta o braço da mãe e vem em minha direção, chega até mim e diz: me ajuda a levar a minha mãe para brincar! Pergunto a ele o seu nome e o da mamãe, ele diz seu nome rapidamente e segue: o nome dela é Carolina, mas ela gosta de ser chamada de Carol. Percebo que esse menino tenta resgatar a sua mãe de um enorme vazio. Chamo a Carol, a convido para que participe da atividade que estará acontecendo na sala de brincar. Ela gesticula e tenho que fazer uma leitura labial em que ela diz que eu o leve comigo. O menino olha pra mim com olhar de indecisão. Pergunto a ele se ele quer vir comigo e ele diz que sim, volta até a mamãe convidando-a, ela disse pra ele que irá depois, digo a ela que nós estaremos esperando por ela. Ao final da minha última palavra, o menino vem rapidamente até mim, pega na minha mão e vamos até a sala de brincar. Ao entrar na sala, o professor de educação física comenta comigo que eu posso deixá-lo ali, que a equipe o acompanhará, ele não solta a minha mão e diz ao professor:

"A GENTE combinou de entrar junto", o professor olha pra mim e eu entro com o menino. Enquanto estou ali acompanhando aquele menino, torço para que sua mãe cumpra com o combinado. Cerca de meia hora depois, o menino sai correndo do meu lado em direção a porta, olho para porta e vejo sua mãe, ele a puxa pelos braços para que o abrace, ela quase cai sobre ele, o abraça e entra na sala, fica ao lado dele dançando num compasso lento e desanimado, o menino trata de animá-la, pula, gira em volta dela, até que sua mãe sorri, mexe nos cabelos arruma o penteado em rabo de cavalo e entra num ritmo, no ritmo do amor.

Numa inundação de acolhida!

O brincar da criança, e aqui acrescento, e da criança que existe no adulto, neste momento, implica tomar um pouco de distância das imagens terríveis que produziram marcas no aparelho psíquico e lhe assegurar as interações humanas.

A BARRACA-AVIÃO

NA SALA do brincar são montadas diferentes estações de brinquedos: fogão e panelinhas, caixa de fantasias, prateleiras de livros, mesa para desenhar, jogos de montar, caixa de bonecas, caixa de carrinhos e uma única, pequena e disputada barraca.

AS CRIANÇAS brincam livremente, algumas procuram as voluntárias para brincar junto, outras procuram crianças e têm as que brincam sozinhas. As voluntárias são psicólogas, combinamos de ficarmos atentas e livres pela sala atendendo as demandas, intervindo em algumas situações e acompanhando o brincar das crianças. O espaço é amplo e muito dinâmico, estou acompanhando algumas crianças que brincam com as panelinhas, outras crianças vem me mostrar seus desenhos, observo outras interagindo entre si. De repente um menino, com cerca de 8 anos, se aproxima de mim: "quero entrar ali", apontando para a barraca. Vamos nos aproximando da barraca, e me surpreendo por ela estar desocupada pois sempre têm crianças lá dentro. O menino entra e pede que eu entre com ele, entro na barraca engatinhando, ele se acomoda e abre espaço para mim, dizendo: "senta aqui, fica aquecida (me cobre com uma manta) agora nós vamos voar para a Itália, lá está tudo bem, lá é seguro ...a viagem é longa, quando a gente chegar vamos ver um lugar lindo!

SEGUE A narrativa, começando a viagem. O avião balança um pouco, passa por chuva, o piloto tem que fazer manobras, balança, se dobra, mas a barraca-avião resiste a tudo.

"CHEGAMOS! PODE sair com calma agora estamos num local seguro!"

Uma inundação de imaginação!

A narratividade funciona como atividade psíquica, fundada sobre os processos de ligação (Golse, 2003), aciona a possibilidade de formar uma teia de sentidos, uma representação psíquica entendida como uma ideia sobre algo, tendo um lugar no aparelho psíquico, desde as interações mais precoces.

Num tempo de fuga e terror, repleto de representações de angústia e medo, a experiência de escuta e acolhida pode ser o suficiente para restaurar o ambiente emocional, algumas vezes trazendo de volta a esperança.

Para finalizar, cito Khalil Gilbran:

> *"Diz-se que, momentos antes de um rio cair no oceano,ele treme de medo.*
>
> *Olha para trás, para toda a jornada, os cumes, as montanhas,*
>
> *o longo caminho sinuoso através das florestas, através dos povoados,*
>
> *e vê à sua frente um oceano tão vasto que entrar nele nada mais é do que desaparecer para sempre.*
>
> *Mas não há outra maneira. O rio não pode voltar.*
>
> *Ninguém pode voltar. Voltar é impossível na existência. Podemos apenas ir em frente.*
>
> *O rio precisa se arriscar e entrar no oceano.*
>
> *E somente quando ele entra no oceano é que o medo desaparece.*
>
> *Porque, então, o rio compreende que não se trata de desaparecer no oceano, mas tornar-se oceano."*

Referências

Benyakar, M. (2003). *Lo disruptivo: Amenazas individuales y colectivas – el psiquismo ante guerras, terrorismos y catástrofes sociales*. Biblos.

Botella & Botella (2003). Figurabilidade e regrediência. *Revista de Psicanálise de Porto Alegre*, vol. X, n. 2, pp. 249-341.

Cardenal, M. El método de observación de bebés de Bick: un camino hacia el pensar psicoanalítico y su acercamiento a la comunidad. Experiencia de Seminario de Discusión de Trabajo (Work Discussion) con maestras de un jardín maternal. Publicado en el *International Journal of Infant Observation and Its Applications*, Volume 14, 2011-Issue 3, London, Routledge and Tavistock CF.

Cyrulnik, B. (2009). *Autobiografia de um espantalho: histórias de resiliência – o retorno à vida*. Martins Fontes.

Ferro, A. (1995). *A técnica na psicanálise infantil*. Imago.

Ferro, A. (2000). *A psicanálise como literatura e terapia*. Imago.

Ferro, A. (1998). *Na sala de análise: emoções, relatos, transformações*. Imago.

Ferro, A. (2008). *Técnica e criatividade*. Imago.

Freud, S. Construções em análise (1937). Obras Completas. In *Edição standard brasileira*, vol. 12. Imago,1996.

Fuks, L. B. (2007). Trauma e contemporaneidade. In *Narcisismo e vínculos: ensaios reunidos*. Artesã.

Gilbran, K. (2019). *O louco seguido de areia e espuma*. L&PM.

Golse, B. (2003). *Sobre a psicoterapia pais-bebê: narratividade, filiação e transmissão*. Casa do Psicólogo.

Rustin, M.; Bradley, J. (2008). *Work Discussion: aprender com a prática reflexiva no trabalho com crianças e famílias*. Routledge.

Santander, P. (2011). Reflexiones psicoanaliticas en torno al terremoto. *Revista GPU*, 7 (2): 221-226.

Spitz, R. (1998). *O não e o sim: a gênese da comunicação humana*. Martins Fontes.

Winnicott, D. (1982). *O ambiente e os processos de maturação*. Artmed.

Winnicott, D. (1994). *Explorações psicanalíticas*. Artes Médicas.

13. A chuva que cai, a casa que inunda e a mente que transborda: a realidade externa se impõe

Katya de Azevedo Araújo

> *Quando o luto tiver terminado, verificar-se-á que o alto conceito em que tínhamos as riquezas da civilização nada perdeu com a descoberta de sua fragilidade. Reconstruiremos tudo que a guerra destruiu, e talvez em terreno mais firme e de forma mais duradoura do que antes.* (Freud, 1916/1976b, p. 319)

Este trabalho se propõe a tentativa de colocar em palavras e elaborar vivências traumáticas a partir da enchente que assolou o Rio Grande do Sul em maio de 2024. De repente, da noite para o dia, nos deparamos com algo que desde 1941 não acontecia em nossa região. Muita chuva, diques que não deram conta, as casas sendo inundadas, as cidades destruídas. Perdemos as referências das ruas, das direções, era um rio a céu aberto, ou melhor, a céu chuvoso. Assim, todos nos mobilizamos, a solidariedade gritou mais alto e saímos de nossas comodidades para ajudar uma comunidade desamparada.

Os acontecimentos eram os mais inéditos até então. Relatos sofridos e inesquecíveis. Ouvir cada história, doía no corpo de quem as escutava. As sensações ficaram à flor da pele. Nós psicanalistas, precisamos sair do conforto do *setting* de nossos consultórios e ir ao encontro de nossos semelhantes que brigavam pela sobrevivência. Sem casa, sem lar, sem carro, somente com a roupa do corpo. Sem fotos, nem documentos, somente carregando as lembranças na memória que agora estava tão inundada com uma realidade totalmente traumática. Quanta dor! O que fazer com isto? Quanto desamparo! Como acolher? Tentar colocar em palavras o inominável, o disruptivo, o avassalador, seria uma das tarefas dos psicanalistas que prontamente se dispuseram a escutar a dor do outro. Escutar como forma de acolhimento, para organizar o caos instalado.

A sensível escuta do analista que faz a diferença, escutar as associações dos pacientes, me fez participar de atendimentos sociais tanto na SBPdePA, como no Espaço Criar, instituição que coordeno na grande POA. Esta, situada numa das regiões mais atingidas do Estado.

Atendimentos presenciais e online, gratuitos foram colocados à disposição da comunidade que fez uso em grande número. Particularmente atendi, presencialmente, no consultório, Aline, uma professora que perdeu sua casa e com risco de perder seus familiares. Tinham no grupo, crianças gêmeas de 3 meses e ao estar na "laje" de sua casa, precisou de ajuda de barcos de resgate. Se deparou com a dificuldade de carregar as crianças sem perdê-las. Como fazer isto? A solução foi se abrigar com um grande casaco onde pudesse colocar as mesmas junto ao seu corpo para juntas, entrar num barco sem o risco de separação e perda. Seus avós idosos, cada um num barco de resgate, desembarcavam em lugares diversos e se perderam da família. Como encontrar, posteriormente? Será que foram salvos? Será que sobreviveram? Estas eram as perguntas que se fazia. As crianças estavam salvas, mas e os idosos? A procura nos abrigos da cidade ocorreram e após 2 dias, o reencontro. Estavam lá num canto, e unidos 4 idosos, amedrontados e misturados, desesperados. Cenas descritas como imagens de uma guerra, resgates e sobreviventes. Ao escutar este relato, percebi o quanto o meu corpo era inundado também por sensações. Uma experiência sensorial e corporal. Ao escutar, eu também tentava nomear o traumático que me habitava naquele momento. Inseridas no mesmo contexto, mas uma, através da realidade vivida, outra da imagem construída ao ouvir o relato tão sofrido.

Em outro atendimento, me deparei com Roberta, de forma online. Inserida neste contexto de enchentes, traumas, transbordamentos e excessos, ocasionadas pelas catástrofes climáticas e diante da fragilidade do momento, esperava encontrar uma mulher desfavorecida financeiramente, que perdeu sua casa e estava abrigada em um espaço cedido. Para surpresa minha, encontrei do outro lado da tela uma mulher de 42 anos, casada, arquiteta, marido engenheiro, de classe média, e com sua casa debaixo d'água. Recém tinha feito uma cirurgia na perna e estava com um corte um tanto significativo.

Não sei se me assustei mais com ela ou comigo. Naquele momento percebi o quanto um preconceito ou, o pré-conceito, me dominava mais do que eu poderia imaginar. Por que uma desabrigada deveria ser pobre? Não poderia ter uma profissão estável e uma família constituída? O trauma climático que vivemos foi democrático, pois chegou a todos de alguma maneira, todas as classes sociais foram atingidas, ricos e pobres estavam na mesma situação, e a partir disto, encontrei sim, uma pessoa que estava frágil, assustada diante da catástrofe. Alguém muito parecida comigo, com a minha vida, e poderia ser eu do outro lado da tela. Percebi que, por mais que queira me desvestir de algumas pré-condições, elas estão postas muito além do que podemos imaginar. Acabei sofrendo um "trauma psíquico", pois fui armada com algo e imediatamente me vi destituída de saberes pré-concebidos. Me traumatizei com meu encontro pré-conceitual. A realidade externa que se impõe. O traumático entra por todos os lados. Invade o psiquismo de uma forma surpreendente, sem aviso prévio, nem pedindo licença.

Buscando aportes teóricos, para dar conta dos excessos, me deparei com uma significativa contribuição de Marucco (2024) que salienta a importância de que no Campo Social a aplicação da psicanálise à cultura seja um passo essencial que as sociedades psicanalíticas devem se colocar neste século XXI. Refere a possibilidade de incluir na estruturação do psiquismo a realidade exterior como uma quarta instância psíquica junto como ego, o id e superego. O autor considera que os traumas da realidade exterior que atravessamos hoje em nossa realidade social, ressignificam traumas anteriores, mas também são geradores de patologias.

A realidade traumática exige do ego uma perda de catexia por um sobreinvestimento da realidade, precisando se dedicar e se proteger do "aniquilamento" que muitas vezes a realidade produz.

> *Ele não vive em nem com a realidade, mas se protege dela. Sendo assim, perde libido e consequentemente seu desejo. Emerge assim em cena um ego diminuído em sua capacidade de amar e de trabalhar". Capacidades estas que Freud define como expressões de saúde psíquica. (Marucco, 2024, p. 85)*

De acordo com Freud (1940/1976d), em *Esboço de Psicanálise*, o id sofreu um desenvolvimento especial sob a influência do mundo externo, pois do que era originalmente uma camada cortical, equipada com órgãos para receber estímulos e com disposições para agir como um escudo protetor contra estímulos, surge uma organização especial que atua como intermediária entre o id e o mundo externo, chamada de ego. Este, tem conexão entre a percepção sensorial e a ação muscular, o ego tem sob seu comando o movimento voluntário. Este, tem a tarefa de autopreservação. Em relação aos acontecimentos externos, desempenha essa missão de dar conta dos estímulos, armazenando experiências sobre eles na memória, evitando estímulos excessivamente intensos, mediante a fuga, ou lidando com os estímulos moderados, através da adaptação, ou aprendendo a produzir modificações convenientes no mundo externo, em seu próprio benefício através da atividade. Em relação aos acontecimentos internos, em relação ao id, o ego obtém controle sobre as exigências pulsionais, decidindo se devem ou não ser satisfeitas, adiando esta satisfação para ocasiões ou circunstâncias favoráveis no mundo externo ou suprimindo as excitações. A elevação de tensões é sentida como desprazer e sua redução como prazer. Então, o ego, se esforça em evitar o desprazer, em prol do prazer. Um aumento de desprazer esperado e previsto é enfrentado por um sinal de ansiedade. Quando do aumento, quer de fora, ou de dentro, é conhecido como perigo. Vale ressaltar, que o ego é determinado pela própria experiência do indivíduo, por eventos acidentais e contemporâneos.

> *O ego defende-se por um lado da realidade interior e, por outro, a partir de sua própria realidade psíquica, dos maus tratos dispensados pelo superego devido aos ideais que a própria realidade traumática não lhe permite satisfazer. (Marucco, 2024, p. 85)*

Encontramos um ego que, capturado por esta realidade e sobreinvestindo-a para poder controlá-la, vai deixando de ouvir as reclamações da pulsão de vida, diminuindo a sua pulsão sexual, afetando toda sua vida relacional. A "surdez libidinal" como nomeia o autor, não deixa de ser uma liberação da pulsão de morte, sendo este ponto de máximo perigo no psiquismo, pois a ação de um trauma, por vezes se torna acumulativo.

Seguindo Marucco (2024), as instituições deveriam oferecer espaço e acolhimento para as produções sublimatórias do ego. As atividades científicas, culturais, artísticas são fundamentais, fazendo com que o ego conduzindo nas pulsões, recupere a autoestima e o sentimento de si afetados pela situação traumática.

Ele diz que quando a realidade esmaga o psiquismo a ponto de confundir ou substituir o mundo representacional, não restam enigmas, nem perguntas, nem desejos, nem espaço para fantasia. Aparecerá uma teorização subjetiva sobre a causa do trauma. É o "encontro" entre a realidade traumática e a pulsão que reside a possibilidade de tecer uma nova trama psíquica, abrindo passagem para a fantasia.

> *A análise deveria tender, então, a meu ver, não apenas para a restauração do tecido psíquico que a pulsão de morte desteceu (em seu esforço de desligamento), mas também para a criação dessa trama capaz de contar aquilo que não tem conseguido ter representação; uma trama psíquica que sirva, assim em filtro e de "tecido de contato" em face dos embates da realidade exterior. (Marucco, 2024, p. 89)*

Freud, em *Reflexões para os tempos de guerra e morte* (1915/1976a), traz que a civilização foi alcançada através da renúncia à satisfação pulsional, sendo que as influências da civilização provocam uma transformação das tendências egoístas em tendências altruístas e sociais.

Em *Além do princípio de prazer* (1920/2976c) Freud menciona a ação do escudo protetor do aparelho psíquico contra os estímulos externos. Sua superfície mais externa deixa de ter a estrutura apropriada à matéria viva, tornando-se inorgânica, tornando-se resistente aos estímulos. Sendo assim, as energias do mundo externo só podem passar para as camadas subjacentes, que permaneceram vivas, com um fragmento da intensidade original. A camada exterior salvou as seguintes da destruição, assim, a proteção contra os estímulos é para os organismos vivos uma função tão importante quanto a recepção deles. Seu papel é proteger dos efeitos ameaçadores do mundo externo, efeitos estes que podem levar à destruição. O autor caracteriza como "traumáticas" as excitações provindas de fora que sejam suficientemente poderosas para atravessar o escudo protetor. O conceito de trauma implica uma conexão com uma ruptura numa barreira, sendo que o trauma externo está destinado a provocar um distúrbio em grande escala no funcionamento da energia do organismo e a colocar em movimento todas as medidas defensivas possíveis. Assim, o princípio de prazer é momentaneamente posto fora de ação.

Não há mais possibilidade de impedir que o aparelho mental seja inundado com grandes quantidades de estímulos; em vez disso, outro problema surge, o problema de dominar as quantidades de estímulo que irromperam, e de vinculá-las, no sentido psíquico, a fim de que delas se possa então desvencilhar.

De acordo com Benyakar e Lezica (2005), os fatos externos implicam o sujeito em relação aos processos internos, entrelaçando com a elaboração e processamentos psíquicos. Por vezes ocorre que determinadas situações, chamadas disruptivas, demandam uma exigência de trabalho ao psiquismo mais além do que ele possa suportar, obrigando o sujeito a recorrer a processos estabilizadores, nem sempre exitosos. Refere que um acontecimento surpresa, desencadeará uma reação emocional mais intensa que um acontecimento esperado, e quando ocorre uma situação desestabilizadora, o efeito no sujeito se potencializará. Para o autor, o termo disruptivo, provém da física, mas no campo do humano, designa o impacto desestabilizante de uma situação que abruptamente e intempestivamente transborda toda previsão e defesa do aparelho psíquico, gerando efeitos intrapsíquicos desestabilizantes, resultado de diferentes reações psíquicas. Deixa claro, que o externo se comporta como suporte material de um processo essencialmente intrassubjetivo. São situações que colocam à prova nossa capacidade de elaboração a partir das qualidades intrínsecas do ser humano. As situações disruptivas, podem provocar tanto reações adaptativas ou defensivas como reações que culminem num quadro traumático ou de stress.

> *É evidente que o disruptivo exige uma referência ao narcisismo e as pulsões de autoconservação, posto que, em princípio é a integridade narcisista a que se vê alterada*

> *pela qualidade do evento. Este se torna disruptivo, a partir deste narcisismo contrariado, já que o desestabilizante afeta a integridade sustentada pelos ditames da pulsão de autoconservação e a tendência onipotente ao domínio. (Benyakar & Lezica, 2005, p. 33)*

Para Benyakar (2006), o evento disruptivo se caracteriza por ser inesperado, por interromper um processo normal e habitual, por prejudicar o sentimento de confiança nos outros, amenizar a integridade física própria ou destruir o habitat cotidiano.

Percebe-se que tanto Aline, como Roberta sofreram uma inundação do ego e uma ruptura traumática em seu aparelho psíquico, particularizando a singularidade de cada estruturação, no entanto a realidade exterior invadiu de forma disruptiva. Ao longo das escutas que foram no consultório presencial para Aline e on line para Roberta, percebi um primeiro momento catártico, de fala e repetição do evento traumático, seguido de choro e inconformidade, passaram a conseguir elaborar o luto, e a seguir, começaram a pensar em alternativas mais resolutivas, como onde morar a curto e médio prazo.

Na mesma medida em que o trauma nos constitui como sujeitos psíquicos, e se faz necessário na nossa trajetória no vir a ser humano, através da intrusão do outro, nos conformamos que a dor psíquica, fundante, é atravessada pelo mundo externo. Em função disto que Marucco, sustentado em Freud, propõe que a realidade externa possa ser a quarta instância psíquica. Em termos psicanalíticos, percebemos que a cultura, eventos sociais e climáticos, vão necessariamente ressignificando a teoria psicanalítica e consequentemente a sua prática. A partir de situações traumáticas se faz necessário pensarmos também na psicanálise extra muros.

Laplanche (1992) refere que a psicanálise extra muros se faz fundamental em casos de catástrofes sendo capaz de transformar, através do encontro com outro, ao mesmo tempo que ser transformada.

Diante da psicanálise aplicada, faz-se necessário o cuidado em não priorizar a interpretação da transferência, pois não é o foco do momento, mas é fundamental que o psicanalista tenha o enquadre analítico internalizado, frente a situações limites ou extremas como vivenciamos recentemente no Rio Grande do Sul.

Se o lugar do psicanalista é de escuta, de entendimento do pulsional que se apresenta em cada sujeito, respeitando a sua singularidade, como não se fazer presente em situações de calamidade pública com seus aportes internos para dar conta, junto com o outro, do traumático que invade?

Referências

Benyakar, M. (2006). *Lo disruptivo: amenazas individuales y colectivas – el psiquismo ante guerras, terrorismos y catástrofes sociales.* 2. ed. Biblos.

Benyakar, M.; Lezica, A. (2005). *Lo traumático: clínica y paradoja* (vol. 1). Biblos.

Freud, S. (1976a). Reflexões para os tempos de guerra e morte. In *Edição Standard Brasileira das Obras Psicológicas Completas de Sigmund Freud* (vol. 14, pp. 285-312). Imago. (Trabalho original publicado em 1915)

Freud, S. (1976b). Sobre a transitoriedade. In *Edição Standard Brasileira das Obras Psicológicas Completas de Sigmund Freud* (vol. 14, pp. 317-319). Imago. (Trabalho original publicado em 1916)

Freud, S. (1976c). Além do princípio de prazer. In *Edição Standard Brasileira das Obras Psicológicas Completas de Sigmund Freud* (vol. 18, pp. 13-85). Imago. (Trabalho original publicado em 1920)

Freud, S. (1976d). Esboço de Psicanálise. In *Edição Standard Brasileira das Obras Psicológicas Completas de Sigmund Freud* (vol. 18, pp. 165-338). Imago. (Trabalho original publicado em 1940)

Laplanche, J. (1992). *Novos fundamentos para a psicanálise.* Martins Fontes.

Marucco, N. C. (2024). Desafios para a psicanálise do século XXI: na clínica, na metapsicologia e na técnica. In K. A. Araújo & R. M. Garcia (Orgs.). *Sofrimentos contemporâneos: desafios à psicanálise* (pp. 81-106). Blucher.

14. Num mundo de luz e sombras onde a percepção é a realidade

Denise Haeberle

A tragédia

Vivemos todos aqui no Rio Grande do Sul uma imensa inundação; as chuvas constantes e os leitos dos rios que não paravam de transbordar provocaram tanto destruições impensáveis quanto espanto. Quem não estava lutando pela sua própria vida estava, para dizer o mínimo, estarrecido com o que estava acontecendo e víamos através dos noticiários o que parecia ser um filme de terror: pessoas e animais morrendo, pessoas e animais ilhados nos telhados das casas, e tudo o que foi construído com muita dedicação, esforço de uma vida de trabalho, ia literalmente por água abaixo. Todos fomos golpeados. Quem não foi atingido diretamente pela enchente também foi atingido por muitos sentimentos e emoções: tristeza, preocupação, terror, medo, pânico... que inundavam nossas mentes.

Incrédulos, com esta inundação no mundo externo e no mundo interno pensávamos o que fazer com isso. Foi então que percebemos que, tão rápido quanto a subida das águas, a solidariedade cresceu entre nós. Vimos pessoas ajudando pessoas, dividindo o que tinham (alguns muito pouco) para amenizar tamanho sofrimento. A organização de voluntários das comunidades, bairros, parentes e amigos criaram uma rede de proteção aos desabrigados ofertando um lugar seguro (os abrigos improvisados) com condições mínimas de segurança à própria vida: um lugar seco com alimentos, cobertores, roupas, remédios. Outros organizavam um espaço assim para os muitos animais de estimação que se perderam dos seus tutores nesta correria para fugir da morte. Cada um ajudava como podia e toda ajuda foi essencial. Recolhemos coisas, alimentos, roupas, ao mesmo tempo que lidávamos com o desabastecimento de luz, água e mantimentos nas residências não atingidas pelas águas. Todos irmanados no desamparo.

Em algum momento a água parou de subir e se estabilizou. E assim ficou por muito tempo, acho que um mês. Procurei na internet a informação precisa do quanto durou e tive dificuldade em encontrar a resposta. O que me fez pensar que, na verdade, ainda não acabou. Falarei sobre isso mais tarde. Mesmo quando as águas baixaram, muitos ainda não podiam voltar para suas casas pois não havia abastecimento de água e luz elétrica. Durante esta "estabilidade" os problemas emocionais cresciam muito e os psicólogos, as sociedades de psicologia e de psicanálise que já estavam mobilizadas em atender pessoas nos abrigos organizaram atendimentos solidários às vítimas.

As águas retornaram ao leito normal do nosso Guaíba, a enchente já passou mas nos deixou uma inundação de questões de todos os tipos e origens e isso é o que não passou e é importante que permaneça: questões para pensar. As águas que não puderam ser contidas pelos muros e diques nos impuseram um mergulho forçado numa realidade muito dolorosa de ver e que dava muito trabalho para enxergar. Quando Porto Alegre e todo o estado do Rio Grande do Sul se destacaram no mapa do Brasil iluminados pelo desastre natural, surgiram questões muito profundas: mudancas climáticas, questões sociais, econômicas, políticas e psicológicas.

A Sociedade Brasileira de Psicanálise de Porto Alegre (a qual pertenço) se fez cargo destas questões e foi um exemplo de presteza e organização. Logo tínhamos um grupo de WhatsApp chamado "Ação

Emergencial Online" dedicado ao atendimento solidário de qualquer pessoa que precisasse atendimento psicológico naquele momento. Além do recebimento de pacientes, contamos com muitas atividades com psicanalistas e profissionais de outras áreas com experiência no atendimento humanitário em situações de catástrofes. Com esta iniciativa, tínhamos algo mais a fazer, além de recolher os suprimentos e distribuí-los aos abrigos improvisados.

Pode a psicanálise ser útil em poucas sessões?

Tão logo me inscrevi neste grupo, recebi meu primeiro paciente e junto com ele vieram muitas questões que envolviam a psicanálise. A experiência de atender pessoas numa configuração diferente do *setting* psicanalítico habitual me levou a várias perguntas e o texto que se segue é fruto do meu esforço de resposta. A primeira delas foi: será que vou ser capaz de realizar estes atendimentos? Nunca atendi em psicoterapia breve e nem nunca estudei sobre isto. Este tipo de atendimento se chama psicoterapia breve? Ou seria "psicanálise breve"? De fato, nos últimos trinta e alguns anos tenho me dedicado ao estudo e aprofundamento da clínica psicanalítica. É uma prática com um método de terapia que leva o paciente e o analista às profundezas do inconsciente, conduzidos pela transferência e pela contratransferência. A minha questão seguinte era: como fazer isto no atendimento em quatro a oito sessões online? Como vou poder ajudar alguém dispondo deste tempo escasso? Por outro lado, num momento como este, onde temos uma demanda grande de pessoas precisando de auxílio psicológico, a psicanálise pode contribuir para atender tantas pessoas que precisam de ajuda ao mesmo tempo?

Quando escrevo sobre isto hoje, dou-me conta da distância entre estas perguntas e o que penso e sinto agora, passados apenas três meses. A experiência que vivi nestes atendimentos produziram uma nova forma de ver a vida.A tragédia pode ser uma experiência transformadora e a psicanálise também. Primeiramente, me dei conta que eu procurava um nome para esta prática como tentativa de estabelecer um "novo *setting*", uma maneira de lidar com este desconhecido e estranho momento. Mas não havia tempo para preparação. Eram muitas pessoas procurando e precisando de ajuda e me senti convocada internamente a ajudar. Como se diz numa expressão popular: vamos ter que trocar o pneu com o carro andando... Encontrei um ponto de partida: 'a psicanálise é uma prática de escuta' e isto eu sei fazer. Então, fui escutar as pessoas.

Um atendimento

O paciente que recebi tem 30 anos. Ficou ilhado com sua família no segundo andar de um prédio localizado num dos bairros mais atingidos de Porto Alegre. Quase ninguém naquela vizinhança acreditava que a água fosse atingi-los, entretanto, no meio de uma madrugada os moradores dos pisos térreos de casas e apartamentos tiveram que fugir às pressas para não morrerem afogados. Deixaram tudo para trás. A luz elétrica se foi e com ela o funcionamento das bombas de água também pararam e assim, não havia a possibilidade de bombear a água para as estações de tratamento. Quase todos em Porto Alegre ficaram sem luz e sem água. Com a escuridão, sobreveio um silêncio muito estranho, cortado apenas por gritos e pedidos de socorro. Na manhã do dia seguinte, meu paciente e sua família tiveram que ser resgatados pelos bombeiros pois não havia a mínima condição de permanecerem em casa, muito menos com a mãe acamada, com os poucos alimentos que restavam e nenhuma água para beber. Ele acompanhou o bote caminhando ao lado deles com água até o pescoço pois não havia lugar para todos dentro da embarcação e tampouco mais botes disponíveis. Abrigaram-se no apartamento de uma tia e agradeceram por estar com vida e ter um lugar seco para ficar e não precisarem ir para os abrigos improvisados.

Ele conta que já passou por muitas crises. Ele não as nomeia como crises de pânico, mas pela descrição parecem ser pois ele se sente muito angustiado, com uma sensação ruim no corpo que o deixam paralisado, como se estivesse congelado e por vezes pensou que fosse morrer. Conta que as crises vinham diminuindo em frequência mas que depois deste acontecimento está outra vez se sentindo muito mal. Não consegue mais dormir pois sonha com afogamentos, gritarias, gente morrendo e passa as noites em claro e está com medo de entrar em depressão pois não tem vontade de sair da cama para nada. Mostro para ele a importância de ele ter buscado ajuda e que certamente dentro dele há uma grande vontade de melhorar pois mesmo sem ter recebido auxilio psicológico, conseguiu espaçar as crises. Ele segue contando um pouco de sua situação familiar: o pai e o irmão mais velho trabalham num local que ficou totalmente inundado. Conta que há um ano, largou o trabalho para cuidar da mãe que tem muitos problemas de saúde. Ela teve episódios de depressão muito sérios e atualmente vive em desconexão com o mundo, onde fica alheia a tudo e a todos. Não dá para saber exatamente o que se passa com ela, mas está cada vez mais fraca e quase sem reações. Conta que são muito pobres e que o salário do pai e do irmão é muito justinho: gastam com remédios para a mãe porque nem todos o SUS disponibiliza. Há um ano perceberam que a mãe não podia mais ficar sozinha em casa então, ele decidiu ficar junto com ela para cuidá-la. Desde aí, sente-se um inútil porque não contribui com dinheiro para poderem ter uma vida melhor. Mostro a ele a importância do que ele fez e faz e pergunto se ele já pensou como seria se a mãe e a família não pudessem contar com ele. E mostro que ele tem muito carinho pela mãe e a cuida com amor, coisa muito difícil de encontrar por exemplo num cuidador ou numa geriatria. Digo-lhe que isto é uma preciosidade. Ele me diz que nunca havia pensado por este lado porque sempre está se culpando por não fazer mais. Mas disse que eu tenho razão e que ele nunca se enxergou assim.

Na segunda sessão, me conta que pensou muito no que conversamos e que até dormiu melhor. Enquanto ficou um pedaço da noite acordado, se impressionou pensando o porquê ele não havia percebido que ele fazia algo de valor cuidando da mãe. "As coisas do mundo estão aí, né? A gente que não consegue perceber..." Associou com um jogo de videogame que ele gosta muito e que entre outras coisas, fala sobre a percepção. Contou que na introdução deste jogo, há uma frase que chamou a atenção dele há muitos anos, desde que começou a jogá-lo: "num universo de luz e escuridão, a percepção é a realidade." Começamos a conversar sobre a percepção do que estava acontecendo neste momento e tudo o que estava sendo iluminado para pensarmos juntos. Falei para ele que esta catástrofe horrorosa talvez pudesse servir para dar à luz alguns dos nossos pensamentos e sentimentos, e que eu via que ele era uma pessoa muito capacitada para fazer isto. Falei que é muito difícil pensar quando estamos invadidos por tantas ameaças e a realidade se apresenta tão perigosa, mas que ele usou a insônia para pensar e também me fazer pensar. Ele diz que jamais conseguiria fazer isto sozinho.

Na terceira sessão, ele conta que, apesar de pobres, a família é muito unida. Diz que se sentiu melhor ao poder dizer ao pai e ao irmão que ele estava sendo atendido por uma psicóloga e ofereceu a possibilidade dos dois fazerem o mesmo. Mostro a importância dele conseguir se conectar com ele mesmo e transmitir esta possibilidade para outras pessoas. Ele conta que parece que estamos iluminando algumas de suas percepções porque fazia um ano que não pensava em trabalhar e agora estava vendo outra possibilidade. Me conta que é ilustrador e que trabalhava em casa com seu computador. Diz que já fez ilustrações até para estúdios de animação dos Estados Unidos e recebia em dólares. Mas largou tudo isso por causa das crises e por causa da mãe. Pergunto se ele acha que o surgimento das crises tiveram a ver com o agravamento da doença da mãe e ele diz que nunca pensou sobre isso. Disse-lhe que imaginei esta relação porque me pareceu que ele ficou muito abalado com o que aconteceu com a mãe, tanto que ele parou de trabalhar e de pensar em trabalho voltando-se unicamente para ela. Parece que foi uma carga muito pesada e sofrida para ele. Ele chora. Sim, foi mesmo. Falo para ele sobre a possibilidade dele seguir um tratamento psicológico quando encerrarmos e pergunto se ele gostaria que eu o ajudasse a encontrar um serviço de atendimento psicológico gratuito. Ele diz que sim e que ficaria muito agradecido. Contou que os amigos já disseram para ele fazer terapia, mas ele nunca sabia como começar. Digo-lhe que enfim achou um caminho o que mostra mais uma vez suas muitas potencialidades, e que entre elas está o fato de que ele construiu um trabalho com seu próprio talento e que isto não está perdido e não vai se perder nunca. Está em stand by dentro dele, esperando-o. Pergunta se eu gostaria de ver seus desenhos e respondo que sim. Ficou de me enviar o Instagram.

Ele envia. Antes da quarta e última sessão, eu olho o Instagram dele e o que vejo me fez cair o queixo. Ele é um artista muito talentoso, um perfeito desenhista auto-didata. As ilustrações que faz são sobre personagens de vídeo game que ele mesmo cria para os estúdios que produzem os jogos e inclusive, já fez ele mesmo, animações muito bem articuladas. Também sabe produzir histórias! Ele me pergunta se eu olhei, e digo-lhe que acabei de ver e que estou sob o impacto do que vi e o elogiei merecidamente. Ele disse que se animou e que vai seguir trabalhando e que esta foi mais uma percepção iluminada pela nossa conversa que ele não estava conseguindo ver: "eu posso trabalhar e cuidar da minha mãe!" E se pergunta:"como não via isto que estava na minha cara?" Digo que os excessos emocionais que vivemos ao longo da vida e que estamos vivendo agora pela tragédia vão nos empurrando para uma espécie de escuridão e que a terapia pode ajudar a pessoa a ver sua própria luz. E que ele tinha bastante luz dentro dele. Então, a percepção dele se volta para a realidade externa: Vai encontrar o computador quando puder voltar para casa? Os saqueadores estão à solta aproveitando-se da escuridão.

Assim que as águas baixaram e os serviços de atendimento recomeçaram, mesmo que improvisados em barracas, encaminhei-o para uma colega em um posto de saúde da prefeitura para atendimento em psicoterapia sem prazo de tempo para encerrar. Atualmente segue em terapia e recomeçou a trabalhar.

Minha tentativa de responder a pergunta

Enquanto atendia este paciente, eu mesma estava envolvida com este mundo de luz e sombras. Eu também me perguntei porque não enxergava o quanto a psicanálise podia ajudar num sentido mais lato. O atendimento a ele me beneficiou muito pois me colocou a pensar e a buscar os fundamentos para ampliar o alcance da psicanálise na sociedade.

Comecei "dentro" da caverna do mito do Platão que foi minha associação ao que o paciente trouxe sobre o jogo de computador que traz a questão da percepção sendo afetada pela luz e/ou pela escuridão. Esta associação deu início a um processo de pensamento que foi me ajudando a fundamentar os atendimentos. De Platão, fui para Freud e outros autores contemporâneos pois também começamos a ouvir e estudar pessoas experientes neste tema. Pretendo deixar registrado aqui uma síntese deste processo.

Só para lembrar, no mito da caverna de Platão, as pessoas estavam acorrentadas na escuridão e por isso não podiam ver mais que as sombras projetadas na parede por uma fogueira atrás deles e portanto acreditavam que estas sombras eram a realidade, eram o mundo em si. Este mito é uma alegoria sobre a condição humana em relação a percepção da realidade, a ilusão e a busca pelo conhecimento. O conhecimento liberta e amplia o mundo. Quando as pessoas saem da caverna escura e finalmente podem ver o mundo iluminado pelo sol inicialmente sentem-se confusas pela visão da nova realidade. Esta nova percepção pode ser muito dolorida e devastadora mas também pode levar a profundas transformações e crescimentos. Ao lidarmos com os dois conceitos, percepção e realidade, podemos dar início a um processo de transformação pessoal. No nosso universo formado por luz e sombras, por coisas que enxergamos e outras que não, a percepção é a nossa realidade mas como Platão (Sócrates) nos ensina, a realidade vai se modificar segundo a maneira como a olhamos. Por este caminho, a psicanálise vai "escutar a luz" que está dentro das pessoas e que foi escurecida pelo golpe de uma tragédia. A iluminação na psicanálise é para dentro e se chama insight. É um processo difícil como sabemos, as resistências são defesas contra a angústia de reconhecer o sofrimento mas abre uma porta essencial para o crescimento e a transformação pessoal.

Como é importante quando estamos aprisionados perceber que há uma porta de saída e isto pode dar início a uma modificação do modo de se ver e se posicionar no mundo.

Sócrates se pergunta sobre como saber qual percepção do mundo é a verdadeira pois "um homem sensato lembrar-se-á de que os olhos podem ser perturbados de duas maneiras e por duas causas opostas: pela passagem da luz para a escuridão e da escuridão à luz. E reflete que o mesmo se passa com a alma: "A capacidade de pensar pertence a algo mais divino que nunca perde a sua força e que segundo a direção que lhe imprime se torna útil e vantajoso ou inútil e prejudicial". Aí entramos nós psicanalistas com a nossa proposta de pensarmos juntos. Nosso preparo para o enfrentamento das resistências que insistem que a pessoa permaneça no escuro e nossa capacidade de ouvir além disso, oportuniza a possibilidade de enxergarmos outras realidades dentro da realidade do desastre e compartilharmos esta perspectiva com nossos pacientes.

Muitas vezes como humanidade nos acomodamos no fundo de uma caverna e a tornamos uma realidade confortável. Dispomos daquele espaço limitado porém conhecido e enxergamos algumas questões. Mas, diferentemente das pessoas aprisionadas no mito de Platão, nós temos desde sempre a ampla consciência de que o mundo é muito maior do que os limites que nós mesmos colocamos e guardamos a impressão que sabemos muito. Situações como a que aconteceu aqui nos oferecem a possibilidade de enxergarmos mais amplamente outras realidades do mundo lá fora, mas como dizia Sócrates, apenas se estivermos capazes de suportar a visão do que veremos. Aqui entra a questão da necessidade de encontrarmos um outro capaz de nos acompanhar quando não sabemos direito o que está acontecendo e nos sentimos inseguros e desamparados.

A questão do desamparo foi uma questão muito importante para a psicanálise. Freud, desde 1895, no "Projeto para uma psicologia científica", nos trouxe o conceito de desamparo (hilflosigkeit) e o associou como um dos motivos pelos quais nos recolhemos. Para ele, o desamparo é a fonte primordial de todos os sofrimentos humanos. Estar em contato com uma tragédia ativa nossos registros primordiais de extrema fragilidade e dependência de quando éramos bebês. A impotência e o despreparo físico e emocional do recém-nascido o torna inteiramente dependente de outro ser humano. Não conseguimos no início da vida realizar a ação específica necessária para nos garantir a sobrevivência. As apremiantes necessidades são sempre efetivadas pelos outros e se isso não acontecer, morremos. O desamparo está no cerne do nosso ser e é para lá que voltamos quando nos encontramos com situações as quais não nos sentimos capacitados a lidar.

Desde sempre precisamos uns dos outros e vamos desenvolvendo nossa vida com uma certa segurança, um certo amparo que construímos com nossas relações interpessoais. A comunidade a qual pertencemos nos protege e seria muito difícil ou impossível vivermos isolados. Como Freud nos diz em "Mal estar na civilização" (1930), "a vida tal como nos coube é muito difícil para nós, traz demasiadas dores, decepções, tarefas insolúveis. Nossas possibilidades de felicidade são restringidas por nossa constituição". Normalmente nada nos é mais seguro que o sentimento de nós mesmos, de nosso Eu. Este 'Eu' nos aparece como autônomo, unitário e bem demarcado de tudo o mais que nos cerca. Sim, principalmente com relação ao nosso mundo externo, o Eu consegue perceber os limites mais claros e sabe onde termina o Eu e começa o outro. O mesmo não se passa na relação do Eu com o mundo interno: internamente, as fronteiras entre o Eu, o id e o superego não são tão nítidas. Mas pensando nas relações supostamente mais seguras do nosso Eu com o externo ao nosso aparelho psíquico, Freud vai destituindo esta segurança pois o Eu se vê ameaçado a partir de três fontes: 1) o próprio corpo fadado ao declínio com a dor e o medo como sinais de advertência; 2) as relações com outros seres humanos; e 3) o mundo externo que pode se abater sobre nós com forças poderosíssimas, inexoráveis e destruidoras. Contra o temido mundo externo o indivíduo só pode se defender por algum tipo de distanciamento.

Existe outro caminho: enquanto membro da comunidade humana e com o auxilio da técnica podemos tentar dominar as forças da natureza, submetendo-a a nossa vontade. Nem sempre isto é possível como nos demonstrou o desastre ambiental recente aqui no sul. Restou-nos a opção de trabalhar com todos para restituir o bem estar de todos. "Construímos a civilização em uma tentativa de diminuir nosso desamparo diante das forças da natureza, dos enigmas da vida e sobretudo da própria morte", destacou Menezes (2008).

Sobre as três fontes de sofrimento descritas por Freud, temos que o sofrimento nos reporta ao desamparo que marca a nossa existência desde as origens, e nos reporta ao horror do encontro com a ausência de sentido que algumas situações-limite nos trazem. A devastação do ambiente causada pelos desastres naturais nos confronta com nossa fragilidade e finitude. Percebemos que o meio ambiente que nos acolhe é apenas uma camada fina que cobre a superfície da terra. Tudo o que ocorre em cada ponto do planeta influencia o todo ambiental. De acordo com Leff (2001), o meio ambiente é o complexo de relações que envolve a vida com seus aspectos biológicos, físicos, termodinâmicos, culturais, sociais, políticos, econômicos numa dinâmica de constantes transformações. Assim, o meio ambiente não é apenas o lugar onde habitam os seres, mas o processo de relação do Eu consigo mesmo, com o outro e com o mundo externo, envolvendo o ar, a água, a terra, a cidade, o campo, a periferia, o trabalho, o transporte, a arte, o esporte e as relações humanas. Está intimamente ligado à construção da subjetividade e identidade. Assim, nos encontramos com o que Freud apontou em "Psicologia das Massas" (1921): não há separação entre o coletivo e o individual porque desde o nascimento o sujeito é inserido em um contexto social que molda sua identidade.

Segundo a Defesa Civil, desastres são eventos adversos sobre um cenário vulnerável causando graves perturbações ao funcionamento de uma comunidade ou sociedade envolvendo extensas perdas e danos humanos, materiais, econômicos ou ambientais que excede sua capacidade de lidar com o problema usando meios próprios. As populações mais afetadas são geralmente aquelas que vivem em um estado de vulnerabilidade e fragilidade socioambiental.Todos os desastres naturais podem produzir graves consequências psicológicas nas vítimas e tais ocorrências vem causando preocupações para as populações atingidas, para os órgãos governamentais e para nós todos. As perdas da vítimas ultrapassam a esfera material e inundam o aparelho psíquico com grandes quantidades de tensões e angustias. Estas podem resultar em traumas que podem sensibilizar o indivíduo pelo resto da vida na medida em que as pessoas não se encontrem preparadas para lidar com situações de emergência.

Para Benyakar, a vivência que define o traumático é aquela que produz uma desarticulação no mundo interno de um sujeito devido ao encontro deste com uma situação fática (o evento disruptivo) que desencadeia uma angústia de grande magnitude e que não permite o desenvolvimento de recursos psíquicos para lidar com ela. "Uma vivência traumática se desencadeará em um sujeito se suas capacidades articuladoras e metabolizadoras forem superadas pela ocorrência. Numa situação disruptiva que deriva em vivência traumática, a tensão a que o sujeito se vê exposto não está de acordo com sua capacidade elaborativa, produzindo um estado de paralisia psíquica" (Benyakar, 2005, p. 109). O fenômeno traumático não é um simples resultado da magnitude do evento mas uma relação entre o desastre e a resistência do psiquismo e sua capacidade para metabolizar este evento.

Os traumas históricos afetam invariavelmente a autoconservação e a autopreservação de uma comunidade. Sendo assim, eventos potencialmente traumáticos, como desastres, violências, guerras, dentre outras situações que produzem grave ameaça à vida, podem influenciar substancialmente no funcionamento do psiquismo dos sujeitos, causando consequências inomináveis, difíceis de serem simbolizadas. A questão da simbolização é chave no contexto traumático pois o trauma não é o fato em si, mas a forma como um evento disruptivo incide sobre o aparelho psíquico dos sujeitos e como é articulado na vivência singular, simbolizado ou não psicologicamente. As experiências da ordem do traumático podem romper de forma radical a organização psíquica, provocando um desarranjo em seu funcionamento habitual, precipitando em uma série de sintomas psicopatológicos. Diante disso, é fundamental a atenção aos possíveis efeitos do traumático sobre o psiquismo com o objetivo de criar intervenções terapêuticas eficazes, que facilitem o processo de reorganização psíquica e simbolização da experiência, possibilitando a narrativa da vivência.

A saúde mental das pessoas fica profundamente afetada pela exposição a um evento traumático. O medo e a angústia desencadeados pelo inesperado se espalham e se potencializam porque todos estão envolvidos nesta vivência desamparadora ao mesmo tempo. Por se tratar de um evento imprevisto é esperado que as reações emocionais sejam mais intensas; além da perda material há um processo de luto relacionado a perda daquilo que era significativo a pessoa. As perdas diversas (desde sua moradia, vizinhos, animais de estimação, recordações de uma vida inteira, documentos etc.), afetam profundamente a segurança de uma pessoa, abalam sua identidade e afetam a certeza de quem ela é no mundo. Há uma grande necessidade de desenvolver a capacidade de se equilibrar para superar o momento de crise.

Sobre isso, Freud (1923) nos disse o seguinte:

> *Quem possuir uma constituição libidinal particularmente desfavorável e não tiver passado apropriadamente pela transformação e reordenação de seus componentes libidinais imprescindíveis para realizações posteriores, terá problema em obter felicidade da sua situação externa ainda mais quando for colocado frente a tarefas mais difíceis. A última técnica de vida que ao menos lhe promete satisfações substitutivas é a fuga para a doença neurótica.*

Diante deste quadro descrito acima, entre o caos ambiental, as possibilidades traumáticas, a escassez de tempo para pensar e atender a população, e nosso desamparo que já existe sempre desde dentro, como ficamos quando estamos desamparados também desde fora? Como a psicanálise pode ajudar?

Vamos começar pensando que foi justamente em função deste desamparo que construímos a civilização. Esta hilflogsikeit (desamparo) fundamental e insuperável nos faz unir esforços para o bem comum. É por isso que conseguimos juntar forcas para encarar esta realidade tão dramática, já vivemos isto antes, de outra maneira enquanto bebês. A vivência de desamparo está no nosso "DNA emocional". Então, muitas vezes precisamos de uma "luz forçada" como a que a enchente produziu (apesar do paradoxo da escuridão que provocou), para ativarmos nossa capacidade de nos amparar de nos cuidar e apoiar.

Além disso, no desenvolvimento normal, a criança adquire um certo senso de invulnerabilidade ao se sentir cuidada e protegida pelos pais. Os 'pais suficientemente bons' (Winnicott, 1983) ao proverem seus filhos com as necessidades básicas, amor e carinho, permitem que a criança desenvolva um objeto interno protetor que a fará sentir segurança e a ajudará a lidar com as adversidades da vida. Os pais suficientemente bons vão liberando aos poucos as durezas da realidade de modo que a criança vai aprendendo também aos poucos a lidar com elas. Na situação de crise causada pelos desastres, num primeiro momento, a situação se mostra grande demais para ser absorvida pelo aparelho psíquico de uma população. Mas oferecer às vítimas uma conversa com um psicanalista pode recriar este ambiente de proteção parental e reconectar a pessoa com a capacidade de pensar.

Esta intervenção busca aumentar as capacidades adaptativas no mundo interno pois oferece um espaço e uma oportunidade das vítimas falarem sobre o que está ocorrendo e assim, reorganizar seu mundo interno e encontrar seus recursos disponíveis internamente, na família, nos amigos e/ou na comunidade. Com a escuta especializada de um psicanalista torna-se possível ouvir e acolher a situação traumática sem enfatizar o papel de vitima e sim o de sobrevivente. Ao testemunhar um mesmo sofrimento, o psicanalista compartilha as dores da vítima e empaticamente pode se aproximar e pensar saídas juntos.

Minhas conclusões

Esse esforço conjunto nos levou a vivenciarmos um grande crescimento a partir momento disruptivo: agimos juntos, nos organizarmos e trabalhamos num esforço impressionante de solidariedade. Trabalhar é a saída. Nenhuma outra técnica para a condução da vida prende a pessoa tão firmemente à realidade do que a capacidade para o trabalho. Quando trabalha, a pessoa se insere numa porção da realidade na comunidade humana. O psicanalista trabalha para que a pessoa recupere a sua capacidade de trabalhar interna e externamente.

Trabalhamos dores e lutos buscando diminuir as dificuldades de adaptação à nova vida que não será como antes. Partimos do pressuposto que este estado de desorganização interna pode levar à elaboração e integração do trauma no psiquismo. Quanto mais rápido é o encontro com a psicanalise mais chances temos de instalar um processo de metabolização e assimilação da realidade. A elaboração psicológica do trauma é um processo que permite que o individuo trabalhe suas sequelas psíquicas, transformando a dor de uma experiência disruptiva em uma compreensão de como lidar com ela. É um processo facilitado pelas intervenções terapêuticas, apoio familiar e social e pelas condições psicológicas da pessoa.

A desilusão em relação a perda dos ideais sociais e projetos de vida provocada pela natureza real do desastre produz paradoxalmente a experiência do despertar. O traumático nos desperta de nossa ilusão de termos garantias de segurança para com a vida. Construímos nossa realidade psíquica sobre nossos desejos e ilusões evitando com todos os recursos a idéia da morte.

Quando somos obrigados a encará-la ficamos profundamente atingidos e abalados nos nossos referenciais. O encontro com o real das catástrofes nos obriga a encarar a morte e não desmenti-la. A clínica psicanalítica implica um trabalho com o sujeito em face de seu encontro com a finitude a fim de reinventar novos destinos para seu desamparo e, assim, tornar sua existência possível. Essa é a direção da nossa escuta nas situações de crise: permitir que os relatos do presente sirvam para modificar o que for possível dos acontecimentos trágicos para encontrar no futuro possibilidades de saídas em direção à retomada da vida.

Os primeiros cuidados em saúde mental são muito importantes e o espaço de fala (e escuta) contribui também para evitar a medicalização dos sintomas. Quando não sabem para onde correr, boa parte das pessoas nesta situações limites correm para os tranquilizantes, ansiolíticos e soníferos. As sessões fornecem outra possibilidade além desta. É muito importante o preparo das equipes e dos profissionais que vão atender na linha de frente pois são os condutores através de um caminho de recuperação sócio-psicológica. Devemos garantir que este caminho não leve ao esquecimento mas a uma transformação verdadeira.

A seguir, apresento aspectos que extraí de algumas das tantas coisas que aprendemos com os vários psicanalistas e profissionais de outras áreas que foram convidados pela SBPdePA e que tanto nos auxiliaram com suas experiências no atendimento de situações emergenciais. Estudarmos juntos foi uma excelente maneira de nos ampararmos e capacitarmos. Unidos no esforço de iluminarmos nossas idéias nos encorajamos a tentar iluminar outras pessoas desamparadas. Aprendi muito e considero que compartilhar esta aprendizagem é muito importante. Alicia de Lisondo, na aula inaugural da SBPdePA em agosto de 2024, intitulada: "Quando terrores e dores psíquicos inundam o ser: o trabalho psicanalítico emergencial pode ser transformador. A experiência do SOS Brasil" nos brindou com palavras de esperança e desejo: "Que feridas possam vir a cicatrizar, que o futuro não seja o passado, que o destino não seja o estigma do trauma, que ouçamos observemos e transformemos as quebras do ser na clínica da subjetividade. Que possamos aprender o que esta clínica rica e misteriosa possa nos ensinar…

Recomendações aos analistas que exercem atendimento emergencial solidário

Questões aprendidas a serem aprofundadas

- **A dor não espera.** Acima de tudo, para começar é importante lembrarmos disso para termos coragem e disposição para nos mexermos rapidamente e encarar os desafios de uma psicanálise fora do *setting* do consultório.

- **O *setting* está no analista**, e ele o leva para onde se propuser a trabalhar psicanaliticamente. Em situações de crise, marcar dia e hora já é um organizador para a pessoa.
- **Não falar "psicanalês"**. A comunicação deve ser **conectiva**, o diálogo deve ajudar a pensar.
- **Escuta qualificada** cuja interação procure as saídas possíveis.
- **O encontro pode ser transformador**, uma entrevista pode fazer a diferença e ser transformadora.
- **Historizar a ocorrência da catástrofe** para não congelar o momento como trauma sem elaborar luto.
- **Aflorar o que estava silenciado**, dando figurabilidade ao que não tinha voz.
- **Transformar os sentimentos e as emoções intensas e confusas em algo que possa ser pensado.**
- **Ser continente e capaz de auxiliar a pessoa a colocar em palavras o que está sentindo.**
- **Lidar com a impotência** sem deixar o "*furor curandis*" tomar conta do processo.
- **Respeitar a singularidade/subjetividade da pessoa ao conversar**, de modo a acessar as dimensões sadias da mente.
- **Procurar encontrar na pessoa possibilidades de seguir investindo na vida.** A pessoa pode perder as rédeas de sua vida quando o velho conhecido lar se torna um ambiente insuportável.
- **Dar atenção ao real.** No meio de tanta destruição no mundo externo, poder auxiliar a pessoa a se conectar com as necessidades básicas. Lembrar que para **Freud (1923) tudo começa no corpo**.
- **Aprender a lidar com a vulnerabilidade, o desamparo, a falta de recursos e a falta de políticas públicas.**
- **Sair da área de conforto**, vencendo o medo de escutar: "isso não é psicanálise", como se só o que se faz no consultório pudessem ser psicanalítico.

- **Dar ferramentas aos novos analistas**, que nos leve a construir um alicerce solidário.
- **Vencer a surdez e cegueira, a alienação, a alucinação negativa que não vê o que aí está.**
- **Saber que encontrar com nosso desamparo não é e nunca será fácil.**
- **Detectar o estado mental da pessoa.** Essa situações podem despertar coisas muito profundas e antigas.
- **Não ir para a conversa com teoria prévias** sobre a pessoa que vai ser atendida.
- **Ver qual é a maior urgência da pessoa e encaminhá-la** também para este atendimento, por exemplo, atendimento médico, atendimento de assistência social...
- **O analista deve compreender mentalmente a dinâmica do mundo emocional da pessoa, mas não interpretar.**
- **Por ser um tempo curto de atendimento, não incentivar o desenvolvimento da transferência e também não interpretá-la.** Por isto, o analista que atender em emergência, **NÃO** deve ser o mesmo que vai seguir o tratamento psicológico. O tempo curto de atendimento psicológico não permite tratar as questões transferenciais.
- **Transmitir e conceptualizar as questões e as experiências.**
- **Divulgar a psicanálise.**

Linhas de Progresso na Terapia Analítica

Freud 1919

> *Vamos presumir que, por meio de algum tipo de organização, consigamos aumentar os nossos números em medida suficiente para tratar uma considerável massa da população. Por outro lado é possível prever que, mais cedo*

> *ou mais tarde, a consciência da sociedade despertará, e lembrar-se-á de que o pobre tem exatamente tanto direito a uma assistência à sua mente, quanto o tem agora, à ajuda oferecida pelas cirurgias... quando isso acontecer, haverá instituições ou clínicas de pacientes externos, para os quais serão designados médicos analiticamente preparados, de modo que homens que de outra forma cederiam à bebida, mulheres que sucumbiriam ao fardo de suas privações, crianças para as quais não existe escolha a não ser o embrutecimento ou a neurose, possam tornar-se capazes, pela análise, de resistência e trabalho eficiente. Tais tratamentos serão gratuitos. (p. 210)*

Referências

Benyakar, Moty (2005). *Lo traumático, clinica y paradoja.* Biblos.

Freud, Sigmund (1996). Obras Completas. *Proyeto de psicologia.* vol. 1. Amorrortu.

Freud, Sigmund (2011). *Psicologia das massas e análise do Eu (1921).* Companhia das Letras.

Freud, Sigmund (2011). *O Eu e o ID (1923).* Companhia das Letras.

Freud, Sigmund (1976). *Linhas de progresso na terapia psicanalítica (1919).* vol. 17. Standard Edition. Imago.

Freud, Sigmund (2014). *Inibição, sintoma e angústia (1926).* Companhia das Letras.

Freud, Sigmund (2010). *O mal estar na civilização (1930).* Companhia das Letras.

Leef, Enrique (2001). *Epistemologia ambiental.* Cortez.

Leite, Sonia. O inominável e a transitoriedade. *RLPF – Revista Latinoamericana de Psicopatologia Fundamental.* vol. 22, n. 1, 2019.

Levine, Howard (2021). *Psicanálise e vida cotidiana*. Blucher.

Lisondo, Alicia (2023). *SOS Brasil: atendimento psicanalítico emergencial*. Blucher.

Macedo, Katia B. (2012). O desamparo do indivíduo na modernidade. *Revista ECOS Estudos Contemporâneos da Subjetividade*. vol. 2, n. 1.

Menezes, Lucianne (2008). *Desamparo, clínica psicanalítica*. Casa do Psicólogo.

Platão (1997). *A República*. Nova Cultural.

Santos, Milton (2001). *Epistemologia ambiental*. Cortez.

Staal, Ana (2021). Desamparo coletivo, experiência individual. In *Psicanálise e vida cotidiana*. Blucher.

Winnicott, Donald (1993). *Da pediatria à psicanálise*. Francisco Alves.

15. Notícias do imponderável: a escuta como contorno psíquico a partir de rios transbordados

Leticia Casagrande

Um desastre arromba a porta. Uma catástrofe acontece subitamente. Os socorros têm a marca da emergência. Tudo precisa ser rápido, feito com pressa e em caráter de urgência.

Um estado inteiro jogado, abruptamente, num cenário de fragilidade e desamparo. Seis dias de chuva ininterruptos. A enchente invadiu a vida dos gaúchos, arrastando suas casas, suas rotinas e sobretudo, sua tranquilidade. A cidade dormia e acordava ao som de helicópteros, enquanto eu tentava dormir e acordar também em meio aos barulhos de fora e de dentro. O sono era interrompido por sons externos que estimulavam uma produção de pensamentos de toda ordem. Contudo, foram os ruídos internos, os mais difíceis de apaziguar.

Os grupos de WhatsApp solicitavam serviços, roupas, colchão, comida, água, barco e diversas modalidades profissionais. O relato das vivências noticiavam, o tempo todo, a magnitude assustadora dos fatos. As pessoas haviam perdido tudo, ou quase tudo, inclusive, o básico. Diante disto, até mesmo o muito que era oferecido, parecia ser pouco, escasso e insuficiente. Abrigo, alimentação e higiene estavam sendo providenciados, mas eu sabia que toda dor, medo ou tristeza aguardavam alguém que as escutasse.

Estávamos à mercê do imponderável; sentia-me inquieta parecendo sofrer de excesso de realidade. Nos intervalos de atendimento em meu consultório, eu percebia um certo afogamento psíquico através do consumo, quase tóxico, de conteúdo virtual em mídias sociais e imprensa formal.

As imagens de resgates e salvamentos, bem como, as informações sobre o volume, a destruição e os caminhos que as águas percorriam pelo Estado geravam ansiedade, tristeza e, principalmente, uma intensa sensação de impotência.

O conceito/metáfora chamado "núcleo radioativo" ajuda a compreender o modo como essa modalidade de vivência se instala na mente. Esse conceito foi usado por Gampel (2023), quando a autora refere o núcleo como representação conceitual de um processo particular no qual existe a penetração no aparelho psíquico de aspectos terríveis, violentos e destruidores vindos da realidade externa. Ela cita que, nessa condição de vulnerabilidade, o sujeito não tem nenhum controle, tampouco, algum mecanismo de proteção contra o enraizamento desses elementos violentos e seus efeitos posteriores, a nível, inclusive, transgeracional. Essa "identificação radioativa" se constitui de vestígios não representáveis e resíduos radioativos enquistados inconscientemente.

> *Criar a possibilidade de escutar as dores é uma tentativa de sobrevivência à situação com potencial traumático. Seria esta, uma forma do sujeito encontrar dentro de si um objeto espaço de ilusão dotado de valor simbólico e capaz de dissimular, ainda que por um instante, o horrível e o impensável. (Gampel, 2023, p. 193)*

Todas nossas insuficiências enquanto sociedade estavam expostas e sendo testadas pela catástrofe. O Rio Grande do Sul inteiro, unido em forças coletivas tentando não sucumbir. No quinto dia, as notícias traziam informações que as águas em nossa região diminuíam mas, se deslocavam para outras localidades do Estado.

Imbuída da perspectiva psicanalítica, empenhei-me em ser um canal útil de escoamento desse disruptivo que invadia a todos. Buscando conectar-me ao senso de compromisso humano do trabalho voluntário, pude, eu mesma, atribuir sentido ao que estava vivendo e tudo que ainda estava por vir, mesmo que em meio a escuridão do caminho. As palavras do poeta espanhol, Antonio Machado: "Caminhante, não há caminho, o caminho se faz ao andar" serviram-me como estímulo frente as incertezas do caminho.

Quatro de maio, uma manhã de céu azul que devolvia o sol ao Rio Grande do Sul, juntei-me a um grupo multiprofissional, formado pela Universidade de Santa Cruz do Sul, cujo propósito era atender um abrigo de uma pequena localidade vizinha que, inclusive, já havia sofrido uma enchente severa em setembro do ano anterior. Na estrada, a caminho do local, rastros de destruição, galhos quebrados, vegetações arrancadas e marcas de barro no asfalto, contavam que a água havia invadido a pista.

Ainda no ônibus, fomos equipados com garrafinhas de água, um pequeno lanche e coletes de identificação, bem como informados do funcionamento dos três abrigos nos quais o grupo atuaria.. A responsável, nos transmitiu que as demandas não estavam previamente mapeadas, portanto, a orientação era caminhar pelo local fazendo busca ativa de emergências médicas e psicossociais. A partir das necessidades identificadas é que escolheríamos as ações adequadas.

Entrando no ginásio, meus olhos são impactados pelo cenário caótico e improvisado, onde teriam de caber as vidas de todas as pessoas ali abrigadas. Foram jogadas, subitamente, no improvável e na incerteza. As famílias distribuíam-se em meio a colchões empilhados, travesseiros, cadeiras, televisões e algumas geladeiras, que também serviam como divisórias, na tentativa precária, de dar mínima privacidade.

Bem próximo a mim, um senhor ouvia rádio em volume alto, enquanto crianças corriam e, entusiasmadas, gritavam em direção a um membro de nossa equipe que trouxera livrinhos, balões, bambolês e jogos. Este colega estava empenhado em manter preservado o verbo brincar, tão sagrado para a infância. A alegria das crianças correndo na direção dos brinquedos representava uma linda cena. Contudo, a repercussão do impacto inicial não me poupava de enxergar tudo, somente, pela ótica das vidas desestabilizadas, da turbulência e do barulho que se impunham.

Esses instantes iniciais foram vividos em estado emocional de pura agitação interna. Com esforço, após alguns minutos, finalmente pude contemplar as crianças, que se entregavam para um riso fácil, que exprimia o lúdico que parecia "adoçar" um pouco da tristeza, do medo e, talvez até, do tédio por estarem há tantos dias dentro de um ginásio, longe da escola, da casa e dos próprios brinquedos. Naquele momento único de absoluto desamparo coletivo, parecia que o caos ficara suspenso. Os excessos que eu, com tanto esforço, mal podia contornar, eram transpostos por aquelas crianças em suas brincadeiras.

Nunca uma frase, que sempre tive apreço, fizera tanto sentido: "... o riso é a mais certeira prova da alma. Olhai para uma criança: só elas sabem rir com perfeição, por isso são fascinantes" (Dostóievski, 2020, p. 218).

Apesar do meu mundo interno inundado daquelas imagens, eu estava disposta e disponível para o que dali pudesse surgir.

Na sequência, surgiu um pedido de escuta para uma família. Ao longe, avistei uma mulher, em torno dos 50 anos, com uma tala no braço direito, sentada em uma cadeira de praia próxima a um rapaz deitado num colchão mexendo no celular. Ao lado deles, uma geladeira e duas gaiolas que abrigavam três calopsitas e dois porquinhos da índia. Em meio às gaiolas havia, também, sacolas de roupas, travesseiros e algumas caixas de papelão que deviam conter objetos pessoais.

Aproximei-me, informando ser psicóloga e que gostaria de ajudar se ela achasse que lhe faria bem conversar. Receptiva a minha presença, a abrigada, que chamarei pelo codinome Marta, indica com a mão para que eu me sente no colchão. Inicia a conversa contando que estava com muito medo e, chorando diz: "Moça, a água baixou um pouco, mas, mesmo com sol, não posso ver minha casa (choro). A ponte da estrada caiu e dizem que Mariante não existe mais. A minha casa ficou horrível na enchente do ano passado e agora foi mais chuva" (sic).

Pergunto se gostaria de contar como tudo aconteceu. Ela refere que frente ao avanço das águas, a família teve que agir rapidamente. Na tentativa de salvar alguns móveis, um armário caiu atingindo seu braço. Desde a noite anterior ao início enchente, mediante alertas da defesa civil, a família teria permanecido acordada monitorando a elevação do nível das águas. O carro estava carregado com a TV, a gaiola dos bichos e alguns itens de valor, que puderam selecionar. Postergaram a saída, ao máximo, pois resistiam acreditar que teriam que deixar a casa para trás, mais uma vez (choro). Relata que o genro gritava que era perigoso permanecerem ali. Ele exclamava: "Vamos agora, não dá para esperar. Vamos! Não adianta erguer móveis, a água vai vir. Vamos, rápido, rápido!" (sic).

Sentada na borda do colchão, eu assistia seus sentimentos desaguarem naquele espaço de escuta, totalmente improvisado. A voz trêmula denunciava seu mundo interno inundado de angústia. Marta fazia longas pausas, como se precisasse recuperar o fôlego para, então, seguir narrando o drama da vivência que parecia afogá-lá. Insuficientes, as palavras, até ali, ainda não alcançavam aplacar todo sofrimento.

Minha capacidade de continência e escuta eram desafiadas durante o testemunho da narração daquele cenário que, embora fosse de horror, não impedia a capacidade de Marta expressar-se. Enquanto eu a ouvia, apostava na força potencial daquela conversa, já que o esforço mútuo poderia ajudá-la na desobstrução de suas "feridas", e assim, estas cederiam lugar às palavras que permitiriam mitigar a brutalidade da sua vivência.

– "A gente conhece quase todos aqui...porque todos moram meio perto ali na vila mas, mesmo assim é horrível dormir com muitos estranhos e em um lugar tão grande e aberto. Eu consigo adormecer mas, no meio da noite surgem pesadelos, acordo e fico ali nervosa, deitada. Sinto palpitações. A comida que servem é boa, mas sequer tem onde apoiar os pratos para comer. Estou até com medo de perder meu emprego pois não fui nesses dias todos e dizem que a empresa já voltou. Sinto muita tristeza, estou bem nervosa, sinto dor no braço e fico comendo unha. Não consigo me alimentar o bastante, fica tudo trancado na garganta. Nervosa, nervosa, me dá uns tremeliques. Ficam vindo flashes daquele dia. Choveu mais quatro dias depois que saímos de casa e fico pensando em cada coisa da minha que se foi. Eu queria saber o que sobrou. Eles tem que refazer a ponte para a gente chegar lá e, talvez, nem tenha mais nada. A ponte da estrada vai demorar, e não quero ficar morando aqui. Meu irmão está em outro abrigo, então, nem os parentes eu posso ver (choro intenso). A gente passa o dia aqui dentro, sem fazer nada e nem saber de nada da nossa casa. Precisamos também ficar cuidando das coisas por medo de me roubarem. Ver esses negócios do celular é ruim pois, as notícias são piores do que a gente consegue imaginar. Talvez esses vídeos mostram como ficou nossa casa. Vendo isso dá mais vontade de chorar. É um horror, moça! Eu não sei o que vai ser de nós." (sic).

Essa vinheta ilustra o quanto uma tragédia impõe a experiência de descontinuidade dos fatos, rompe com toda estruturação de rotina e coloca o sujeito em estado de desorganização. O fluxo dos seus pensamentos de Marta era veloz e os estímulos e lembranças chegavam à mente com intensidade esmagadora, tal qual a água que invadiu os lares e destruiu tudo por onde passava.

Em sua fala, havia a demanda de organizar aspectos práticos mas, também, a necessidade de jorrar as intensidades emocionais de modo catártico. A violência dos excessos psíquicos estava em cena e suas unhas roídas, que estavam na carne, contavam que sua agonia era, sobretudo, corporal. O senso de segurança estava aniquilado e sua angústia residia também na incerteza do que estava por vir.

O conceito de angústia apresentado por Freud no ensaio de 1926 traz os efeitos da teoria da pulsão de morte que se articula, em linhas gerais, com a compulsão à repetição, ao desamparo, ao trauma, ao despreparo e ao susto. Trata-se, de uma defesa entendida como reação a situações traumáticas. A proposição teórica de Freud sugere duas modalidades de angústia: a automática – ligada à situação traumática – entendida pelo psiquismo como experiência de desamparo por parte do Eu; e a angústia sinal, cuja função é defender o Eu das situações de perigo.

Após conversarmos um pouco sobre seus medos e também solicitar que um médico revisasse a tala de seu braço, Marta manifesta o desejo de que eu conversasse com sua filha. Elucida seu pedido dizendo: "Ela está causando confusão desde ontem, costuma ser bem nervosa e talvez não vai nem mesmo aceitar conversar. Mas eu queria que tentasse" (sic).

Marta chama a filha, a qual nomearei Camila, que estava em frente ao ginásio. Aparentando entre 25 a 30 anos, ela vem até mim e de um jeito truculento diz: "Se tu é psicóloga, dá um jeito e me ajuda a convencer o cara de trocar a barraca dele por um colchão. Está teimando e não precisa dessa barraca. Se ele não trocar ou me emprestar, eu vou passar mais uma noite acordada lá fora. E já vou avisando que ninguém vai me impedir!" (sic).

Ora, se ambos tinham vaga no abrigo, que sentido teria disputar uma barraca?

Finalmente, através da explicação de Marta, pude entender a reivindicação de Camila. A filha desejava a barraca para dormir do lado de fora do ginásio, junto aos bichos que trouxeram em um reboque.

Já o rapaz, queria a barraca para dormir, com privacidade, do lado de dentro. Marta complementa: – "Minha filha tem medo que roubem os bichos" (sic).

Me surpreendi com a sensibilidade apelo de Camila, que esperava pela solidariedade do rapaz. Afinal, já que havia conseguido salvar seus animais, garantir a proteção e o cuidado deles era sua prioridade máxima. Havia ali um "duelo" de necessidades legítimas, afinal, o rapaz, também, defendia seu desejo genuíno de privacidade.

Enquanto Camila falava de sua indignação, conduziu-me até uma carreta de madeira que abrigava, na parte inferior, uma enorme porca, e, na superior, cinco gatos em uma gaiola. Acarinhou a porca e ajeitou os papelões da gaiola e enquanto contava que o cavalo amarrado, ali ao lado, havia sido resgatado pelo cunhado. Através das frestas da gaiola, eu fazia carinho nos gatos. Vendo a atenção que eu dedicava aos seus gatos, ela me convida para passar a mão na porca, ao que, imediatamente, me sinto constrangida. Confesso, tocar numa porca, para mim, era nada atrativo. Percebendo meu embaraço ela riu e comentou: "Tudo bem, quem não mora "pra fora" não sabe lidar com esse tipo de bicho (risadas)." (sic).

Me dispus a acompanhá-la na conversa com o dono da barraca. Estávamos determinadas, mas lá chegando, o vizinho de colchão do rapaz informou que ele fora ajudar a família em outro abrigo ali perto. Assim, combinei com Camila que, se ele retornasse, enquanto eu ainda estivesse no abrigo, a ajudaria. Ali, nos despedimos e segui minha triagem por novas demandas.

Caminhando, enxergo uma moça, que chamarei de Bruna, de aproximadamente 17 anos. Estava deitada em um colchão e sua expressão apática ganhou relevo em meu olhar. Observei-a, por poucos minutos, e seu corpo permanecia imóvel, embora o movimento inquieto dos seus olhos, contava que estava atenta aos acontecimentos no entorno.

Aproximei-me, cautelosamente, perguntando se desejava conversar, ao que ela nega com gesto de cabeça, sem dirigir-me o olhar. Comento que entendia o quão difícil poderia ser conversar naquelas condições, afasto-me, dizendo que vou ao banheiro e que passaria por ali, caso ela mudasse de ideia. Para minha satisfação, ela consente com um novo gesto de cabeça.

Chegando ao banheiro, tive que aguardar que uma das cabines individuais fosse desocupada. Uma menina, de talvez 10 anos, saiu de uma delas com os pés descalços. O chão estava molhado e sujo, como em geral são os banheiros públicos. Até aí, nada era muito inédito para mim. Entrando na cabine desocupada pela menina me deparo com fraldas sujas, papel higiênico jogados para fora da lixeira, um ralo com sinais de urina e um vaso sanitário sem tampa, quase transbordando de fezes. Não acreditava no que via e fui invadida por uma forte náusea, tapei o nariz e achei que iria vomitar. Fui assaltada por um sentimento de nojo e indignação, empurrei a porta com o cotovelo, saindo dali, às pressas. Como um banheiro pode estar nesse estado? Como uma criança anda com os pés descalços em meio àquela sujeira?

Aquele cenário borrava a dignidade, minimamente humana. Já não bastava as pessoas terem seus lares arrastados pela correnteza da água e ainda estariam submetidas a mais essa imposição.

Mesmo que eu já estivesse distante do banheiro, aquele cheiro me acompanhava. Eu estava convicta que o cuidado com o básico essencial faria a vulnerabilidade doer menos. Não exitei em procurar os responsáveis pelo abrigo no intuito de reivindicar melhores condições de higiene dos dois únicos vasos sanitários do local.

Afinal, eu tinha duas urgências: a de tentar achar um caminho de dignidade para todas aquelas pessoas e uma alternativa para minha própria necessidade fisiológica. A responsável argumenta que nada poderia ser feito, pois o ginásio já estava há 24 horas sem abastecimento de água. A notícia era aflitiva e, novamente, me debatia com a sensação, agora superlativa, de impotência.

Todos envolvidos nas ações de cuidado demonstravam seu desacordo, mas nada poderia ser feito pois a cidade havia perdido, inclusive, sua estrutura de abastecimento de água. O abrigo era, de certo modo, o próprio desamparo. Era notório que todos – abrigados e voluntários – estavam expostos, à mercê do desconhecido e sem ter a quem recorrer em socorro por alternativas razoáveis para a solução de necessidades tão básicas.

Inconformada, sequer notei que meu próprio corpo suspendera, indeterminadamente, as minhas necessidades fisiológicas (bexiga cheia) por cerca de 40 minutos. Não encontrei qualquer lugar, nas imediações, que eu pudesse usar como banheiro improvisado. Senti agonia, mas permaneci fazendo recusa ao uso do banheiro, imagens que me remetiam às latrinas fétidas dos filmes de guerra. O impacto do sentimento de nojo me desafiava na capacidade de continência urinária até chegar em casa.

Retornei ao ginásio para tentar conversar com Bruna que seguia deitada no colchão. Perguntei se poderia sentar ali ao seu lado e recebi *ok* com um discreto balanço de cabeça. Indago se gostaria de compartilhar algum pensamento ou sentimento comigo. A jovem seguiu cabisbaixa sem dirigir o olhar em minha direção. Os minutos passavam e o silêncio seguia imperativo. A minha mente fervilhava tentando codificar o "nada" de palavras e o "tudo" de traduções e sensações que ali caberiam. O silêncio parecia ser a única coisa que ela conseguia comunicar. Eis que, num de repente, ela ergue a cabeça, encara fortemente meus olhos e diz: "Tu só está aqui porque a tua casa não pegou água, né?" (sic).

A raiva, a sensação de injustiça e, especialmente, seu olhar furioso foram como uma forte "pancada" em minha mente e convocavam esforços, ainda maiores, na direção de uma escuta legítima. Não havia como contestar, restando-me somente validar sua percepção. Digo a ela: "Tens razão, a minha casa não foi atingida e tu tens todo direito de estar muito brava com tudo isso que está acontecendo". Ela complementa: "Sim, até teu tênis está limpo e é a segunda enchente que pega a minha casa" (sic).

Bruna percebia o contraste entre nós, enquanto eu me refazia diante da sua fúria. Ainda que impactada, eu desejava ofertar minha escuta, e concomitantemente ela mexia com emoções minhas, que, até então, não haviam se desacomodado tanto assim. Sua frase inquietou meu mundo interno muito mais do que a minha própria bexiga já o fazia. O desconforto que eu sentia era algo próximo ao sentimento de culpa e constrangimento por estar numa condição mais favorável. Busquei palavras dentro de mim mas optei pelo silêncio. Eu sabia que, em algumas situações, é o silêncio quem abre caminhos. Aquela jovem precisava sentir que eu era capaz de receber toda sua fúria.

A perspectiva winnicottiana aponta que o analista precisa sobreviver aos ataques agressivos, para que, com isso, possa ser constituído como um objeto subjetivo dentro do paciente. Ou seja, a instalação de um vínculo terapêutico depende, nesses casos, da sobrevivência ao destrutivo. É nesse sentido que, para o autor devemos, a cada paciente, identificar e responder às suas necessidades básicas, tal como uma mãe suficientemente boa adaptando-se viva e ativamente ao seu bebê. Para isso, é necessário a capacidade do analista de identificar-se com seu paciente (o bebê).

Decepcionada, pela segunda vez, com a força das águas, Bruna não conseguia transitar por outro afeto que não fosse a raiva. Sua mãe insistia em dizer: "Ela está braba desse jeito, porque sempre guarda ódio das coisas (sic)". Eu via o desastre, o desgosto e o desgaste no olhar daquela jovem. Como se não bastasse, via ainda a decepção dela com a mãe que não conseguia acolher seu sofrimento. Outros comentários feitos pela mãe seguiam esvaziando a expectativa acolhedora que um vínculo mãe/filha deveria garantir. Bruna parecia sofrer de desesperança de um vínculo empático. Enquanto percebia tudo isso, eu ainda era uma estranha, privilegiada, que chegava de tênis limpo e não tinha provado, suficientemente, que era capaz de entender seus sentimentos.

Situações tão disruptivas convocam à impotência e vivências emocionais inéditas. Segundo Gampel (2023), em contextos disruptivos: "as formas tradicionais de ver e sentir são despedaçadas, qualquer senso de equilíbrio se interrompe, entorpece e obstaculiza. As perspectivas se distorcem e se multiplicam, surgindo um novo tipo de visão" (p. 174).

Smadja (2023), em seu artigo chamado "Destinos dos Estados Traumáticos", cita que, para Freud, as consequências da invasão do Eu pelo traumatismo e a sobrecarga de excitação dependem das capacidades defensivas e da qualidade de um núcleo primitivo do Eu. Assim, dada a ausência de pára-excitação interna, a qualidade das defesas do Eu e seu núcleo constitutivo desempenham o papel de defesa perante excitações pulsionais.

Nesse sentido, eu percebia que Bruna ainda não identificava, em mim, a possibilidade de ajuda. Seu psiquismo estava desprotegido, o sofrimento a deslocava para condições subjetivas de desconfiança e encapsulamento. Sua decepção era tão grande que confiar era certamente um exercício esforçado.

Após um longo silêncio, Bruna senta-se no colchão. Timidamente, lança o olhar em minha direção e passa a narrar muito lentamente sua história. Era evidente que precisava, antes, certificar-se de quem eu era e também que, diferente da mãe, poderia ouvi-la sem condenar seus afetos.

Em alguns momentos, enquanto a escutava, desejei intervir, mas optei pelo silêncio. O que eu via era uma mente em busca de sobrevivência. O relato apresentava-se em fragmentos, tal como um ensaio que tentava unificar partes do horror vivenciado. Ela intercalava a fala com o ato de mirar meus olhos. As nuances em minha fisionomia eram para ela um termômetro que media até onde poderia confiar sua narrativa. Eu seguia apostando que a sensibilidade do silêncio abriria caminhos e que o vínculo nasceria da disponibilidade sensível e capaz de acolher todas suas partes confusas e perdidas. As longas pausas da narrativa exigiam uma certa passividade, para então oferecer a receptividade verdadeira da vivência compartilhada, entre nós, naquele instante.

Em meio a conversa que já ganhava um ritmo singular, chegaram sacolas com peças de roupas que foram expostas em uma mesa no centro do ginásio. Surpresa, recebi o convite para acompanhá-la na procura de meias que lhe faltavam. Nosso vínculo, recém-iniciado, se fortaleceu ao longo da busca descontraída dos pés das meias perdidas na pilha de roupas. Frente a dificuldade de localizá-las, brinquei: "Hoje não é 'caça ao ninho' e sim 'caça as meias' (risadas)". Foi nesse momento de caráter lúdico que nosso laço efetivamente se concretizou; nessa verdadeira brincadeira pé-por-pé, onde o incômodo sobre meus tênis limpos, se dissipava pelo encontro reparador de meias limpas que a fariam dormir com os pés quentinhos e protegidos, onde a minha presença pudesse marcar diferença. O momento descontraído, fez o contraste entre nós desaparecer.

Retornamos para o colchão e Bruna seguiu narrando sobre a sua casa e também sobre como a família retomou a vida após a enchente de 2023. Enquanto eu a ouvia, e com as tensões entre nós diminuídas, lembrei-me da minha bexiga cheia. A intensidade do relato fizera meu corpo esquecer a própria necessidade, e ainda faltavam 2 hs para a saída do ônibus que faria o retorno da equipe. Optei compartilhar com ela que eu estava "apertada" e resistindo usar o banheiro pois estava sujo. Ela riu e disse: "Estou com a barriga dura pelo mesmo motivo" (sic) (risadas).

Meu comentário causou-lhe surpresa e ela pode me desidealizar e perceber que, apesar da minha casa seca e do tênis limpo, naquele momento estávamos compartilhando o mesmo mundo. O banheiro dela, era o mesmo que o meu. Nesse instante lhe digo: "Vou encarar o ralo, mas vou tapar o nariz". Sua reação, imediata, foi uma longa gargalhada e rimos juntas da nossa experiência compartilhada. Nesse imstante, houve a quebra e o borramento da assimetria de mundos e estávamos, naquela vivência, em uma posição de horizontalidade.

Os estudos de Puget (2006) propõem o conceito de fenômeno de mundos superpostos quando os analistas e seus pacientes vivem ao mesmo tempo iguais inquietudes, preocupações ou contexto do cotidiano. O campo da neutralidade e abstinência, tão caro à psicanálise, nessa modalidade de vivência e escuta, é invadido pelos excessos e por essa sobreposição.

De modo complementar, vale citar que a clínica da psicanálise extramuros propõe-se atuar para além dos limites e enquadres tradicionais dos consultórios, sustentando a idéia que o *setting*, nesse formato de intervenção, se apoia no campo teórico internalizado no analista, sustentando assim a condução da clínica, e não necessariamente ao lugar onde o trabalho transcorre. Ou seja, a flexibilidade da técnica ajuda tornar possível o trabalho analítico nesse contexto, sem que isso nos desloque do nosso ofício e sem que isso faça com que deixemos de ser psicanalistas.

O real se impôs e chegou o momento de ir embora. Bruna, com olhos, agora curiosos, aceitou minha sugestão conversar com algum colega psicanalista, do Programa Emergencial de Atendimento On line da Sociedade Brasileira de Psicanálise de Porto Alegre, que poderia seguir ajudando a enfrentar toda aquela vivência triste. Levanta-se do colchão e descalça, de posse de suas meias novas, me abraça agradecidamente.

Enquanto me despedia dela, tbém sentia fortemente o significado de todas aquelas histórias. A sensação superlativa que me acompanhava era de tarefa inacabada, afinal: o rapaz não apareceu, a barraca não foi negociada pelo colchão, o vaso seguia entupido e Bruna, não mais tão furiosa, queria conversar.

No conforto da minha casa, em meio ao silêncio daquela noite, pensava que, definitivamente, eu estava segura, mas não estava bem. O desassossego que aquelas cenas produziram em mim seguiam reverberando.

Enquanto tentava adormecer, imaginava como estaria sendo dormir, naquele ginásio, em um cenário de intimidade forçada com tantas pessoas? A fala de Bruna sobre o privilégio da minha casa seca e dos meus tênis limpos seguiam me constrangendo. Associativamente, me remeti a relatos, anteriormente assistidos em documentários, acerca da culpa dos sobreviventes de campos de concentração, onde eles sentiam empatia pelas vítimas, mas experimentavam culpa por estarem isentos do elemento mais devastador da tragédia da guerra: a morte. Apesar da diferença de cenário, não há dúvidas de nessa severa enchente, a perda do lar, dos pertences e da segurança é, em si, a ameaça da morte.

Os contrastes insistiam em provocar ecos dentro de mim, fazendo-me perceber vários outros confortos que eu tinha preservados. Em minha casa, o maior sinal de transtorno, era a água encanada estar levemente barrenta. Ainda pela manhã, eu havia reclamado de tomar banho e lavar os cabelos com aquela água. Acompanhada de um novo constragimento, essa lembrança retornou a minha mente e foi radicalmente ressignificada.

Adormeci com aquelas histórias dentro de mim. Sabia que todos tinham travesseiro, cobertor e colchão, mas, por óbvio, isso não era suficiente para sentirem aconchego e senso de segurança.

Ao longo de uma sequência de semanas, ora me percebia protegida e relativamente distante e ora encharcada, submersa e invadida por toda aquela vivência.

Dois dias depois da visita ao abrigo, o barulho da chuva, que voltava a cair, era um ruído aflito, não mais representava relaxamento e tranquilidade. Reflexões e sensações desagradáveis recusavam-se a ir embora enquanto, também, surgiam indagações: será que um dia vamos nos reconciliar com o barulho da chuva? Como alguém se recupera subjetivamente de uma tragédia? Como esse drama vai operar no psiquismo de todos nós, enquanto sociedade? Como um psiquismo se defende desses excessos? Quanto tempo levará para cicatrizar?

Eventos dessa magnitude introduzem marcos de incerteza. Para muitas pessoas essa catástrofe foi, possivelmente, a maior da vida, um verdadeiro caos inimaginável em suas histórias. Inequivocadamente, o corpo não perde esse registro sensorial e a mente corre o risco de permanecer ilhada na lembrança do vivido.

Nesse sentido, as ideias de Kehl (2009) referem que a ação humana de produzir sentido para a própria vida se dá sobre fragmentos de experiências que podemos envolver e espelhar, tal como faz o caleidoscópio com os cacos coloridos. O sentido não está *a priori*, mas se tece na trama do tecido do tempo. A autora cita Freud, quando este descreve a repetição como algo a serviço da integração psíquica. Tudo que é extemporâneo e caótico precisa de tempo, escuta, espaço de palavra para fazer sentido dentro de nós.

O trauma interrompe a cadeia de significados. Para organizar internamente as lembranças e vivências é preciso transitar pelas sensações e sentimentos, na busca de palavras que possam ocupar o lugar das feridas. As vias de representação e simbolização precisam ser reconstruídas, bem como as estradas e pontes, destruídas pela enchente; como as casas, as vidas e os pertences das pessoas que foram desabrigadas.

Colaborando com as palavras de Kehl, o psicanalista Sándor Ferenczi (1932) sinaliza que: "as lembranças desagradáveis continuam vibrando algures no corpo [...]" e talvez o trabalho do psicanalista seja o corpo também fazendo esforço de simbolização e metabolização psíquica. É um momento em que o não saber está extrapolando a teoria, as bordas do simbólico e inundando a realidade concreta (p. 284).

Participar dessa causa humanitária, no abrigo bem como em outro local que também atuei, testemunhando fragmentos de histórias e, através dessa escrita, narrar de modo particular a experiência vivida, representa para mim parte de um processo elaborativo. Para lá estar, foi preciso acreditar no inacreditável. Para mim, assim como para os colegas dividiram comigo esses momentos de incerteza, foram dias intensos, uma realidade exigente e difícil de adjetivar. A correnteza de solidariedade contrastava com o horror, transfigurava a desordem e oportunizava renovar crenças na humanidade e no humanismo.

A cena psicanalítica em atendimentos emergenciais, para além do *setting* tradicional, exige outro modelo de escuta. O registro psíquico dos acontecimentos se dá na vivência *in loco* e requer do analista uma proximidade maior do que a recomendada no *setting* analítico tradicional dos consultórios. Esta modalidade de intervenção e escuta implicam reconhecer, legitimar e endossar a necessidade dessas narrativas pois, aquele que nos fala do horror precisa saber que há um semelhante fraterno que o escuta e se solidariza, o que não é necessariamente sinônimo de empatia, no sentido comum de dar a impressão que vivemos o que ele viveu, mas da empatia enquanto qualidade de imaginarmos o que ele viveu.

Assim como seus lares, estas famílias tiveram suas mentes inundadas. Esse nível de elevação de "águas" traz a ruptura do aparelho psíquico e recruta a escuta para ajudar drenar essa quantidade disruptiva de estímulos que não pode ser prontamente assimilada e inserida na cadeia representacional.

As palavras do psicanalista Sándor Ferenczi consideram que "o estado de choque é equivalente à aniquilação do sentimento de si, da capacidade de resistir, agir e pensar com vistas à defesa do Si mesmo" (1932, p. 109).

Sendo assim, num cenário como esse, a disponibilidade emocional é albergue, assim como, manejar subjetivamente essas complexidades, implica reconhecer que o horror irradia, paralisa e pode silenciar o psiquismo.

Gampel (2023) enriquece nossa reflexão comenta que o impacto desses acontecimentos deixam profundos rastros na história coletiva e individual. Os rastros desta dor social, seu significado e efeitos são registrados, inclusive, em momentos diferentes no psiquismo.

Contribuindo com estas idéias, Freud e Breuer (1893/1996), consideram que "o trauma psíquico, mais precisamente, a lembrança do trauma, age como um corpo estranho que, muito depois de sua entrada, deve continuar a ser considerado como um agente que ainda está em ação" (p. 42).

Para Cyrulnick (2013), a clínica do trauma compõe-se do seguinte: "A memória intrusiva se impõe como uma sequência dolorosa que se apropria de nossa alma. Prisioneiros do passado, vemos sem cessar as imagens insuportáveis que, à noite, povoam os pesadelos. A menor banalidade da vida desperta o dilaceramento vivido" (p. 31).

Pois bem, o trauma corta a vida em duas partes: antes e depois. A sobrevivência da situação limite vai exigir revisitar memórias. Eis então o necessário tempo de elaboração onde narrar repetidamente é uma forma de realocar os afetos. Sabe-se que cada vez que repetimos, elementos se deslocam no discurso, emoções são validadas, ganham representação e simbolização. Sendo assim, é lentamente que surgirão as possibilidades, de nos deslocarmos psiquicamente deste naufrágio. O caos individual, assim como o tecido social, precisam encontrar pontos de ancoragem para através de alianças coletivas e movimentos solidários estabelecer esperança e reconstrução.

O cenário mudou, e assim como a natureza também nos transformamos. O horror não foi o fim. A água impôs seu curso, mas nem todos os sonhos foram afogados e nem toda esperança ficou soterrada.

Narrando e elaborando o inominável seguiremos dando forma ao ato de sobreviver. Sempre haverá aquilo de que lembramos, assim como aquilo de que jamais poderemos esquecer. Assim, tratamos a ferida, para que seu processo de cicatrização deixe a marca de uma lembrança de superação e dê sentido aos recomeços.

Referências

Breuer, J.; Freud, S. (1996). Sobre o mecanismo psíquico dos fenômenos histéricos: comunicação preliminar. In *Edição Standard Brasileira das Obras Completas de Sigmund Freud* (vol. 2). Imago.

Cyrulnik, Bóris (2013). *Corra, a vida te chama*. Rocco Digital.

Dostoievsky, F. (2020). *O adolescente*. Ed. 34.

Ferenczi, S. (1992). Notas e Fragmentos. In Ferenczi, S. *Psicanálise IV*. Martins Fontes, 1932, p. 284. (Obras Completas, vol. 4)

Ferenczi, S. (1992). Reflexões sobre o Trauma. In Ferenczi, S. *Obras Completas*, vol. 4. Martins Fontes. (Trabalho original publicado em 1931)

Freud, S. (1926). Inibição sintoma e angústia. *Edição Standard Brasileira das Obras Completas de Sigmund Freud*, vol. 23. Imago, 1996.

Gampel, Yolanda (2023). A sobrevivência dos vaga-lumes é o inatual da prática psicanalítica. In *Revista da Sociedade Brasileira de Psicanálise de Porto Alegre*, vol. 25. Porto Alegre.

Kehl, M. R. Aceleração e depressão. Palestra Café Filosófico CPFL. TV Cultura, São Paulo, 24 junho de 2009. youtube.com/watch?v= kwxyT5n6E90

Machado, A. (2019). *Poesias completas*. L'Aleph.

Moreno, J. (2002). *Ser humano: la inconsistencia, los vínculos, la crianza*. Libros del Zorza.

Puget, J. (2006). Violência social e psicoanálisis. De lo ajeno-estructurante a lo ajeno-ajenizante. In Puget, J.; Kaes, R. (comp.). *Violencia de Estado y psicoanálisis*. Grupo Editorial Lumen, p. 25.

Smadja, Claude (2023). O destino dos Estados Traumáticos. In *Revista Brasileira de Psicanálise de Porto Alegre*, vol. 25. p. 134.

Winnicott, D. (1982). Dependência no cuidado do lactente e na situação analítica. In Winnicott, D. *O ambiente e os processos de maturação: estudos sobre a teoria do desenvolvimento emocional*. Artes Médicas. (Trabalho original publicado em 1963)

16. In-trauma: relato de uma experiência na catástrofe do Rio Grande do Sul

Margareth Regadas

O presente texto tem por objetivo apresentar uma vivência de um atendimento clínico a uma pessoa que estava na catástrofe.

Entendemos por catástrofe um acontecimento que envolve graves impactos ao funcionamento ou até destruição dos serviços de apoio (esse serviço de apoio seria a atenção primária), e esta ocorreu no estado do Rio Grande do Sul. *In trauma* porque ocorreu no momento do trauma, que seria a atenção secundária, que visa a tentativa de evitação de transtorno como ansiedade, depressão, TEPT com alguns prejuízos.

Se faz necessário apresentar o percurso desse atendimento que só foi viável porque contamos com a Clínica Social da Spfor que atende, em sua maioria, pessoas que residem em Fortaleza. Na época da pandemia, criou-se um grupo com profissionais que se disponibilizaram a atender virtualmente uma demanda não somente local, mas nacional, viabilizando o atendimento de pessoas de várias cidades do país. A partir dessa experiência foi pensado em ampliar para as vítimas da enchente no Rio Grande do Sul.

Entrei em contato com o coordenador da Clínica e sugeri participar de alguma maneira dessa situação de crise que o estado estava vivendo, um momento que nos convoca a ajudar para além das doações financeiras, que nos dar uma sensação de pertencimento da dor humana. A Sociedade de Porto Alegre foi muito receptiva e nos colocou no grupo de apoio emergencial. Através de duas colegas Vera e Patrícia, que já tinham experiência em enchentes, criou-se um grupo de voluntários via WhatsApp com vários vídeos informativos, reuniões, mensagens de como se daria os atendimentos e um suporte da IPA através do PACE. Foram feitos alguns encontros, tudo muito ágil, sem burocratização. Sendo sugerido e criado fichas cadastrais que também contemplasse um resumo dos atendimentos. O cuidado, comprometimento e disponibilidade de todos do grupo nesse período foi, e ainda é, amparo e auxílio na condução da escuta e compartilhamento das vivências.

A Organização Pan-Americana de Saúde e a Organização Mundial de Saúde, através de seus informativos, muitas vezes resumidos, explanados a partir de palestras, aulas, reuniões e alguns encontros com a PACE nos permitiu ter um conhecimento teórico a respeito dos cuidados psicoemocionais em situações traumáticas coletivas.

A intervenção pós-trauma divide-se em imediata nas primeiras 48 horas, agudo, do terceiro ao trigésimo dia e terciário, após 30 dias. As reações comuns são as emocionais, como choque, medo, luto, raiva, ressentimento, culpa, vergonha, desamparo, entorpecimento, desesperança; reações cognitivas como confusão, desorientação, indecisão, autorresponsabilidade, memórias indesejáveis; reações interpessoais como irritabilidade, isolamento, sentir-se rejeitado ou abandonado; reações físicas como tensão, fadiga, insônia, náuseas, perda de apetite, frequência cardíaca aumentada. No curso típico de ajustamento, no contexto social inserido vai se modificando, promovendo uma resposta de recuperação, promovendo mecanismos que levam a uma maior resiliência. Aos poucos as pessoas vão recuperando seu funcionamento social, acadêmico, de trabalho e o grau de sofrimento e prejuízo nas relações interpessoais vai diminuindo. A maioria das pessoas se recuperam naturalmente, são mais resilientes, sem nenhuma intervenção. Em média 10% da população atingida irá desenvolver TEPT, ou algum sofrimento tardio.

Outra orientação para os atendimentos foi feita pela IPA através do PACE. O PACE é o novo comitê da IPA, criado na atual gestão em 2021 para situações de crises e emergências internacionais. São 12 analistas que trabalham em grupo com esse tipo de intervenção de urgência à assistência a quem está assistindo. As orientações no sentido de esclarecer que não seria um tratamento, mas um momento de 4 encontros (mais de 4, se necessário) em que a pessoa pudesse contactar com o que está passando, o que necessita, compreensão, contenção e um possível encaminhamento psiquiátrico. A princípio recomenda-se fazer um mapa emocional da pessoa, psicológico e psiquiátrico do seu estado mental. Geralmente, as pessoas que já fazem algum tipo de acompanhamento psiquiátrico, são as primeiras com derivações e necessidade de encaminhamento médico. Nesse mapa, encontram-se pessoas com uma mente desamparada, uma sensação interna de abandono, solidão e ansiedade. Não implica necessariamente uma mente traumatizada, mas uma resposta ao traumático. Apoio emocional a quem está trabalhando com as pessoas afetadas, no qual muitos passam pela "fadiga por compaixão", isto é, o risco entre pessoas que cuidam das vítimas de catástrofes, traumas, de perder a perspectiva da realidade, de que são absolutamente indispensáveis ou indestrutíveis. Atendimento imediato, sem vínculo, com um tipo de enquadre. Acolher da forma que for possível, atender por mensagens, vídeos, ligações, privacidade e frequências. Organizar a angústia no qual será possível ouvir com os olhos, com o tato, nariz com todos os sentidos. Tivemos 3 encontros, nos quais 2 foram de apresentação dos atendimentos.

No dia 19 de maio, recebo o encaminhamento do atendimento que iria prestar, e no dia 20 de maio temos o primeiro de quatro encontros.

A mãe de Raul procurou na internet atendimento psicológico gratuito para o seu filho. E assim, chegou ao contato da coordenadora do projeto.

> RAUL, TEM 16 anos, mora com a mãe, avó e seus 6 cachorros no morro, local alto da cidade, de forma que a sua casa e região não foram atingidos pela chuva. Sua escola interrompeu as aulas e ele se alistou como voluntário na brigada próximo a sua casa, "precisava fazer alguma coisa, ajudar, já que iria ficar uma semana sem aula". No abrigo, recebeu um treinamento de uma hora sobre pressão e ressuscitação. O trabalho dele consistia em fazer o resgate de pessoas, triagens e procurar familiares, em média 10 horas por dia. "Vi muita coisa... muita coisa. Tive um treinamento de 1 hora que não foi explicado quase nada. Pouco tempo e muita informação. Sabia que seria difícil... Duas situações me marcaram. Uma foi uma mãe idosa que estava nervosa, não sabia onde estava seu filho surdo. Deu um endereço e quando eu cheguei no endereço, não tinha ninguém. Eu tinha uma lista de pedidos urgentes e não urgentes. Esse foi um pedido urgente. Quando eu falei que não tinha encontrado o filho dela, ela ficou mais nervosa, desesperada, dizendo que o filho era surdo, e lembrou de um outro endereço e me passou, que talvez ele estivesse lá. Coloquei na lista do não urgente porque precisa terminar a lista do urgente na ordem de atendimentos. No outro dia ela me perguntou sobre o filho dela e fui ao novo endereço e o encontrei morto. Ao chegar no local e falar para a senhora que o filho dela foi encontrado morto, ela perguntou por que eu não tinha ido ontem atrás do filho dela. Por que eu não fui?

Momento de escuta e acolhimento para os questionamentos "e se", "por que" permeado dos sentimentos acima citados de raiva, culpa, tristeza... Permaneci escutando.

> OUTRO MOMENTO que me marcou foi quando eu recebi um barco e fiz a triagem das pessoas e no final da triagem percebi que tinha uma criança

deitada, dormindo. Tentei acordar várias vezes, foi quando percebi que ela estava morta. O barqueiro disse que a resgatou com vida, lhe entregou um cobertor para ele porque estava com frio e queria dormir.

Pensei sobre essas duas histórias em que uma é resgatada sem vida e a outra com vida e morre no meio do caminho... O resgate nem sempre é garantia de vida. Que situação desesperadora como um todo.

> "Sempre fico pensando nisso... Por que eles morreram; por que aconteceu essa tragédia"

Quando ele terminou perguntei por que ele havia se voluntariado e ele respondeu que era pra ajudar as pessoas e eu disse que tinha sido isso que ele tinha feito, ajudou essa mãe a encontrar esse filho. "Puxa doutora, eu não tinha pensado nisso."

Ao terminar(antes de transcrever o encontro) percebi que também estava transbordando, mas de sentimento e reflexão com tamanha dor, dessas mães, do Raul, da tragédia e do estado. Colocar o nome de Raul, me vez pensar sobre como eu o percebi, um jovem, com uma alma velha, formal, educado e com um enorme esforço para não se emocionar.

Em nosso segundo encontro, ele conversou um pouco sobre a cidade, família e perguntou de Fortaleza. Relatou como estava sendo difícil, pensava muito sobre tudo que passou, tinha dias que até sonhava. Sua expressão facial mudava nesses momentos... Ressaltei a importância do trabalho dele e que tinha uma frase que dizia assim "o que nós fazemos é uma gota no oceano, mas sem essa gota o oceano seria menor". Ele esboçou um sorriso, e agradeceu.

Não sei se falei para ele, para mim ou para nós dois.

No terceiro encontro, foi relatado que a cidade aos poucos já estava voltando ao normal. Outras coisas ainda não. As aulas iriam recomeçar na próxima semana. "Ainda estou um pouco angustiado, pensativo. Fui chamado outra vez para participar da brigada, mas lembrei que havíamos conversado que agora eu ajudaria cuidando de mim, e é isso que irei fazer. Já contribui. Já fiz a minha parte. Agora vou cuidar de mim."

Comentei que talvez ele tenha feito um bom trabalho, receber um chamado para trabalhar novamente... Pensativo respondeu: "Eu fiz um bom trabalho. Eu dei o meu melhor".

No quarto e último encontro, as aulas já tinham voltado, ele já estava melhor, não estava mais tendo pesadelos, pensando menos sobre a enchente e o voluntariado, e encontrava-se envolvido com as atividades escolares. Agradeceu e perguntou se poderia ligar algum dia e me fez um convite para conhecer Porto Alegre.

Considerações finais

Freud, no texto de 1919, define as neuroses de guerra como neuroses traumáticas "que se distinguem das neuroses comuns por características particulares" (Ibid., p. 261). Segundo ele, as neuroses de guerra são neuroses traumáticas desencadeadas por um acontecimento traumático ou desencadeado por um conflito no eu. Ferenczi escreveu um texto em 1916, Dois tipos de neurose de guerra, elaborado a partir de seu trabalho em um hospital militar em Pápa, na Hungria, onde testemunhou de perto as consequências da vivências da primeira guerra mundial. Esses textos nos permitem uma maior aproximação das vítimas de eventos coletivos desastrosos (que corresponderia, no caso, aos 10% das vítimas com prejuízos e grave estresse da enchente do Rio Grande do Sul), de forma a fornecer subsídios que amparem o trabalho da escuta e testemunho dessas vivências.

Fazer parte da Clínica Social representa a minha contribuição enquanto cidadã e profissional em disponibilizar alguns horários para atender um público específico, isto é, proporcionar uma escuta analítica a um valor social ou gratuito, como foi o caso da pandemia e a catástrofe no Rio Grande do Sul. Uma experiência muito enriquecedora.

Fiquei muito sensibilizada com tantos relatos dos colegas... Muito gratificada com tantas possibilidades de trocas, estudos e conhecimentos.

Como dispomos de pouco material, é muito escasso literatura científica sobre este tipo de vivência traumática coletivas sobre crises ambientais no Brasil, foi formado um grupo para escrever um livro com os conhecimentos adquiridos através da experiência das ações emergenciais online, presencial e nos abrigos que será lançado no Congresso Internacional da IPA.

Finalizo com uma frase do Viktor Frank: 'Se percebemos que a vida realmente tem um sentido, percebemos também que somos úteis uns aos outros. Ser um ser humano, é trabalhar por algo além de si mesmo."

Espero ter sido útil.

Referências

Franklin, V. (n.d.). *Em busca do sentido da vida.* Vozes. 1991.

Freud, S. (2010). Introdução à psicanálise das neuroses de guerra (1919). In *Obras completas*, vol. 14. Companhia das Letras.

Companhia das Letras. 2.Ferenczi, Sándor, 1873-1933.

Psicanálise IV / Sándor Ferenczi; Tradução de Álvaro Cabral; revisão técnica e da tradução de Claudia Berliner. 2. ed. Editora WMF Martins Fontes, 2011. (Obras completas / Sándor Ferenczi, vol. 4)

Haag, C. (n.d.). *Intervindo em situações de crises, desastres e catástrofes.* PUC-RS, Marista, 2024.

Pessoas leigas treinadas/profissionais da saúde (n.d.). Primeiros cuidados psicológicos – adulto & infantil: abordagem do uso de álcool e outras drogas: comunicação de más notícias: profissionais saúde/ médicos/psiquiatras. Avaliação de riscos em saúde mental: intoxicação e abstinência de álcool e drogas: agitação psicomotora: resumo para plantonistas (Versão 0.3). 2024.

17. O método, a clínica e suas extensões: a psicanálise de Fabio Herrmann e o dilúvio

Marta Maria Assumpção Rodrigues

Introdução

O psicanalista brasileiro Fabio Herrmann (1944-2006) dedicou grande parte de sua vida e de sua extensíssima obra para recuperar, difundir e compartilhar a ideia do método psicanalítico. Ao se engajar nessa empreitada, criou a Teoria dos Campos, que – fazendo uso do método da Psicanálise e revisitando a concepção freudiana de psique para além do psiquismo individual – pôs em evidência o trabalho iniciado por Freud de incorporação e exploração da psique para a ciência do seu tempo.

No final dos anos 1960, Fabio Herrmann nos apresentou seu pensamento sobre o homem e o seu mundo não para constituir uma nova escola psicanalítica, mas, sim, para desvelar o método psicanalítico inventado por Freud (Leda Herrmann, 2004: 5) "em todo âmbito de abrangência do sentido humano" (Leda Herrmann, 2009: 83). Nestes termos, ao fazer uso do método da Psicanálise, a Teoria dos Campos resgatou não apenas o papel do *fazer clínico* na formulação do conhecimento psicanalítico, mas, principalmente, o valor heurístico (ou de descoberta) do sentido humano. Ademais, estendeu o método psicanalítico (e a interpretação psicanalítica) à interface da Psicanálise com a cultura, com a sociedade, com os movimentos sociais, com a literatura, com as artes e com o reino das ciências.

Na esteira desse processo, o pensamento clínico da Teoria dos Campos se expandiu, nos anos 2000, trazendo à luz a expressão que Fabio Herrmann cunhou como *clínica extensa* – referindo-se a um movimento que estende o método psicanalítico para o mundo fora do divã, para lugares que ultrapassam o atendimento (Fabio Herrmann, 2017: 366) ou o *setting* psicanalítico tradicional – como a escola, o hospital, a praça. Em outras palavras, para a Teoria dos Campos que considera que "atenção psicanalítica é sempre clínica" (Barone, 2005:24), a clínica extensa acontece sempre que haja a possibilidade de uma "escuta oblíqua", um "encontro humanizador" (Fabio Herrmann, 2024 [2006]; Camargo e Terepins, 2007).

Nesse sentido, um anseio desta clínica, que Fabio considerava o próprio "método em ação" (Herrmann, 2017: 368), é o de abrigar sujeitos que não encontram um *heim*, uma casa, um lugar, de maneira que a prática psicanalítica possa acontecer, inclusive, junto à população desprovida de recursos ou junto àqueles que perderam seus recursos em alguma forma de catástrofe.

Da perspectiva da Teoria dos Campos, a noção que sustenta e ilumina o caminho que o pensamento de Fabio Herrmann percorreu do método à clínica se dá "por meio da *função terapêutica da Psicanálise*" (Fabio Herrmann, 2006: 57) – outro conceito fundamental da Teoria dos Campos.

O conceito de função terapêutica da Psicanálise é objeto do artigo "A Psicanálise, a psicanálise e as demais psicoterapias em face do absurdo", que Fabio Herrmann publicou em 1983, ao considerar o efeito terapêutico do método interpretativo de ruptura de campo – provocada como escuta em outro campo. Neste artigo, o autor sistematiza a ideia de função terapêutica como a "possibilidade de tocar o absurdo" através da interpretação psicanalítica, pondo à mostra as regras sustentadoras da representação de identidade para oferecer, assim, possibilidades de novas auto-representações (Leda Herrmann, 2004: 128).

Porém, é no livro *Introdução à teoria dos campos*, de 2001, que o autor versa, de maneira mais clara, sobre a arte da interpretação psicanalítica, atribuindo à função terapêutica o papel de articuladora da ação do método em clínica. Assim, considerando que, para a Teoria dos Campos, a clínica já não é a aplicação de teoria (Herrmann, 1991), Fabio mostrou, nesta obra, que o que há de comum para a garantia da eficácia da ação do método tanto na *clínica-padrão* quanto na clínica extensa – essa "prática flexível e artística" – é, precisamente a função terapêutica, que se incorpora na arte da interpretação, propiciando "a denúncia das regras estruturantes de um campo" (Herrmann, 2001: 197). Ressalta, contudo, que, se na acepção da Teoria dos Campos, a interpretação promove ruptura de campo, "não é qualquer campo que deve ser rompido, senão aqueles que obstruem a cura" (idem, 177). Isso significa dizer que, se num contexto mais geral, a função terapêutica examina para cuidar, no contexto da Teoria dos Campos, mais especificamente, a função terapêutica psicanalítica cuida interpretando.

O que foi dito até aqui permite-nos pensar que a função terapêutica é a preciosidade da interpretação psicanalítica, que, por sua vez, induz à ruptura de campo. Ocorre na maioria dos encontros humanos, conferindo-lhes, exatamente, humanidade, mas, ao ser praticada com alguma arte, ao provocar ruptura de campo, confere-lhes intensidade emocional e poder de revelação.

Em suma, a função terapêutica psicanalítica brota da interpretação do analista que dá "o sentido de caminhar transferencialmente – analista e paciente – em direção aos nós traumáticos relevantes da história do paciente, fazendo emergir histórias alternativas" (Leda Herrmann, 2004: 104). Ademais, a função terapêutica da Psicanálise permite não apenas que verdades intrínsecas se revelem, mas, principalmente, que se revele "um desencontro produtivo", um "ato falho a dois" que ocorre quando "a escuta oblíqua do analista leva-o a desestabilizar o campo em que o paciente o procura prender" (Fabio Hermann, 2024 [2006]: 249).

***

Considerando este panorama teórico, este breve capítulo tem a intensão de compartilhar minha escuta a partir de dois encontros (ou desencontros?) que tive a oportunidade de experienciar ao participar da intervenção psicanalítica realizada no contexto das inundações que ocorreram em diversas cidades do Rio Grande do Sul, entre maio e junho de 2024, a partir da Ação Emergencial Online promovida pela Sociedade Brasileira de Psicanálise de Porto Alegre.

Neste sentido, seguem os relatos de dois casos que trabalhei no âmbito da clínica extensa e que tiveram fechamentos bem diversos. Nos dois casos, lancei mão da minha "malinha psicanalítica", fazendo uso da clínica extensa que a Teoria dos Campos nos oferece, para me envolver com a vida daqueles que estavam sofrendo as consequências da crise climática atual no sul do Brasil.

Antes, porém, contextualizo o ambiente para onde minha clínica se estendeu, apresentando um excerto de um diário (referente ao dia 4 de maio de 2024) de dois jornalistas Marcela Donini e Moreno Osório, de Porto Alegre, publicado na revista *Piauí*[1] em 14 de julho de 2024, intitulada "Um mês debaixo d'água. Um casal de jornalistas conta sua rotina durante a enchente gaúcha".

> "DIÁRIO – 4 DE MAIO, SÁBADO
>
> LOGO DEPOIS de olharmos o mapa, acabou a luz.

1 https://piaui.folha.uol.com.br/um-mes-debaixo-dagua/?utm_campaign=a_semana_na_piaui_223&utm_medium=email&utm_source=RD+Station

A SOLUÇÃO foi ligar o radinho à pilha para economizar a bateria do celular. Nos grupos de WhatsApp e nas redes sociais do governo do estado, o pânico era geral, a ponto de a Defesa Civil lançar um esclarecimento logo em seguida – que só aumentou o medo e a indignação. O novo comunicado basicamente dizia que as pessoas deveriam considerar a altura das áreas. Em bom gauchês: "Te vira."

Às 23 horas, o Guaíba havia alcançado os 5,27 metros".

Uma clínica, dois desfechos

Atendendo a um chamado do Dr. Ernesto Duvidovich, diretor do Centro de Estudos Psicanalíticos (CEP), de São Paulo, entrei em contato com a Sociedade Brasileira de Psicanálise de Porto Alegre-SBPdePA, em 6 de maio de 2024, para oferecer atendimento aos que estavam sofrendo com os efeitos catastróficos causados pela crise climática, no Estado do Rio Grande do Sul. Esse evento, que provocou inundações com a chuva intensa que começou em 27 de abril de 2024, atingiu 478 municípios, matou mais de 179 pessoas e afetou certa de 2,3 milhões de pessoas[2]. Recebi o encaminhamento de duas pacientes para atendimento.

Paciente A – 1ª sessão

Paciente A é uma mulher jovem, profissional da saúde, com experiência com pacientes que necessitam de cuidados intensivos. Reside na capital, mas trabalha na região metropolitana de Porto Alegre. Quando nos encontramos, havia 15 dias que não retornava à sua casa. Durante esse tempo, estava trabalhando sem parar num novo equipamento para onde ela e sua equipe de trabalho foram deslocados.

---

2 https://www.otempo.com.br/brasil/2024/6/27/sobe-para-179-o-numero-de-mortos-por-causa-das-chuvas-no-rio-gra

Recém-formada, iniciou seu trabalho durante a pandemia do Covid, quando começou tratamento para ansiedade com psiquiatra. Quando conversamos pela primeira vez, ela estava sem medicamento, descrevendo, ansiosamente, uma situação de extrema vulnerabilidade em que ela e todos ao seu redor se encontravam: colegas de equipe, pacientes e os novos colegas de trabalho. Disse que estava com trauma "até de céu escuro". Falava com voz embargada sobre a aflição que passou no momento em que o lugar que trabalhava (o "mais limpo" do hospital) começou a ser inundado. Tudo foi acontecendo de forma muito rápida. Num período de poucas horas, a água "podre" já batia no pescoço. Enquanto a água subia, todos tentavam retirar tudo o que podiam para encaminhar para uma saída.

Naquele momento de muitas dificuldades, quando imaginou que o pior já tinha passado, Paciente A disse, chorando, que o acontecimento, que mais a desestabilizou, ainda estava por vir.

Quando o choro dela arrefeceu, perguntei o que havia acontecido.

Paciente A respondeu que a cena mais difícil de vivenciar foi quando ouviu de um homem ("um policial ou coronel, alguém do exército"), que organizava o resgate que estava sendo feito por um caminhão, dizer que NÃO a levaria, nem ninguém a sua equipe, naquele momento, mas, somente, os pacientes, seus equipamentos e os remédios, e que todos deveriam, então, esperar pelo próximo resgate. Disse que, quando ouviu aquele "NÃO", teve "um surto de estresse" e começou a gritar com aquele homem. A sensação dela era de que, ficando ali, eles morreriam afogados, e que os pacientes que estavam sendo resgatados morreriam sem cuidado adequado. Oito oras depois, seus colegas e ela foram resgatados por um vizinho que passou num barco e ouviu o pedido de socorro.

"Mas até hoje, eu carrego aquele NÃO dentro de mim".

Paciente A sentia essa situação de profundo desamparo de forma ainda mais dolorida porque, na véspera de nosso encontro foi a data da morte de sua avó que criou a ela, a partir dos 6 anos, e a suas duas irmãs menores. "Minha avó foi a pessoa mais importante do mundo pra mim. Foi só quando mudamos pra casa dela que me senti criança pela primeira vez". Ela falou da mãe, do pai, das dificuldades e abusos que sofrera na infância e que levaram as netas a morar com a avó – que ela cuidou até a morte.

Terminou nosso encontro mais calma, dizendo que, talvez, por causa dela, goste tanto de cuidar das pessoas.

Nossa primeira sessão durou uma hora e meia, aproximadamente.

2ª sessão

Nossa segunda sessão aconteceu quatro dias depois.

Paciente A aparece na tela com o rosto mais descansado, falando pausadamente. Estava na casa de uma tia, em Porto Alegre. Disse que se sentia melhor, mais limpa, que conseguiu se "desgrudar daquela sujeita", mas que aquele NÃO continuava na sua cabeça.

Menciona, contudo, que "uma coisa importante aconteceu comigo, nesses dias: tive coragem de conversar com meus colegas sobre aquele surto e, pra minha surpresa, eles disseram que aquela reação pareceu pra eles que eu estava defendendo a vida de todos. Ouvir isso deles foi um alívio e uma forma de perceber que eu não tinha ficado louca".

Ao final da sessão, ofereci para nos encontrarmos na sexta-feira seguinte. Ela aceitou hesitando e dizendo: "acho que não vou conseguir trabalhar tudo o que passei na vida, antes dessa tragédia".

No dia combinado, Paciente A não atendeu a minha chamada na hora marcada.

Depois, enviou mensagem dizendo que estava bem e trabalhando muito.

Reiterei meu desejo de encontrá-la quando quisesse | desejasse.

Paciente A não me procurou mais.

Paciente B – 1ª sessão

Paciente B é uma senhora de 72 anos, mora em Porto Alegre e tem três filhas. Ela me chama de doutora e diz que fez terapia com uma psicóloga durante anos, através de um serviço público de Porto Alegre. Fez dois atendimentos com outra analista, antes de ser encaminhada para mim.

Iniciou nossa sessão bastante desorganizada. Para minha surpresa, sua queixa principal não se relacionava, diretamente, à questão das inundações que assolaram o Rio Grande do Sul – apesar de sua casa ter permanecido sem luz e sem água por cerca de duas semanas. Sua queixa maior se referia ao medo que sente de morrer e ter de deixar sua filha deficiente sem cuidados. Hoje ela tem 40 anos; aos 16 anos, sofreu um aneurisma cerebral, que deixou sequelas cognitivas e motoras. Duas cuidadoras do SUS a ajudam a Paciente B com a filha no período da manhã. De início, ela me diz: "por toda minha vida eu não pude chorar e sempre tive de fingir. Agora, depois de velha, eu não quero chorar na frente da minha filha, pra ela não pensar que é um peso pra mim". Paciente B sempre trabalhou muito, como "lavadora de prato em troca de comida", manicure, cabelereira. Depois de fazer um curso de atendente, começou a trabalhar em consultórios médicos e, depois, como cuidadora.

Ela tem outras duas filhas. Uma tem problemas com drogas e mora na rua há anos; quase nunca se veem; a outra, mais presente, tem 56 anos, um filho e, aos 40 anos, teve também um aneurisma. Diz que sente tanta aflição porque está com sérios problemas de saúde e tem medo de passar por uma cirurgia no coração, que seus médicos estão planejando fazer em breve.

4ª sessão

Paciente B iniciou nossa quarta sessão chorando muito e dizendo que sempre se sentiu muito sozinha, que ficou viúva muito cedo e que se mudou para Porto Alegre com as três meninas para procurar trabalho. Disse que, na capital, casou-se novamente, "só que, desta vez, com alguém que não era bom". Depois dessa frase, escutei um silêncio gelado. Desapressada, perguntei: "se ele não era bom, ele era o quê?". "Um monstro, doutora! Logo, descobri que ele abusava de minha filha, enquanto eu trabalhava".

A partir daí, ela fala, longamente, sobre o processo de divórcio com detalhes. Disse ter contado com a ajuda de uma advogada por quem sente "grande estima e gratidão" por tê-la orientado no processo. A advogada sugeriu, ao final, que ela ficasse calada com relação aos abusos, "pois poderiam não compreender a minha situação. Obedeci. E esta é a primeira vez que estou falando sobre tudo isso, doutora".

Termina nossa sessão dizendo: "Detesto os homens, doutora!".

5ª sessão

Nessa sessão, Paciente B chega sorrindo, parece bem-humorada e trás um sonho à sessão. Nele, ela estava num túnel que escoava água por todos os lados. Ela tinha de nadar, perdia o fôlego, e de repente, no fim do túnel, aparecia uma luz. "Só não sei se era uma luz pra eu ir pra cima ou ficar aqui embaixo, né, doutora".

Diz que está assustada porque os médicos disseram que ela vai ter de fazer uma cirurgia de ponte de safena. Tem sentido dor "que passa quando passo sobre o peito meu crucifixo e água benta". Sorrindo, diz que vai "fazer o que tem de ser feito", referindo-se à cirurgia, e que esta é a sua "saída pra luz". Porém, diz estar chateada, pois vai ter de passar uns 20 dias na casa da filha e diz: "sabe, doutora, eu não gosto de ficar junto dela, porque ela é muito ansiosa". Termina nossa sessão dizendo: "obrigada, doutora. Tenho me *abrido* para a senhora sem me machucar. A senhora e [a psicanalista que a atendeu anteriormente] tiraram um peso das minhas costas".

Paciente B aguarda a marcação da cirurgia.

Nossas sessões continuam a acontecer.

Considerações finais

Este capítulo buscou considerar que a Teoria dos Campos, em geral, e a clínica extensa, em particular, ensina a nós, psicanalistas, não só a cuidar da psique "para além do psiquismo individual", mas principalmente a nos reconectar com a Psicanálise que "se constitui como uma ciência geral da psique que conjuga saber e cura" (Leda Herrmann, 2009: 82).

Neste sentido, a Psicanálise preconizada por Fabio Herrmann – cuja base são as análises de Freud –, situando-se "um pouco além das oposições psicologia/ sociologia, história/estrutura, metafísica/metapsicologia", convida-nos a "decifrar o mundo histórico, individual e coletivo", ou seja, os "campos, sendo tanto as grandes repartições da alma, quanto os fenômenos microscópicos do dia a dia" (Fabio Herrmann, 2024 [2006]: 248).

Penso que os dois casos apresentados aqui ilustram o fato de que a clínica extensa não se restringe ao enquadre, pois, uma de suas peculiaridades é que ela responde à demanda da sociedade como um todo. Creio que estes dois casos ilustram também, e principalmente, a ação do método interpretativo na clínica (que é a marca da Teoria dos Campos) e a medida pela qual a função terapêutica psicanalítica, que depende do campo transferencial estabelecido, é o que sustenta, de fato, a extensão da clínica. Isso significa dizer que, no âmbito da Teoria dos Campos, a função terapêutica psicanalítica *é a atividade de cuidar em direção à cura* – no sentido apontado por Freud (em 1926) –, tomando o sujeito inteiramente em consideração.

Vale enfatizar também que, para além do cumprimento da função terapêutica que possibilitou às duas pacientes usarem seus próprios recursos internos que estavam inacessíveis por força da repressão, a clínica extensa se realizou, nestes casos, pelo "método em ação", que deu vez ao "conteúdo latente (ou inconsciente), suporte dos sentidos que se mostram diretamente por palavras ou ações" (Leda Herrmann, 2015).

***

Essas experiências com a clínica extensa me marcaram profundamente – a mim, como ser humano, e também a minha prática clínica. Elas me mostraram como a possibilidade de tocar o absurdo, que nos rodeia a todos (e que sistematiza a ideia de função terapêutica), através da interpretação psicanalítica, ao pôr à mostra as regras sustentadoras da representação de identidade, desvelou, de fato, as possibilidades de novas auto-representações (Fabio Herrmann, 1983; Leda Herrmann, 2004). No caso da Paciente A, conseguir falar com sua equipe sobre seu "surto de estresse" lhe devolveu a noção de que "não estava louca", que aquele foi seu jeito de "cuidar" de todos, naquele momento crítico. No caso da Paciente B, dizer que conseguiu se abrir "sem se machucar" parece ter-lhe apontado um caminho para alguma leveza e, em certa medida, restaurado seu humor. Tais experiências me acenderam também o desejo de estender as reflexões que esses atendimentos me levaram a fazer, especialmente, para os colegas que participaram da Ação Emergencial Online promovida pela Sociedade Brasileira de Psicanálise de Porto Alegre.

Para eles, para Leda Herrmann e à memória de Fabio Herrmann, dedico este breve relato.

São Paulo, 31 de julho de 2024.

Referências

Barone, Leda Maria Codeço et al. (Org.) (2005). *A psicanálise e a clínica extensa: III Encontro psicanalítico da teoria dos campos por escrito*. Casa do Psicólogo.

Camargo, Ana Cristina Cintra; Terepins, Sonia Soicher (junho 2007). Clínica extensa: enfermeiros dos ambulatórios do Hospital das Clínicas de São Paulo em busca de identidade e comunicação, *Percurso. O Pensamento Vivo de Fabio Herrmann,* n. 38, ano XX.

Freud, Sigmund (1926/1968). The question of lay analysis: conversations with an impartial person. *The Standard Edition*, vol. XX. The Hogarth Press.

Herrmann, Fabio Antonio (1983). A psicanálise, a psicanálise e as demais psicoterapias em face do absurdo. In Joel Birmam e Carlos Augusto Nicéas (orgs.). *Psicanálise e psicoterapia* (pp. 88/134). Campus. Coleção Teoria da Prática Psicanalítica 2.

Herrmann, Fabio Antonio (1979/1991). *Andaimes do real: o método da psicanálise.* Brasiliense.

Herrmann, Fabio Antonio (2001). *Introdução à teoria dos campos.* Casa do Psicólogo.

Herrmann, Fabio Antonio (2005). Clínica extensa. In Leda M. C. Barone et al. (orgs.). *A psicanálise e a clínica extensa: III Encontro psicanalítico da teoria dos campos por escrito* (pp. 17-31). Casa do Psicólogo.

Herrmann, Fabio Antonio (dezembro de 2006). Morte e vida no hospital, *Jornal de Psicanálise*, 39(71), 57-64.

Herrmann, Fabio Antonio (2017). *Sobre os fundamentos da psicanálise: quatro cursos e um preâmbulo.* Blucher.

Herrmann, Fabio Antonio (2007/2024). Teoria dos Campos: uma pequena história. In Yone Vittorello Castelo (org.), *Acervo Psicanalítico Revisitado* (pp. 247-254). Sociedade Brasileira de Psicanálise de São Paulo-SBPSP, Lis Gráfica.

Herrmann, Leda Affonso Figueiredo (2004). *Andaimes do real: a construção de um pensamento.* Tese de Doutorado em Psicologia Clínica São Paulo: PUC-SP.

Herrmann, Leda Affonso Figueiredo (2009). A questão da psicanálise em Fabio Herrmann. Crise em crise?, *Revista Brasileira de Psicanálise,* 43, n. 3, 81-92.

Herrmann, Leda Affonso Figueiredo (20 de abril de 2015). Psicanálise em Clínica Extensa, *Blog de Psicanálise.* SBPSP. https://www.sbpsp.org.br/blog/psicanalise-em-clinica-extensa/

18. Traumas: pequenos e grandes impactos que afetaram os gaúchos na enchente de maio de 2024

Rosa Beatriz Santoro Squeff

A enchente que vivenciamos em 2024 foi um momento bombástico inesperado que transtornou a vida de muitas pessoas. Em função dessa triste e inusitada situação, a SBPdePA organizou a Ação Emergencial online logo após tomar conhecimento da extensão do ocorrido. Nossa Presidente Patrícia Goldfeld, auxiliada pela colega Vera Hartmann, da Comissão da Comunidade e Cultura, organizaram uma lista com psicólogos e psicanalistas interessados em atender gratuitamente quem foi atingido pela catástrofe.

Essa iniciativa foi extremamente proveitosa, não só para as vítimas desalojadas de suas casas, como também para nós que tivemos a experiência de escutar, entender e amparar algumas pessoas que foram diretas ou indiretamente atingidas, em nosso Estado.

Quem escolhe a profissão de psicólogo/psicanalista e tem a oportunidade de exercer seus conhecimentos e sua prática num momento de extremo sofrimento alheio, além de também sofrer, sente-se muito gratificado em poder ser útil aos necessitados. É uma experiência de realização, por demais reconfortante e contribui para aliviar a angústia de ver o semelhante em profunda tristeza.

Da mesma forma, a possibilidade de fazer parte de um livro, onde temos a oportunidade de escrever e expressar nossos sentimentos e vivências, sobre uma situação ímpar na nossa trajetória, é muito salutar, uma vez que nos permite direcionar para a escrita nossas experiências e emoções relacionadas a fatos tão impactantes. É fazer na prática ao que Freud deu o nome de sublimação (1927).

Eu acredito que a maioria dos gaúchos ficou muito chocada, ou até poderia dizer "traumatizada", pelo impacto do poder de destruição da natureza e da fragilidade humana nesse momento, no sul do Brasil.

Por outro lado, para mim, também foi muito surpreendente perceber a rapidez, a habilidade e a potência do trabalho solidário do povo, em prol dos desabrigados. Constatamos uma enorme parceria do país inteiro e até do exterior. Isso me sensibilizou muito. Posso até afirmar: O mundo não está perdido. Quanto calor humano e desprendimento observamos em maio de 2024. Vivenciamos nesse momento o que Freud escreveu em *Futuro de uma ilusão*, de 1927, ao falar que um dos únicos consolos que a civilização tem é quando acontece uma catástrofe e os povos se unem para se defender da força do meio ambiente.

Tive o privilégio de atender quatro pessoas atingidas pela enchente. Inicialmente, ofereci 4 sessões a cada uma para serem escutadas, e nesses casos, três expressaram seus sentimentos com muita dor e lágrimas. Nos primeiros encontros me senti pequena para abarcar tanto sofrimento. No entanto, à medida que o tempo foi transcorrendo, percebi que as pessoas estavam conseguindo se reerguer e, aos poucos, foram reconstruindo suas vidas. Impressionou-me um dos casos, onde o trágico parecia que tinha se transformado em bênção. Era um pai de 74 anos que foi resgatado pelas filhas, após sua residência ter ficado totalmente alagada. Elas lhe proporcionaram, em suas casas, carinho e um abrigo aconchegante. Ele ficou impressionado com tanta gentileza e pode concluir, então, que tinha sido um pai suficientemente bom para receber tanto cuidado e amor. Disse-me ele: "Até tive a oportunidade de ser escutado por uma psicanalista por iniciativa delas". Os quatro últimos encontros, com essas vítimas, passados mais de um mês da tragédia, mostraram uma significativa recuperação, com novas perspectivas e esperança de retomarem suas vidas, buscando diferentes alternativas para evitar que revivessem algo semelhante futuramente.

Escutando relatos de colegas, onde alguns atingidos pela enchente precisaram de atendimento psiquiátrico, medicação ou uma escuta estendida com mais sessões, constatei o que estudamos na psicanálise, que algumas pessoas têm um aparelho psíquico que foi melhor constituído e conseguem se reerguer com mais rapidez, após uma situação traumática, e outras, por serem mais frágeis emocionalmente, necessitam de um acompanhamento diferenciado, ou mesmo mais tempo de escuta.

Revisar, na literatura psicanalítica, artigos sobre trauma, nos auxilia a juntar a prática e a teoria e assim entender melhor o que vivenciamos nesse panorama tão devastador. A palavra trauma vem do grego e significa ferida (Laplanche/Pontalis, 1988). É quando ocorre com a criança alguma forte frustração e o ego não consegue processar, recaindo num estado de desamparo. As falhas grosseiras da função materna provocam a invasão de estímulos ambientais que ultrapassam a capacidade do ego frágil absorver. Isso produz uma total impotência e uma descontinuidade do sentimento de "ser".

Todos os traumas estão ligados à violência que é cometida contra o ser humano, mesmo sutil e silenciosa. Isso pode vir dos próprios pais e educadores.

O trauma, para Freud (1895), é uma vivência, que num rápido espaço de tempo, traz um aumento de inquietação à vida psíquica, que os meios normais de elaboração fracassam, deixando perturbações no funcionamento energético. O indivíduo mostra uma incapacidade de responder de forma adequada. Em termos econômicos, o trauma se caracteriza por um excesso de excitações, em relação à tolerância do indivíduo. É um acontecimento suficientemente forte, violento ou inesperado que rompe o escudo protetor do aparelho psíquico, suprimindo a capacidade normal da mente de filtrar eventos que ameaçam ser esmagadores.

O primeiro modelo de trauma teorizado por Freud foi através da teoria da sedução (1895), pressupondo dois momentos: no primeiro, a criança sofre uma tentativa sexual pelo adulto, no segundo, evoca o primeiro momento por um traço associativo. Embora a primeira cena seja traumática, só depois esse valor é dado a ela.

O segundo modelo de trauma de Freud está em *Além do princípio do prazer* (1920). Com os atendimentos aos soldados da guerra, a teoria e a prática psicanalítica de Freud dos anos 20, em torno do princípio do prazer e do inconsciente sexual, precisou se abrir para incorporar outra realidade psíquica coexistente, marcada pela dinâmica não mais só do prazer, mas também do sofrimento.

O trauma, como neurose traumática e produto da guerra, enfrenta a psicanálise com a evidência de que há no psiquismo algo que está além do princípio do prazer. Essa nova concepção de Freud abala parte da teoria anterior, sendo a repetição vista não só como satisfação, mas como uma experiência dolorosa. O sonhar não mais responde somente aos fins da realização de um desejo, podendo implicar um doloroso reencontro com a experiência do trauma. Freud enfrentou esse doloroso desafio, e não foi indolor para ele, pois precisou repensar grande parte de sua trama teórica, sendo por isso considerado um dos maiores pensadores do século XX. Isso quer dizer que foi traumático para Freud dar-se conta da compulsão à repetição e que o ser humano não buscava somente o prazer? Talvez sim, mas com isso mostrou sua capacidade de se abrir ao novo e poder pensar algo diferente do que acreditava antes. Ou seja, se foi traumático superou, pois construiu a segunda tópica.

Mais adiante, em 1926, Freud incluiu como traumáticas as vivências de abandono, as separações e a perda do amor de pessoas significativas, entendidas como desamparo e escreve que o ego se sente desamparado, atordoado e abandonado à própria sorte diante de uma aluvião de excitações demasiado poderosas para que os processos mentais do ego possam-nas manejar.

Segundo Marucco (2005), no texto *Aspectos psicanalíticos das situações traumáticas*, o trauma pode ser definido como um acontecimento da vida que se caracteriza pela intensidade, pela incapacidade do sujeito de responder a ele adequadamente, como também pelos transtornos e efeitos patogênicos duradouros que provoca na organização psíquica. É um excesso que perfura a barreira protetora do psiquismo e que vem com força. A angústia sinal não permite ao ego se proteger dos excessos.

Cada pessoa responde de forma peculiar frente a uma situação traumática, dependendo da estrutura de seu ego e da intensidade do acontecimento. Uma criança poderá responder de uma maneira mais adequada do que um adulto, frente a uma situação muito intensa e invasiva.

Laplanche e Pontalis (1988) dizem que ocorre um trauma quando há uma incapacidade do aparelho psíquico de ligar as excitações e de levá-las ao inconsciente. É um choque violento que carrega o fator surpresa, responsável pelo desencadeamento do sentimento de angústia, uma sensação de um risco de morte, por ser inusitada e desconhecida.

Segundo Ferenczi, no texto "Confusão de língua entre os adultos e a criança" (1933), o trauma está relacionado a momentos muito precoces da vida de um indivíduo, anteriores ao recalque. Afirma que as primeiras experiências de encontro com o mundo externo da criança são traumáticas, é o outro que se apresenta como um meio de dar sentido às vivências penosas, construindo as representações. O trauma se instala quando a criança não se sente compreendida pelo adulto, como se houvesse uma "confusão de linguagem". Os adultos podem oferecer uma experiência exageradamente excitante, ameaçadora ou perturbadora.

O bebê que não teve uma mãe para nomear os primeiros momentos traumáticos da vida, terá mais dificuldades para construir representações no aparelho psíquico, ficando um conteúdo da ordem do não representável, que não se expressa via linguagem e sim sob a forma de marcas que o sujeito encena.

Frente ao que todos nós vivenciamos, com essa catástrofe climática, onde grande parte da população do Rio Grande ficou traumatizada, o que diferencia é a intensidade do trauma. Alguns só tomaram conhecimento do fato via meios de comunicação e muitos outros viveram em tempo real o drama da enchente. Observamos vítimas que conseguiram chorar, falar e depois de um tempo se acalmaram, porém, outros demonstraram um medo intenso, muita raiva, revolta, desamparo, ansiedade, depressão e alguns até chegaram a um TEPT, inclusive contraindo doenças infecciosas que levaram à morte. Muitas pessoas perderam, além de suas casas, sua história, sua identidade, sua referência e seus familiares.

Qual o nosso papel de psicanalistas frente a uma pessoa que sobreviveu a uma situação calamitosa e se mostra transtornada pelo que vivenciou?

O psicanalista precisa escutá-la e auxiliá-la a colocar em palavras toda a sua dor, nomeando cada passagem sofrida nesse cenário, pois, aos poucos, ela vai podendo dar sentido ao que ocorreu nesse episódio dramático. Quem escuta alguém traumatizado, precisa seguir o que Ferenczi (1933) mencionou: desempenhar o papel que uma mãe empática faz frente ao choro de seu bebê, oferecer um amparo, um aconchego e um colo simbólico.

Garland (2005) salienta que precisamos usar nossa capacidade de escutar, de compreender e experimentar o estado da pessoa sem ser impelido a agir sobre ele, isso chama-se continência. Assim, o atendido pode recuperar seu equilíbrio emocional, seja criança ou adulto, que tenha se desintegrado como resultado de um trauma sofrido. Completa que, eventos assustadores no presente, tendem a ser ligados a eventos assustadores do passado, dando a estes um vigor renovado.

Figueiredo (2003) afirma que o traumático ou catastrófico é definido na psicanálise, e fora dela, como o que diz respeito ao que escapa, contraria, destroça e instiga os poderes da ordem. O *pático* e o afetivo definem o traumático por excelência. O trauma é o momento privilegiado da inversão de papéis, onde o sujeito é apassivado pelo impacto de um objeto que excede a sua capacidade de domínio.

As pessoas que não tiveram, na sua primeira infância, um adulto que tenha facilitado as ligações das excitações infantis à palavra, impedindo as vivências dolorosas de se ligarem a representações, se passarem por um trauma violento na idade adulta, elas terão mais tendências a se desorganizar psiquicamente, uma vez que essa vivência posterior fica sem acessibilidade à lembrança, fica irrepresentável. No momento do trauma eles se colocam frente ao seu próprio desconhecido. O sofrimento é justamente em função daquilo que ainda não foi pensado e por isso a dor. O sujeito que está muito traumatizado age a sua dor e não consegue verbalizar. Possui impressões inacessíveis à memória e impossíveis de serem inscritas como traços psíquicos.

Marucco (2005) e Caroline Garland (2005) concordam com Winnicott e Bion: se houve para o recém-nascido uma mãe suficientemente boa, com capacidade de rêverie, que tenha traduzido as primeiras angústias naturais de cada fase, colocando em palavras, construindo representações, quando adulto ele terá melhores condições de suportar momentos traumatizantes.

Benyakar e Lezica (2005) comentam que Freud (1916-1917) não fala em trauma ao referir-se às séries complementares, mas em vivenciar o traumático. Dessa forma, apontam o papel da atividade psíquica no processamento do evento traumático, associando a uma interação entre o fático que provém do externo, e as reações internas, que provém do corpo. Os autores discriminam diferentes fases que surgem decorrentes do evento "disruptivo", que é o impacto de uma situação violenta e imprevista, que desarticula a possibilidade de defesa. Esse efeito disruptivo é ocasionado em decorrência dos mecanismos internos e não a algo inesperado pelo indivíduo. A situação disruptiva se vincula à capacidade de gerar efeitos intrapsíquicos desestabilizantes, resultado de diferentes reações psíquicas. Não é decorrente de um desejo não satisfeito. Esses acontecimentos colocam em xeque as pulsões de autoconservação, sendo um ataque à integridade narcísica e à pulsão de domínio. Tem o poder de colocar à prova nossa capacidade de elaboração, nos prejudicando e nos exigindo além de nossa intervenção e desejos. O disruptivo faz referência ao narcisismo, pois é a integridade narcísica que fica alterada em função do evento.

Alguns acontecimentos são tão intensamente massacrantes que rompem a barreira protetora do psiquismo. Um outro exemplo de momento traumático é o que nos traz Trachtenberg (2006) quando coloca que o extermínio de Auschwitz foi um tipo de ocorrido que ocasionou traumas que não podem ser medidos, pensados, lembrados, nem falados, pois permanecem encriptados e não encontram os caminhos da representação, ficando sem elaboração possível. Pertencem ao mundo do silêncio, do secreto, da cisão do eu. Esse conteúdo fica como um material traumático não elaborado, que vai sendo transmitido de geração a geração, pela via do inconsciente. De qualquer forma é necessário abrir um espaço para ser contado, ou exposto na literatura e, assim, possibilitar ser assimilado. É preciso falar e escrever para deixar seu testemunho frente ao que viveram, como um dever moral, através da criatividade.

Não podemos também deixar de ler Ailton Krenak (*História Pública & Narrativa Afro-Atlânticas*, 2023), ambientalista, escritor e filósofo que enfatiza a necessidade de empatizarmos com a natureza, com o planeta, respeitando o equilíbrio da vida e valorizando o conhecimento dos nossos ancestrais, numa busca de alternativas mais sustentáveis e solidárias em relação ao ambiente, sem buscar uma exploração caótica.

Toda a vivência contribui para a mudança e para o crescimento mental, isso significa aprender com a experiência, mas uma situação traumática pode ter tanta intensidade e toxidade que esmague as defesas mentais estabelecidas, causando um colapso mental para alguns. Após o ocorrido, uns podem retomar sua vida mais fortes, por terem adquirido maior compreensão da realidade, por possuírem um aparelho psíquico mais bem constituído e outros poderão dar continuidade a sua vida de forma mais frágil e dolorosa.

Enfim, os encontros que tivemos com colegas com experiência em catástrofes, durante o Atendimento Emergencial, foram suportes extremamente saudáveis, tanto para obtermos orientações e esclarecimentos de como agir com as pessoas mais necessitadas, que solicitavam uma escuta, como também para elaborarmos o que nós sentimos nesse momento.

Penso que é importante nos antenar que, além de respeitarmos os que foram diretamente atingidos, também precisamos respeitar nossas reais condições e limitações para abarcar tamanha dor. O autoconhecimento nessa hora é necessário. Todos nós desejamos nunca mais passar por uma experiência semelhante à enchente de maio de 2024. Mas, se porventura, ela se repetir em algum outro momento das nossas vidas, já teremos representações, trocas afetivas e esse livro como registro dos sentimentos e acontecimentos trágicos das pessoas que atendemos e o que vivenciamos ao lado delas. Ou seja, para continuarmos nossa trajetória, precisamos seguir os ensinamentos do nosso mestre: recordar, repetir e elaborar.

Referências

Benyakar, M.; Alvaro L. (2005). *Lo traumático, clínica y paradoja*. Tomo 1. 1. ed. Biblos.

Ferenczi, S. (1933). *A confusão de línguas entre os adultos e a criança*. Paidós, 1966.

Figueiredo, L. C. (2003). *Psicanálise: elementos para a clínica contemporânea*. Escuta.

Freud, S. (1895). Estudos sobre a histeria. *Obras Psicológicas Completas de Sigmund Freud*. Imago, 1976. vol. II.

Freud, S. (1916-1917). Conferências introdutórias sobre psicanálise. *Obras Psicológicas Completas de Sigmund Freud*. Imago, 1976. vol. XVI.

Freud, S. (1920). Mais além do princípio do prazer. In Freud, S. *Obras Psicológicas Completas*. Imago, 1976, vol. XVIII.

Freud, S. (1926). Inibição, sintoma e angústia. *Obras Psicológicas Completas de Sigmund Freud*. Imago, 1976. vol. XX.

Freud, S. (1927). O futuro de uma ilusão. *Obras Psicológicas Completas*. Imago, 1976. vol. XXI.

Garland, C. (2005). In *Psicoterapia de orientação analítica: fundamentos teóricos e clínicos*. Abordagem psicodinâmica do paciente traumatizado. Eizirik, C. e colaboradores. Artmed.

Laplanche, J.; Pontalis, J. B. (1988). *Vocabulário da psicanálise*. 10. ed. Martins Fontes.

Marucco, N. (2005). In *Psicoterapia de orientação analítica: fundamentos teóricos e clínicos*. Aspectos psicanalíticos das situações traumáticas. Eizirik, C. e colaboradores. Artmed.

Trachtenberg, A. R. C. História de traumatismos e traumatismos da história. *Psicanálise – Revista da Sociedade Brasileira de Psicanálise de Porto Alegre*, vol. 11, n. 1, 2009.

História Pública & Narrativa Afro-Atlântica (2023, 18 de dezembro). Ailton Krenak: uma voz indígena que se destaca. Brasil de Fato. https:#www.brasildefatopb.com.br/2023/12/18/ailton-krenak%20destaca%2Dse%20como,diversidade%20cultural%20de%20comunidades%20tradicionais

19. Um episódio potencialmente traumático

Leonor Guiramand

« Um evento de grande violência, como um acidente de carro, um incêndio ou uma agressão, nem sempre conduz a um psicotraumatismo. Por isso, o evento é qualificado como «potencialmente traumático». O fato de ele conduzir ou não a um psicotraumatismo, depende de inúmeros fatores que modulam as reações da pessoa face a violência da realidade. »

Florence Askenazy (2023)

Porto Alegre, 8 de maio de 2024 – Criação do grupo WhatsApp « Ação Emergencial On-line » pela Sociedade Brasileira de Psicanálise de Porto Alegre (SBPdePA).

Dados das enchentes no Rio Grande do Sul de acordo com as publicações da « Casa Militar Defesa Civil RS »

Sábado, 27 de abril, primeiro temporal...

BOLETIM DAS 9H DE QUARTA-FEIRA EM 8 DE MAIO DE 2024:

Pessoas afetadas: 1.450.078

Pessoas Desalojados: 158.992

Pessoas em abrigos: 66.434

Pessoas Feridas: 372

Pessoas desaparecidas: 128

Municípios afetados: 414

Sexta, 29 de maio: um mês de tragédia...

Último boletim datado, de 20 de agosto de 2024:

O IMPACTO DAS ENCHENTES NO RIO GRANDE DO SUL RESULTOU EM NÚMEROS ALARMANTES:

Pessoas afetadas: 2.398.255

Óbitos confirmados: 183

Pessoas desaparecidas: 27

Pessoas feridas: 806

Municípios afetados: 478

> *As catástrofes naturais são frequentemente mais aceitas do que as catástrofes causadas pelo homem. Enquanto as primeiras são vistas como resultado da ação do ambiente, do clima ou de representações mais arcaicas (os deuses, os espíritos ou a ambivalência da Terra que nos deu vida), as segundas são mais difíceis de tolerar e despertam necessidades de vingança e explicação.* ***Se a revolta contra os elementos naturais parece inútil, isso não diminui o seu caráter traumático.*** *(Bacqué, 2003)*
>
> ***(Embora possamos questionar o uso do termo 'catástrofe natural' no contexto das inundações – visto que as inundações são amplamente favorecidas pela atividade humana).*** *(Cepri, 2015)*

Em sua conferência sobre o tema a « Clínica do Traumatismo », Thierry Bokanowski, refere-se ao « evento traumatizante (ou do tipo traumático) », que na maioria das vezes irrompe do exterior (por exemplo, um acidente, uma agressão etc.) – mas que às vezes também pode surgir do interior do sujeito (por exemplo, um pesadelo, uma situação de "estranheza perturbadora" (Freud, 1919) etc.) –, caracterizado frequentemente por seu caráter violento, uma vez que surge sem aviso, pegando o sujeito despreparado; esse evento brutal – que pega o sujeito de surpresa e, por isso, o deixa perplexo, confuso, quando não o deixa completamente siderado – provoca então no plano psíquico, uma ruptura na barreira de proteção contra os estímulos externos, o que faz com que o psiquismo seja dominado por uma excitação que ele não consegue compreender e gerenciar. Isto leva a uma perturbação massiva do funcionamento psíquico, bem como das defesas estabelecidas até então; essa perturbação pode levar, em casos extremos, ao colapso da própria integridade e da economia psíquica do sujeito (cf., D.W. Winnicott, "La crainte de l'effondrement", "O Medo do Colapso"), afetando, dessa forma, sua relação com o outro, ou até mesmo com a realidade (criando assim um trauma) (Bokanowski, 2013).

Minha Vivência

Sou psicóloga, brasileira, de origem gaúcha, nasci em Vacaria e morei muito tempo em Porto Alegre. Atualmente resido na França. Tomei conhecimento das enchentes que ocorreram no Rio Grande do Sul através das mídias e, por consequente, as imagens que vi e os depoimentos que escutei, me causaram forte impacto. A dimensão da catástrofe era enorme e gravíssima, pelo número de vítimas e pela quantidade imensa de pessoas afetadas, desabrigadas que perderam literalmente tudo o que possuíam. Estando tão distante fisicamente e tendo poucas informações sobre a situação real, busquei informações que fossem fidedignas. Entrei em contato com familiares e amigos residentes no estado, aos poucos foram me colocando a par da tragédia. As pessoas com quem eu falava, primeiramente me asseguravam que "estavam bem" por que não tinham sido atingidas diretamente pela enchente. Contudo, o relato de cada um que estava vivenciando os acontecimentos locais, era sempre o mesmo: "a situação é horrível, muito triste".

O que me surpreendeu foi escutar que muitos estavam ajudando de forma voluntária, seja no resgate das pessoas através dos meios que tinham disponíveis ou junto aos abrigos, acolhendo os desabrigados, fazendo triagem e distribuição de donativos.

Me sentia cada vez mais impactada e impotente, sem poder ajudar, por estar longe fisicamente da minha região, do meu país. Meu sentimento de querer ajudar, ser útil de alguma forma, aumentava a cada dia. Aqui, na França, as mídias relataram intensamente os acontecimentos na primeira semana, depois novos acontecimentos e catástrofes mundiais ocuparam o espaço mediático. Mas, no RGS, a catástrofe continuava, eu sentia uma necessidade muito grande de falar o que estava acontecendo às pessoas do meu círculo mais próximo, amigos, colegas e conhecidos aqui, que me perguntavam com frequência sobre a evolução da situação. Ouvindo meus relatos e considerando a gravidade da catástrofe, queriam também ajudar, então a forma mais viável e rápida que encontramos, seria enviar doações em dinheiro diretamente para associações fiáveis no Brasil, pois criar algo que ajudasse de maneira formal seria demorado e complexo a realizar.

Meu desejo de ajudar continuava muito presente, até o dia que em contato com a Vera Hartmann, me falou do Projeto Emergencial de Atendimento On-line, coordenado pela Sociedade Brasileira de Psicanálise de Porto Alegre (SBPdePA), por eu "ser psicóloga" e "ter ferramentas internas para realizar o trabalho proposto". Projeto ao qual ela coordenava junto com a Patrícia Goldfeld presidente da Instituição. Imediatamente disponibilizei alguns horários para auxiliar e fazer atendimentos on-line.

Me integrei ao grupo de voluntários, alguns já experiência nesse modelo quando da pandemia do Covid em 2020, portanto não nos parecia o suficiente para enfrentarmos esse novo desafio, teríamos de nos capacitar mais profundamente.

A coordenação do grupo foi receptiva e cuidadosa, dando suporte teórico e afetivo aos voluntários, o que favoreceu um atendimento diferenciado, adaptado em uma situação de urgência que necessitava igualmente um acompanhamento de quem iria atender as pessoas que buscavam ajuda através do programa. Esse acompanhamento que nos foi disponibilizado, chamamos de "A Escuta da Escuta", com discussões de casos atendidos e supervisões individuais, caso houvesse necessidade.

Rapidamente, nos foi proporcionado reflexões teórico-práticas, através de conferências especificas com profissionais do Comitê de Assistência Psicanalítica em Crises e Emergências (PACE) e outros especialistas de diversas instituições competentes no assunto.

Enquanto aguardava o primeiro encaminhamento, procurei aprofundar meus conhecimentos para melhor escuta das pessoas que me seriam encaminhadas.

Nesse percurso, relembrei momentos que vivemos na França em novembro de 2015 no Bataclan e 2016 em Nice na data do 14 de julho, quando os ataques terroristas em solo francês chocaram a comunidade nacional causando um forte impacto traumático. Embora os eventos sejam de causalidades diferentes, atentados e catástrofes naturais, também podemos citar acidentes coletivos ou incidentes graves, todos são caracterizados por impactos imprevisíveis e brutais, potencialmente traumáticos, vivenciados de diferentes formas e níveis por cada pessoa.

Ao referir-se aos atentados de Nice em 2016, Florence Askenazy, diz que o traumatismo coletivo, causado por um evento de grande violência, pode destruir famílias, aterrorizar bebês, crianças, pais, e produzir uma onda de choque de uma violência inimaginável sobre a população, e causar um psicotraumatismo às pessoas mais expostas. Pode, também, desestabilizar ainda mais as pessoas já fragilizadas ou vítimas de um psicotrauma anterior. A ameaça externa torna-se uma ameaça interna, que atormenta as vítimas. O contexto ansiogênico, é amplificado pelas mídias e redes sociais nos smartphones de cada um, transformam-se rapidamente em uma opressão interna que conduz a expressões múltiplas e variadas. Adultos e crianças absorvem isso, muitas vezes, sem perceber (Askenazy, 2023, p. 9).

Além disso, a forma e a intensidade dos sintomas relacionados ao psicotrauma variam, sendo moduladas por outros fatores intrínsecos à própria pessoa. A consequência mais estudada atualmente pelos cientistas, é o transtorno de estresse pós-traumático (TEPT). No entanto, diz Florence Askenazy, na realidade, este está longe de ser o único. A emergência sanitária e um conjunto de ações sanitárias são necessárias. De acordo com sua experiência e, igualmente, sustentada por estudos internacionais sobre o psicotrauma e suas consequências, e pelos primeiros resultados dos estudos franceses realizados pelo Centro Pediátrico de Psicotrauma de Nice (Centro Simone Viel), mostram que ajudar a pessoa em sofrimento o mais rápido possível após o evento, seja qual for a causa, reduz sensivelmente as consequências do psicotrauma, que poderá causar dificuldades para continuar a vida como antes, como também, sintomas mais ou menos graves podem surgir. Todos os seres humanos, de todas as idades, são afetados: crianças, bebês, mulheres grávidas, adultos, adolescentes, pessoas com deficiência. Independentemente de sua história ou vulnerabilidade (Askenazy, 2023, p. 10).

A autora referenda a necessidade de uma ação imediata de atendimento às pessoas em sofrimento em situação de urgência. O Projeto Emergencial de Atendimento On-line proposto pela SBPdePA, agiu de forma reativa disponibilizando um número de telefone como uma forma de primeiro contato, sem restrições de horário e disponibilidade.

A precariedade do serviço público, a ausência ou insuficiência de infraestrutura para dar assistência psicológica às pessoas em vulnerabilidade, no estado, nos levaram a reagir rapidamente.

A escuta

Boris Cyrulnik diz que nós, seres humanos, podemos sofrer duas vezes: sofremos com o golpe que recebemos e sofremos novamente quando nos perguntamos: « Por que o recebemos? »; « Por que fomos deixados sozinhos diante desse golpe? »; « Por que peço ajuda e ninguém vem? »; « Por que me deixaram sozinho? » (Cyrulnik, 2024).

Dar um sentido a experiência vivida é essencial, e isso passa pela necessidade de falar, de contar sua história, de buscar respostas. Quando conseguimos dar um sentido ao que aconteceu, acrescentamos a memória do que dissemos à memória do que vivenciamos. Esse processo permite integrar a experiência traumática em nossa história pessoal, transformando o sofrimento em algo mais compreensível e assimilável. Portanto, não se modificam os fatos, nem o impacto realmente sentido, vivido. O que se modifica é a representação dos fatos (Cyrulnik, 2024).

Quando uma pessoa consegue refletir e falar sobre uma experiência difícil ou traumática, ela inicia um processo de compreensão que permite que ela seja « ator » da sua própria história e não apenas « objeto » passivo, vítima das circunstâncias (Cyrulnik, 2024).

Quando existe a possibilidade de uma escuta empática e atenciosa, onde a palavra se liberta, por meio desse compartilhamento, da fala e da escuta, fazemos um trabalho de reintegração na humanidade, ou seja, se impedirmos um ser humano de falar, se não lhe dermos a palavra, o desumanizamos (Cyrulnik, 2024).

Nos três acompanhamentos individuais que realizei, as primeiras palavras que escutei foram: "preciso de ajuda", "tenho crises de pânico e ansiedade", "sinto muita angústia, medo e insegurança", "ânimo zero", "me sinto estranha", "tudo me irrita", "não me sinto bem em lugar nenhum"; "tenho falta de concentração"; "tenho medo de errar com meus filhos", "sinto um vazio", "nada rende", "as vezes penso em suicídio" (sic).

Diante da intensidade de emoções relatadas em cada escuta, de forma detalhada e minuciosa, tive a impressão que cada pessoa revivia cada instante da cena vivenciada: o choque terrível da água que subia sem parar e sem avisar; a tentativa de salvar algo e carregar consigo; se salvar; salvar os outros; a angustia de não saber se outras pessoas da família teriam conseguido sobreviver; onde e como estavam; o sentimento de impotência; de perda; sair com a roupa do corpo sem saber para onde ir e o que fazer; a dor de ver tanta destruição e pessoas desabrigadas, isso tudo despertava em mim o desejo de proporcionar alguma forma de amparo, e a escuta era o possível.

Conforme a nossa proposta de atendimento voluntario, oferecíamos inicialmente 4 a 8 encontros, com a possibilidade igualmente de dar continuidade, caso necessário, ou fazer encaminhamento adequado as condições de cada pessoa acompanhada.

Das 3 pessoas que acompanhei, apenas uma delas desejou se beneficiar dos 8 encontros propostos inicialmente, e deseja igualmente dar continuidade através de um trabalho psicoterapêutico. Penso que é importante ela não interromper esse acompanhamento, por ser uma pessoa que apresenta fatores de vulnerabilidade muito grandes.

Florence Askenazy, diz que a ciência se interessa por essa questão fundamental, de entender por que algumas pessoas desenvolvem transtornos enquanto outras não, e por que algumas pessoas manifestam sintomas mais graves do que outras. Sabe-se há muito tempo que eventos traumáticos alteram profundamente a maneira como um ser humano lida com suas emoções posteriormente. Novas pistas emergentes, como as da epigenética – que estuda não o genoma, que é imutável, mas a expressão deste, que parece poder ser modulado por um evento e alterar trajetórias individuais ao longo de várias gerações –, o que têm chamado a atenção científica de forma crescente (Askenazy, 2024).

Continuidade

Ajudar a população antes, durante e após as catástrofes envolve várias ações essenciais para garantir a segurança e o bem-estar das pessoas afetadas. Ações, como: realizar missões de resgate; organizar a entrega de alimentos e outros suprimentos; encontrar abrigos temporários para as pessoas cujas casas foram totalmente destruídas ou danificadas, são ações iniciais prioritárias, são essenciais para reduzir o impacto das catástrofes nas comunidades e facilitar o processo de reconstrução.

É necessário, porém, pensarmos em agir em termos de saúde mental, no contexto do psicotrauma. Em relação a essa problemática, Florence Askenazy, destaca a importância de uma resposta rápida e eficaz no tratamento do psicotrauma, comparando-o ao tratamento de outras doenças graves e crônicas, como o câncer. A ideia é que, assim como em doenças físicas severas, onde a intervenção precoce é crucial para melhorar os resultados, o mesmo princípio deve ser aplicado na saúde mental, especialmente no contexto do psicotrauma.

Para isso, é necessário investir na formação de profissionais de saúde mental e na criação de estruturas especializadas que possam oferecer suporte adequado e em tempo hábil para as pessoas afetadas. Isso se torna ainda mais urgente, pois o psicotrauma é uma questão crescente e muitas vezes subestimada na sociedade. Existe a necessidade de preparo e agilidade para enfrentar essa problemática de maneira eficaz.

É essencial ajudar os profissionais a ouvirem a dor do psicotrauma, a prever além da urgência, não basta apenas oferecer ajuda imediata após um episódio traumático. É crucial prever as necessidades futuras, proporcionar apoio por um período prolongado, para aqueles que necessitam de cuidados contínuos. A importância de alertar constantemente os governantes e responsáveis por políticas públicas, sobre a necessidade indispensável de considerar o sofrimento dessas pessoas anônimas, silenciosas e invisíveis (Askenazy, 2023).

Na sociedade moderna, as crises e tragédias são frequentes, muitas vezes rapidamente substituídas por novas crises, negligenciando assim as pessoas afetadas por eventos anteriores. Precisamos chamar a atenção para a necessidade de uma abordagem mais profunda, contínua no tratamento do psicotrauma, para que ninguém seja abandonado quando novas crises surgirem. É importante acompanhar essas pessoas o tempo necessário para sua reconstrução e para que possam se reapropriar de suas histórias.

A minha experiência nesse trabalho como voluntaria de « ajuda psicológica emergencial », foi muito intenso em emoções e aprendizado. Graças a nossa escuta empática e cuidadosa, acredito que conseguimos ajudar a reduzir a intensidade do sofrimento traumático em algumas pessoas afetadas pela enchente de maio de 2024 no RGS. Temos esperança de que o nosso acolhimento e nossa escuta, tenham despertado a confiança para que mais pessoas possam acreditar no valor da ajuda psicoterapêutica em situações de sofrimento.

Em paralelo, constatamos a necessidade de um trabalho nas instituições, de preparo para atendimento psicológico psicanalítico social, em conformidade com os princípios e conhecimentos freudianos, quando menciona a importância de disponibilizar tratamento psicanalítico a todos aqueles que necessitarem independentemente de sua condição social (Freud, 1918).

Referências

Askenazy-Gittard, F. (2023). *Le psychotrauma de l'enfant: comprendre et soigner* – Essai – Paris, First Ed. avril 2023.

Askenazy-Gittard, F. "Séminaire Jean Cournut", Cycle Actualités du traumatisme, "Effroi, traumatisme et trauma" – Sociedade Psicanalitica de Paris – 17 junho 2024, Paris.

Bacqué M.-F. (2003). *Deuil post-traumatique et catastrophes naturelles* – Paris, Études sur la mort 2003/1 n. 123.

Bokanowski, T. (2013). Conférences Sainte-Anne – Cliniques(s) du traumatisme – Sociedade Psicanalitica de Paris, 27 maio 2013.

CEPRI (2015). Centre européen de prévention du risque d'inondation. Programa d'Activités de 2015.

Cyrulnik, B. (2024). "Traumatismes et résilience", Entrevista com Cécile Guéret, 4 julho 2024, 100 minutos – CAIRN sciences humaines et sociales en collaboration avec Le Carnet PSY, Paris.

Freud, S. (1918). *Caminhos da terapia psicanalítica*. vol. 17, p. 210.

Freud, S. (1919). "L'inquiétante étrangeté " (« Das Unheilmliche » traduzido para o português como "Estranheza perturbadora" ou "O infamiliar") – Essais de Psychanalise Apliquée, Paris, Gallimard, 1976.

Site Casa Militar Defesa Civil RS. https://www.defesacivil.rs.gov.br/defesa-civil-atualiza-balanco-das-enchentes-no-rs-10-7-66b67813ba21f-66c4eed627af9

20. O espectro em cena: abrigos revelação

Marta Meneghello Müller Stumpf

> *Todas as palavras que não puderam ser ditas, todas as cenas que não puderam ser rememoradas, todas as lágrimas que não puderam ser vertidas serão engolidas, assim como, ao mesmo tempo, o traumatismo, causa da perda. Engolidos e postos em conserva. O luto indizível instala no interior do sujeito uma sepultura secreta. Criou-se, assim, todo um mundo inconsciente que leva uma vida separada e oculta. (Abraham e Torok, 1995)*

Ao longo da minha prática clínica com pessoas com deficiências, neurodiversas, como aqueles que se enquadram no que hoje chamamos de transtorno do espectro autista, venho refletindo sobre o suposto aumento desses casos. Penso muito em como nós, profissionais da área da saúde mental, estamos abertos a olhar essas questões, nossos preconceitos e o quanto estamos dispostos a escutar e quem sabe contribuir ativamente para a qualidade de vida dessas pessoas.

As enchentes que assolaram o estado do Rio Grande de Sul, assim como a pandemia de Covid-19 que ocorreu no mundo, foram catástrofes que revelaram muitos aspectos humanos, dos melhores aos piores. Se na pandemia o isolamento foi um dos males necessários para a sobrevivência, nas enchentes a solidariedade foi um dos maiores bens. Em ambas as situações muitos aspectos foram sendo revelados. Os abrigos salvaram a vida de milhares de pessoas, das águas, das ruas, da fome, do frio, da solidão. O que é abrigar? É dar ou receber abrigo; acolher, proteger de intempérie. Abrigar vem do latim de *apricare* e, originalmente, remetia a ficar aquecido sob o sol. Em qualquer abrigo sempre há revelação, que é um termo que tem a sua origem etimológica no vocabulário latino *revelatio*. Refere-se a revelar, contar algo que era secreto, tornar visível o que estava oculto, tirar o véu.

E esse aumento nos casos de autismo, esse boom de casos do *espectro*? Etimologicamente, a palavra espectro se originou a partir do latim *spectrum*, que significa "visão", "fantasma" ou "aparência". Alguns dos principais sinônimos de espectro são: aparição, fantasma, sombra, fantasmagoria, ameaça, indício, sinal, ilusão, quimera, pálido, lívido e cadavérico. Na psicologia o termo espectro abrange uma ampla gama de sintomas e níveis de gravidade que vão de uma necessidade menor de suporte a uma maior, e suas manifestações podem diferenciar-se de sujeito a sujeito, resultando sempre em um caso singular.

Em nossos consultórios recebemos pessoas com questões diversas, pacientes neuróticos, psicóticos, perversos, mas o fato é que o número de encaminhamentos de pessoas com autismo têm de fato crescido nos últimos anos. Sabe-se que para Freud (1897) a neurose é o negativo da perversão e que em cada análise há a revelação daquilo que está oculto, da parte mais sombria, do sinistro, daquela parte que negamos de nós mesmos, recalcamos, desmentimos, foracluímos ou elidimos, como nos traz Laznik (2011) quando se refere ao autismo, mas as análises são também construções criativas a dois de um psiquismo, de um vínculo, um laço que não pode acontecer satisfatoriamente. Momentos de catástrofes são favoráveis às revelações porque neles as barreiras internas cedem. Algo do que estava soterrado no psiquismo emergiu com as inundações, um cheiro sinistro se manifestou. A conserva azedou.

Segundo Laznik (2011), elisão é o mecanismo de defesa primária, que é próprio ao sistema perceptivo, onde por haver uma retirada maciça de investimento do mundo, a percepção de um objeto pode subitamente cessar, como se o objeto não existisse e nunca tivesse sido inscrito para a criança. Esse seria, segundo a autora, o mecanismo da pessoa com autismo.

No meio psicanalítico fala-se muito sobre autismo e muito pouco sobre deficiência intelectual, paralisia cerebral, síndromes raras, deficiência visual, auditiva, Síndrome de Down, Síndrome de Tourette, dentre outras inúmeras deficiências que precisam ser contempladas pela psicanálise. Assim como quase não observam-se profissionais que atendam pessoas com deficiência ou psicanalistas com deficiência (auditiva, visual, física por exemplo) uma vez que sabe-se da importância de privilegiar o lugar de fala e abrir espaço para profissionais com diferentes características e especificidades. Vê-se um movimento de debate e abertura nas sociedades psicanalíticas em relação às questões do racismo, de gênero, das pessoas indígenas, e esse movimento de inclusão deve ser estendido às pessoas com deficiência.

Verifica-se muita segregação ainda hoje em relação às pessoas com deficiência também em suas famílias, que, muitas vezes, privam os seus filhos de um convívio social mais enriquecedor, isolando-os em casa. Alguns acreditam em tratamentos que prometem milagres, reabilitações invasivas, com crenças de cura, com uma promessa de reinserção normativa. Dentro da estrutura familiar inconsciente podem ocorrer muitos mecanismos de defesa para não aceitação do filho real, por próprio capacitismo[1], não elaboração do luto pelo filho

1 O capacitismo significa a discriminação de pessoas com deficiência, sua tradução para o inglês é ableism. O termo é pautado na construção social de um corpo

ideal, reforçados pela falta de rede de apoio. A separação de casais que têm filhos com deficiência tem um percentual muito alto.

Os tratamentos para pessoas com deficiência, as terapias com equipes multidisciplinares, são muito necessárias, porém temos que ter uma capacidade crítica e empática, ajudando nesse processo de ver o outro como ele realmente é, com seus potenciais e limitações. Sobrecarregar as pessoas em tratamentos excessivos que as privam da inclusão é uma forma de excluir. Há crianças que não frequentam escolas e passam muito tempo em centros de reabilitação. Ainda hoje alguns tratamentos de reabilitação funcionam como adestramentos.

A sobrecarga emocional das famílias e cuidadores é intensa, recaindo muitas vezes, em maior intensidade para as mulheres, em função da cultura machista, do patriarcado, que reforça que a responsabilidade pelo filho é mais da mãe. A carga mental na mulher é forte. Esse funcionamento também ocorre porque a sociedade não sabe lidar com o estranho em si, no outro, apresentando muitas barreiras.

Abaixo o relato de uma mãe:

> *"Frequentemente, sou solicitada a descrever a experiência de dar à luz a uma criança com deficiência; Uma tentativa de ajudar pessoas que não têm com quem compartilhar essa experiência única a entendê-la e imaginar como é vivenciá-la. Seria como... Ter um bebê é como planejar uma fabulosa viagem de férias para a Itália! Você compra montes de guias e faz planos maravilhosos! O Coliseu. O Davi de Michelângelo. As gôndolas em Veneza. Você pode até aprender algumas frases em italiano. É tudo muito excitante. Após meses de antecipação, finalmente*

padrão perfeito denominado como "normal" e da subestimação da capacidade e aptidão de pessoas em virtude de suas deficiências.

chega o grande dia! Você arruma suas malas e embarca. Algumas horas depois você aterrissa. O comissário de bordo chega e diz:

Bem vindo à Holanda!

Holanda!?! – Diz você. – O que quer dizer com Holanda!?!? Eu escolhi a Itália! Eu devia ter chegado à Itália. Toda a minha vida eu sonhei em conhecer a Itália!

Mas houve uma mudança de plano de voo. Eles aterrissaram na Holanda e é lá que você deve ficar. A coisa mais importante é que eles não te levaram a um lugar horrível, desagradável, cheio de pestilência, fome e doença. É apenas um lugar diferente. Logo, você deve sair e comprar novos guias. Deve aprender uma nova linguagem. E você irá encontrar um novo grupo de pessoas que nunca encontrou antes. É apenas um lugar diferente. É mais baixo e menos ensolarado que a Itália. Mas após alguns minutos, você pode respirar fundo e olhar ao redor, começar a notar que a Holanda tem moinhos de vento, tulipas e até Rembrandts e Van Goghs. Mas, todos que você conhece estão ocupados indo e vindo da Itália, estão sempre comentando sobre o tempo maravilhoso que passaram lá. E por toda sua vida você dirá: – Sim, era onde eu deveria estar. Era tudo o que eu havia planejado! E a dor que isso causa nunca, nunca irá embora. Porque a perda desse sonho é uma perda extremamente significativa. Porém, se você passar a sua vida toda remoendo o fato de não ter chegado à Itália, nunca estará livre para apreciar as coisas belas e muito especiais sobre a Holanda".

Essa é uma fábula escrita por Emily Perl Knisley (1987). Emily é uma escritora americana que colaborou com a equipe da Vila Sésamo em 1970 e seguiu escrevendo até se aposentar no ano de 2015. Teve um filho com síndrome de Down em 1974 (Jason Kingsley).

A fábula da escritora retrata o quanto o acontecimento da parentalidade atípica pode ser experienciado nas famílias. É um processo difícil com todo o capacitismo estrutural envolvido nesse evento disruptivo, e cada família poderá lidar com ele conforme suas ferramentas internas.

Sabe-se que durante as catástrofes naturais os mais vulneráveis são os mais atingidos. Dentro desse público encontra-se: a população carente, as pessoas negras, indígenas, com deficiência, neurodivergentes, LGBTQIAPN+. A Sociedade Brasileira de Psicanálise de Porto Alegre, atuou nos abrigos presencialmente e online desde o início da catástrofe. Logo que tudo começou houve uma intensa rede de solidariedade, de doações, de grande investimento e captação de recursos para o trabalho voluntário nos abrigos e para a sociedade conforme a demanda. Houve a construção de equipes qualificadas para abrigos que tinham demandas específicas. Havia abrigos para pessoas autistas e deficientes, com acessibilidade, terapias, profissionais qualificados, abrigos para mulheres e seus filhos, protegidos contra a violência sexual que fora denunciada anteriormente nos abrigos mistos, abrigos para pessoas indígenas, para pessoas LGBTQIAPN+, livres de homofobia e maus tratos, enfim, abrigos construídos também em função da dificuldade do ser humano em lidar com a diversidade.

Os abrigos específicos oportunizaram às populações mais vulneráveis a experiência do que a eles é negado por direito, porém, esses mesmos abrigos tiveram um tempo limitado de atuação e essas famílias voltaram para uma realidade para aquém da anterior.

Algumas questões podem ser feitas a partir da necessidade dos abrigos específicos: seriam eles lugares que acolheram o que nós enquanto sociedade não estamos acolhendo? Por que temos a necessidade de abrigos para públicos específicos? Será que não podemos pensar nesses abrigos como reveladores de algo que tentamos ocultar nas nossas vidas privilegiadas? Sabemos muito bem que abusos ocorrem diariamente com crianças dentro de suas famílias, que a maior parte dessas ocorrências, quando são realizadas, são por familiares das vítimas, que são filhos/as de mulheres vítimas do machismo, da misoginia. Sabemos muito bem que crianças neurodivergentes, autistas ou deficientes sofrem pela exclusão, pelo capacitismo estrutural. Sabemos muito bem da violência diária contra as pessoas negras, indígenas e LGBTQIAPN+... essas questões servem para revelar a violência já existente na exclusão, na discriminação social que esteve e está presente, não só nesses momentos de catástrofes mas nesses não lugares que garantimos ao outro ao não incluir.

O tema do transtorno do espectro autista vem trazendo muitas inquietações, mobilizando preconceitos, principalmente a partir da Lei Brasileira da Inclusão de 2015 que criminaliza a não entrada das pessoas com deficiência ou neurodiversidade nas escolas regulares.

Primeiramente é importante que se faça uma distinção entre os modelos sociais da deficiência[2] e de todos que saem da dita "normalidade". Segundo o ministério dos direitos humanos, há o modelo médico – que iniciou com o sociólogo Nagi em 1966, quando então a OMS organizou uma classificação internacional das deficiências, incapacidades e desvantagens. Nele a deficiência está na pessoa, dando origem ao CID. Logo após veio o modelo social – o qual iniciou através da união das pessoas com deficiência física contra a segregação (*Union of the physically impaired against segregation*). Nele a deficiência maior está nas barreiras, principalmente nas atitudinais, na falta de acessibilidade e na sociedade. Enfim, veio o Modelo Biopsicossocial – o qual integra os dois modelos anteriores e surgiu com a

2 https://diariodainclusaosocial.com/2018/04/26/conheca-o-modelo-de-avaliacao-biopsicossocial-da-pe ssoa-com-deficiencia/

convenção internacional da pessoa com deficiência. Esse modelo utiliza o CID com o CIF (classificação internacional de funcionalidade incapacidade e saúde).

Através dos modelos, do movimento da inclusão, da ampliação da visão da deficiência, que dá voz aos sujeitos e legitima o acesso aos direitos humanos, entende-se que as maiores barreiras são atitudinais e a forma como estruturamos nossa sociedade e relações. Os diagnósticos são como bússolas e garantias de direitos, mas existem para muito além de patologias, se quisermos uma sociedade menos violenta e desigual.

O letramento anticapacitista[3] é urgente. Alguns movimentos das próprias pessoas com autismo foram feitos e precisamos ter esse conhecimento.

É importante saber que o símbolo do autismo é um infinito colorido, por exemplo. O sinal do infinito pintado com as cores do arco-íris foi criado pelos próprios autistas e é usado como símbolo do Dia do Orgulho Autista, 18 de junho. A imagem representa a diversidade entre as pessoas que estão dentro do espectro, com infinitas variações e possibilidades, mesmo tendo semelhanças neurológicas entre elas. O antigo símbolo do quebra-cabeça, criado em 1963, não é bem aceito pelos autistas, porque um de seus significados é justamente a dificuldade em compreender essas pessoas e esse símbolo pode conter um capacitismo estrutural nele, uma vez que reforça o estigma de doença.

O Dia Mundial da Conscientização do Autismo, 2 de abril, foi criado pela Organização das Nações Unidas (ONU), no ano de 2007. Essa data foi escolhida com o objetivo de levar informação à população para reduzir a discriminação e o preconceito contra os indivíduos que apresentam o Transtorno do Espectro Autista (TEA).

---

3 https://www.gov.br/mdr/pt-br

Por que o azul é a cor símbolo do autismo? Embora se tenha o conhecimento da maior incidência em meninos, 4 para 1. Há um crescimento no registro do número de meninas com autismo, isso porque elas aprendem desde cedo a disfarçar as características do transtorno, com o objetivo de se adaptar ao ambiente social, fenômeno conhecido como *masking*[4] ou *camuflagem*, evitando assim, o estigma, o *bullying*. Ao mesmo tempo que pode ser adaptativo pode levar a pessoa a exaustão, dificuldades de autoconhecimento e aceitação.

Segundo pesquisa publicada pelo periódico científico Molecular Psychiatry[5] (2023), a idade avançada do pai, da mãe ou de ambos aumenta o risco de autismo. Os resultados mostraram que quando os pais têm mais de 50 anos, o risco de autismo da criança é 66% maior em relação aos filhos de pais com 20 anos.

O cordão do autismo, reconhecido pelo estatuto da pessoa com deficiência em 2015 é opcional. Atualmente estampado com girassol, é utilizado no mundo todo para identificar pessoas com deficiências ocultas como: deficiência auditiva, visual, intelectual, paralisia cerebral, autismo, diabetes e asma. A criação partiu da comunidade autista, substituindo o do quebra-cabeça. Distribuído de forma gratuita para quem tem cadastro da pessoa com deficiência, junto com a carteira de identificação de TEA ou cartão de PCD. O acompanhante da pessoa com TEA pode utilizar o cordão se quiser também.

Os autistas adultos têm voz e precisam ser escutados. A maior parte deles não está no nível três de suporte.

> *É estranho que os especialistas em autismo falem apenas de crianças autistas e nunca de adultos, como se de*

4 https://genialcare.com.br/blog/masking-ou-camuflagem-social-no-autismo/

5 https://oglobo.globo.com/saude/noticia/2023/04/autismo-transtorno-cresceu-entre-mulheres-criancas-e-adultos-entenda-o-motivo.ghtml

> *alguma maneira as crianças sumissem da face do planeta. Mas, embora possa haver de fato um quadro devastador aos três anos de idade, alguns jovens autistas, ao contrário das expectativas, podem conseguir desenvolver uma linguagem satisfatória, alcançar um mínimo de habilidades sociais e mesmo conquistas altamente intelectuais; podem se tornar seres humanos autônomos, aptos para uma vida pelo menos aparentemente completa e normal – mesmo se encobrindo uma singularidade autista persistente e até profunda. (Sacks, 1995)*

A seguir um breve resumo da história psiquiátrica[6] do autismo nos manuais: No Manual Diagnóstico e Estatístico de Transtornos Mentais da Associação Psiquiátrica Americana (APA), no DSM I, de 1952, o autismo aparece como um sintoma da "reação esquizofrênica, tipo infantil", no DSM II, de 1982, o autismo aparece como "esquizofrenia tipo infantil" e permanece como um sintoma, só no DSM III, de 1987, quando começam a abandonar a perspectiva psicanalítica e aderir a comportamental, é então criada a classe de TGD, transtornos globais do desenvolvimento, sendo a primeira vez em que o autismo aparece como uma classificação nosográfica, com o nome de "autismo infantil", uma subcategoria, na revisão passa a ser "transtorno autístico" e o diagnóstico de "esquizofrenia tipo infantil" desaparece. Nessa época prevalecem as terapias comportamentais.

O DSM IV, de, 1994, repete os princípios da versão anterior e diferencia subcategorias como: Transtorno autista, de Rett, Desintegrativo da Infância, Asperger, Síndrome de Heller, Demência infantil ou Psicose Desintegrativa e Transtorno Invasivo do Desenvolvimento

6 https://psicanaliseautismoesaudepublica.wordpress.com/2013/04/11/do-dsm-i-ao-dsm-5-efeitos-do-diagnostico-psiquiatrico-espectro-autista-sobre-pais-e-criancas/

sem outra especificação. No DSM 5, de 2013, Lorna Wing, psiquiatra inglesa, cria o TEA para o que antes era TGD e no revisado não há mais lugar para os outros transtornos. O TEA é dividido por grau leve, moderado e severo. Na revisão DSM 5-TR como nível 1, 2, e 3 de funcionalidade.

No CID (Classificação Internacional de Doenças da OMS) temos o CID 10, de 1990, quando o autismo aparece como TGD e CID 11, de 2022 como TEA.

Na psicanálise vamos ao encontro de Freud com Bleuler (1911) e suas teses sobre esquizofrenia infantil, que formam uma base para o início da clínica psiquiátrica da infância. No decorrer dos anos 1930, Leo Kanner em Viena e Hans Asperger em Baltimore, nos anos de 1943 e 1944 respectivamente sem se conhecerem usam pela primeira vez o termo autismo. Kanner segue associando a esquizofrenia. Porém sabe-se que Asperger colaborou com os nazistas no tempo do holcausto e esse é um importante motivo pelo qual alguns autistas não querem ser associados a esse nome.

A palavra autismo vem do grego *autos*, que significa si mesmo. Bleuler (1911) associava autismo a auto erotismo. Leo Kanner, em 1943, descreveu onze casos de crianças que apresentavam significativa tendência ao retraimento, a qual denominou: síndrome específica de autismo infantil precoce. Tendo como principais características: início na primeira infância, incapacidade para se relacionar desde muito cedo, ausência ou atraso de linguagem, manutenção rígida de rotinas, relação com objetos, masturbação acentuada, uso de pessoas como instrumentos. Em 1971 Kanner diferencia autismo de esquizofrenia. Utiliza os termos "concha"para o estado de fechamento autístico. Kanner e Asperger denominam autismo como uma síndrome.

Até os anos 1980 a causa sobre o autismo era vista de forma psicogênica e simplista. Atualmente se sabe que a distância afetiva *entre* a criança com autismo e o ambiente pode ter resultados bastante nocivos, mas não como a causa do autismo e sim como uma dificuldade vincular.

As quatro grandes abordagens psicanalíticas clássicas do autismo infantil o consideram uma patologia arcaica. Para Mahler a regressão libidinal mais profunda; para Meltzer o funcionamento mais problemático do bebê; para Bettelheim a angústia mais extrema; e para Tustin a fantasia mais catastrófica; todos consideram o autismo uma patologia grave de prognóstico reservado.

Há ainda muitas confusão quanto a etiologia do autismo, quanto a ser organicista ou psicogênica, como se pudéssemos falar em causas simplistas, para sua multifatorialidade de natureza complexa e interativa. Há muitas justificativas para a escolha do método ABA como padrão de tratamento, com a justificativa de uma ciência baseada em evidências. A lobotomia já foi baseada em evidências. Há muito capacitismo e patologização por trás de escolhas assim, como na recusa desse olhar para o que é diferente do padrão. Muitos autistas demandam a nossa escuta e não apenas o estudo de seus comportamentos.

A origem do autismo permanece desconhecida; sabe-se que envolve aspectos genéticos e ambientais. É inútil buscar apreender o autismo pelo somatório dos sintomas, porque ele é uma subjetividade singular. Ignorar as angústias de pessoas com TEA desejando "reeducá-las" ao invés de cuidá-las só multiplica os maus-tratos a elas.

Há grande dificuldade em encontrarmos espaços em que educação e cuidados sejam associados, com um trabalho adaptado ao ritmo do sujeito, com um olhar de respeito que possibilite ao sujeito SER quem ele realmente é.

Alguns psicanalistas chegaram a conceber o autismo como "grau zero de subjetividade", corpos sem subjetividade e hoje temos que ocupar os espaços que estão com as terapias comportamentais com um trabalho clínico multidisciplinar, que acolha a diversidade, que escute essas pessoas, famílias marcadas pela má condução dos tratamentos de pessoas com TEA.

AutismoS são muitos, são pessoas, dentro de um espectro plural.

Grandes nomes como Klein, Mahler, Bick, Meltzer, Tustin, Alvarez, Golse, Lebovici, Laznik, Genevieve Haag, Victor Guerra, Jean-Claude Maleval, dentre outros, auxiliam a diferenciar autismo de psicose. O Autismo é visto pela maior parte deles como uma parada no desenvolvimento e psicose como uma regressão.

Segundo Maleval (2017), alguns trabalhos desembocam na construção de uma grade de referência clínica das etapas da formação do eu corporal que põe o sujeito tratado num cabresto pouco propício a dar lugar às suas invenções

Não se pode reduzir o autismo a uma parada nesse ou naquele estágio de desenvolvimento, visto que aquilo que é característica sua reside na simultaneidade de modos de funcionamento correspondendo a níveis de funcionamento heterogêneos.

Uma nova transestruturalidade leva a repensar a abordagem da tripartição "neurótico, perverso e psicótico" dos funcionamentos subjetivos.

> *A especificidade da abordagem psicanalítica consiste em considerar que o sujeito possui um saber essencial sobre o seu modo de funcionamento, por isso deve ser levado a sério aquilo que os autistas dizem sobre eles mesmos. (Maleval, 2017)*

Até quando precisaremos de catástrofes, epidemias, enchentes, guerras, para olharmos para públicos que vivem à margem da sociedade, para olharmos para as crianças que são maltratadas como foram as dos experimentos científicos de Asperger, para darmos lugar a quem não tem. Não podemos compactuar com essa violência. Que os espectros estejam em cena e que os abrigos façam revelação.

Referências

Abraham, N.; Torok, M. (1995). *A casca e o núcleo*. Escuta.

Alvarez, A. (2020). *Companhia viva: psicoterapia psicanalítica com crianças autistas, borderline, desamparadas e que sofreram abuso*. Blucher.

Batisteli, F. (2014). *Atendimento psicanalítico do autismo*. Zagodoni.

Diniz, D. (2021). *O que é deficiência*. Brasiliense.

Freud, S. (1897). Extratos de documentos dirigidos à Fliss. In *Edição Standard Brasileira das Obras Completas de Sigmund Freud*. Tradução de Q. Salomão. vol. 1, pp. 243-378. Imago, 1977.

https://www.saude.pr.gov.br/sites/default/arquivos_restritos/files/documento/2023-02/ 1a_edicao.pdf

https://www.gov.br/mdr/pt-br https://www.dicio.com.br

https://oglobo.globo.com/saude/noticia/2023/04/autismo-transtorno-cresceu-entre-mulheres-criancas-e-adultos-entenda-o-motivo.ghtml

Kingsley, E. (1987). https://www.movimentodown.org.br/2013/07/bem-vindo-a-holanda/

Laznik. M. C. (2011). *Rumo a fala: três crianças autistas em psicanálise*. Companhia de Freud.

Maleval, J. C. (2017). *O autista e a sua voz*. Blucher.

Sacks, Oliver (2006). *Um antropólogo em Marte*. Companhia das Letras.

21. Cuidando do cuidador, cuidando de quem cuida

Christine Nunes

Heloisa Zimmermann

Introdução

Em maio de 2024, a atenção de todos do Rio Grande do Sul esteve voltada apenas para a inundação que assolou o estado. Nunca passamos por algo assim. Todos se ocuparam e contribuíram da melhor forma possível na tentativa de diminuir a dor, o sofrimento, o dano de cada um. Neste capítulo, nos propomos a falar sobre o cuidado com quem cuida por ser uma tarefa árdua, que requer preparo e experiência, e que frequentemente é negligenciada. Comumente, a rotina dos psiquiatras, psicólogos, psicoterapeutas em geral é bem determinada. Trabalha-se no conforto e na segurança do consultório, de segunda a sexta-feira, em horário comercial, atendendo pacientes em sua maioria conhecidos, frequentemente os mesmos por longos períodos. Nas situações emergenciais, ocorre o oposto desta estrutura organizada. E isto traz consequências.

Organização geral

> *Como psicanalistas, alcançamos o nosso melhor quando aderimos às nossas tradições mais fundamentais de*

> *observar atentamente e de nos esforçarmos para ver o mundo através dos olhos e das experiências dos outros. ...quando mudamos o nosso foco para além do consultório, não só expandimos as nossas teorias..., mas também alargamos o alcance e o impacto da sua aplicação para um número enorme de pessoas que jamais passaria pelas portas dos nossos consultórios. (Marans, 2023)*

O poder público, ou o Estado propriamente dito, levou bastante tempo para se pronunciar e não o fez de modo eficiente. Assim, desde os primeiros dias, pessoas comuns foram se mobilizando e criando espaços a partir do método de "tentativa e erro", cheias de boas intenções e solidariedade, para receber e amparar quem precisasse.

Assim que se formaram os abrigos, profissionais da área da saúde se encaminharam para ajudar, se oferecendo no começo para conversar no próprio local, como "ambulantes". Rapidamente, a maioria dos locais providenciou salas ou nichos apropriados para atendimentos e a demanda passou a ser devidamente equacionada.

Os psicoterapeutas abundaram de tal forma, que já no segundo dia de acolhimento, muitos foram dispensados para serem chamados caso fosse necessário. Uma curiosidade: quem não começou o trabalho voluntário presencial neste momento, não foi chamado depois. Justamente porque os voluntários ficaram de tal forma envolvidos na situação, que simplesmente atendiam mais e mais abrigados, quem quer que precisasse. Muitos chegaram a passar 12 horas por dia nos abrigos conversando com quem solicitasse, sem intervalo, pausa ou descanso.

Naquele momento de urgência, não coube a preocupação com contrato de início de psicoterapia ou de processo analítico, combinações de qualquer ordem como quantidade ou frequência de encontros ou sequer um compromisso de sigilo entre quem atende e quem foi atendido. No início, a atenção recaiu apenas sobre as pessoas albergadas e não foi possível um maior cuidado com o cuidador, que enfrentou o clima de guerra dos abrigos, ao contrário do *setting* protegido do consultório ao qual está habituado.

Algumas peculiaridades dos atendimentos nos abrigos são bem importantes, a começar pelo nome do que foi feito. Foram de fato atendimentos? Ou, ao menos ocasionalmente, mais uma acolhida? Com certeza, a pessoa não é um paciente nos moldes em que estamos acostumados. Também não há um tempo determinado para cada "sessão", mas o número de encontros é certamente limitado. No cenário das enchentes, permaneceu, em geral, entre quatro e oito encontros. Já o intervalo entre eles dependeu de muitas variáveis. Percebe-se que estávamos diante de muitas privações. Apesar da escuta analítica estar preservada, estávamos em uma situação disruptiva que permeava todos os mundos: literais, metafóricos, internos, dos diretamente impactados, dos indiretamente impactados, dos cuidadores (Puget, 2010).

Quem são as pessoas que recebem a ajuda dos voluntários da área da psicanálise? As vítimas da enchente? Os impactados pelo alagamento? Poderíamos dizer que isso somos todos. Mas, com certeza, não podem ser considerados pacientes. Pelo menos, não como os que nos procuram nos consultórios, com agendamento prévio e motivos individuais. Cria-se um tipo de vínculo, mas não o transferencial de hábito. Provavelmente, a precisão dos termos para descrever cada parte do atendimento dependa mais de como a pessoa se coloca diante da situação do que do nosso referencial teórico.

O importante nessas situações inusitadas é estar disponível para lidar com a demanda, com a clareza das diferenças enormes em relação ao enquadre e ao que se faz no consultório, aberto para a recuperação rápida e para uma despedida abrupta. Alguns abrigados de fato ficaram muito abalados, mas a maioria das pessoas são resilientes e até se ofendem com o termo "vítima". O tempo vai dizer melhor, mas parece que a maioria sofreu o impacto do disruptivo e não desenvolveu traumas significativos. Provavelmente, a ajuda emocional disponível no primeiro momento tenha sido essencial neste resultado positivo.

Aspectos teóricos

Segundo Benyakar, o conceito de disruptivo dentro do campo da psicanálise refere-se a eventos ou experiências que rompem o curso normal da vida de um indivíduo, causando uma quebra na continuidade de sua existência psíquica. O disruptivo envolve tanto o elemento de surpresa quanto a incapacidade inicial de assimilar o evento no momento em que ele ocorre. Esses eventos têm o potencial de desorganizar a estrutura mental do sujeito, forçando-o a lidar com o inesperado. Esse tipo de experiência frequentemente exige um processo posterior de elaboração psíquica para ser integrado na estrutura mental do indivíduo. A capacidade de enfrentar o disruptivo depende da resiliência e dos recursos internos do sujeito, bem como do suporte que ele recebe. Benyakar também discute como o disruptivo pode levar a uma transformação, seja positiva ou negativa, dependendo de como a pessoa consegue processar e reorganizar sua experiência diante da ruptura inicial. Em outras palavras, nem todas as pessoas que passam por situações extremas ficarão traumatizadas (Benyakar, 2005; Benyakar, 2006).

Em relação ao atendimento voluntário, na Sociedade Brasileira de Psicanálise de Porto Alegre (SBPdePA), seguiu-se o modelo preconizado por Haydée Faimberg, fundamental em psicanálise, principalmente em situações de crise. Trata-se da "escuta da escuta", teoria que propõe que o analista, além de escutar o discurso do paciente, também perceba e discuta com um grupo de pares como se sente e como interpreta as próprias experiências. Ou seja, é uma escuta em um nível mais profundo, que envolve a observação de como a pessoa lida com sua própria narrativa e suas representações internas. Essa supervisão pode revelar elementos inconscientes que o terapeuta possivelmente não perceba, ajudando a acessar camadas inconscientes de seu funcionamento psíquico. Faimberg enfatiza a intersubjetividade no processo analítico, onde o psicanalista deve perceber como suas próprias reações e interpretações podem influenciar o paciente e vice-versa. A escuta da escuta implica, portanto, uma reflexão constante sobre a dinâmica entre a dupla, promovendo uma maior conscientização das camadas mais sutis de comunicação e dos processos inconscientes, permitindo um trabalho psicanalítico mais profundo (Faimberg, 2010).

O trabalho diante de situações de catástrofe se desenrola na tensão real e nunca resolvida gerada entre, por um lado, a necessidade social de sustentar a memória e a identidade do que se era antes das enchentes enquanto cidade, bairro, comunidades e, por outro, a urgência em sustentar a subjetividade do indivíduo. E é nesta tensão indissolúvel que nos colocamos como representantes do exterior perante nossos conterrâneos acolhidos, que nos vêem como tal, mas, mesmo assim, esperam de nós a reparação dos danos que sofreram (Benyakar, 2005; Benyakar, 2006).

Para mantermos uma neutralidade e não nos tornarmos agentes de processos vitimizadores, devemos ter o cuidado de não sucumbir a mecanismos de projeção ou idealização do sujeito atendido ou do grupo ao qual ele pertence. Isto poderia nos levar a agir de forma paternalista, a produzir iatrogenias ou a desenvolver o fenômeno que Charles Figley nomeou "fadiga da compaixão". Este conceito se refere à exaustão resultante do esforço desmedido para conter e ajudar pessoas traumatizadas. Estes mecanismos e processos são inerentes à condição humana e, portanto, também nos afetam. Devemos permanecer atentos para não fomentar ainda mais seus efeitos negativos (Figley, 1995).

Sabe-se que a intervenção terapêutica precoce na vigência de qualquer tipo de evento traumático previne doenças mentais a longo prazo. A psicanálise oferece ferramentas importantes para a realização deste tipo de intervenções em várias instâncias, seja individualmente ou em grupo, e em todas as faixas etárias. Estas intervenções emergenciais, bem diferentes dos atendimentos que costumamos fazer em consultório, se dão, em geral, no local onde as pessoas que a necessitam estão alocadas, como nos abrigos coletivos ou online de onde estejam hospedadas. Como já referido, as condições de atendimento são longe do ideal, frequentemente sem um *setting* definido e com poucas condições de privacidade. Tais características, aliadas ao conteúdo afetivo e concreto trazidos pelas pessoas em atendimento, demandam um nível muito alto de capacidades em geral de quem atende. A "quantidade" de acolhimento, *holding*, *reverie*, necessários para dar conta de tamanho sofrimento são enormes. Da mesma forma, conseguir tolerar a tristeza, o ódio, os ataques, o sentimento e as acusações de injustiça também não são para principiantes (Winnicott, 1982; Bion, 1994; Marans, 2018).

> *Como psicanalistas, sabemos muito sobre os perigos e medos psíquicos contra os quais defendemos nossas vidas inconscientes. Além da experiência direta do pesadelo, somos regularmente lembrados em nosso trabalho clínico – e em nossas próprias vidas – das fontes mais proeminentes de perigo e medo que residem em nossos mundos interiores inconscientes: perda das vidas daqueles que amamos e de quem dependemos; ...perda do controle dos impulsos, dos afetos e do pensamento integrativo; e perder a estrutura externa, a previsibilidade e a ordem que fornece a base para antecipar, planejar e responder aos novos desafios. (Marans, 2013)*
>
> *O aconselhamento em situações de crise é, por natureza, muito breve. Muitas intervenções ocorrem inteiramente numa única sessão. É importante conduzir cada encontro como um tratamento de sessão única. Se o profissional*

> *voltar a ver o paciente, não há problema. Alguns atendimentos de crise podem ocorrer em várias sessões, mas é útil considerar cada sessão como uma intervenção em si. (Benveniste, 2019)*

É importante diferenciar o atendimento emergencial realizado presencialmente no abrigo nos primeiros dias após o desastre daquele efetuado online. Contudo, em ambos os casos deve-se limitar o número de encontros a um máximo de oito, considerando que após este período a pessoa já deve estar melhor ou deve se organizar para providenciar um atendimento a mais longo prazo. Destacando-se que, neste caso, o atendido deve ser encaminhado a outro profissional, diferente do que vinha acompanhando-o no primeiro momento. Além disso, esta é uma forma de proteger quem atende do envolvimento excessivo e da sobrecarga que pode gerar conflitos e dificuldades devido às características específicas deste tipo de trabalho voluntário.

PACE

O Comitê para Assistência Psicanalítica em Crises e Emergências ou Psychoanalytic Assistance in Crises & Emergencies Committee (PACE) da Associação Psicanalítica Internacional ou International Psychoanalytical Associantion (IPA), além de ocupar-se em ajudar as vítimas diretas dos desastres, também lança seu olhar compreensivo para os profissionais envolvidos no amparo às pessoas necessitadas. Cuidar de quem cuida, isto é, ajudar estes profissionais que se envolvem direta ou indiretamente com as vítimas da catástrofe em curso, é um dos seus principais objetivos. Entende-se que, mesmo a curto prazo, a exaustão, o *burnout*, a invasão por sentimentos tão intensos e negativos pode ser esmagadora a qualquer ser humano, mesmo àqueles preparados para lidar com a dor em contextos habituais (Minne, 2022; Willems, 2021).

A exemplo do trabalho desenvolvido na observação de bebês ao estilo de Martha Harris e Esther Bick, o PACE recomenda a formação de Grupos de Discussão sobre o Trabalho (Work Discussion Groups) em que os membros fazem relatos dos atendimentos e os levam para este grupo, que se ocupa não só do que está acontecendo com a pessoa atendida, mas também com quem está atendendo. Este tipo de suporte para os psicoterapeutas em emergências traz a compreensão necessária para acessar seus próprios conflitos inconscientes, diminuindo os pontos cegos e as atuações (Williams, 2018).

O PACE traz este tema por ser essencial estar preparado para lidar com a sobrecarga vivida nestes períodos. Deve-se estar atento para a possibilidade de exaustão tanto em relação a si mesmo, como aos colegas que nos cercam. Infelizmente, é comum que, por causas diversas e que não devem ser abordadas no momento da crise, os profissionais da área da saúde se envolvam excessivamente no cuidado ao outro.

O cuidador

Pensando na prevenção de danos à saúde mental e emocional dos nossos colegas psicólogos, psiquiatras e psicanalistas, o PACE recomenda que, antes de iniciar os trabalhos ou de se comprometer em excesso, o voluntário pense nos seguintes cenários:

- Considere cuidadosamente o seu trabalho regular, seus compromissos e suas circunstâncias pessoais atuais. Frequentemente, achamos que problemas familiares, de saúde ou a organização da própria casa podem ser postergados enquanto algo maior está se passando com todos. Contudo, sem uma base sólida, ficamos impedidos de funcionar bem e, consequentemente, de ajudar o próximo.
- Seja realista a cerca de quantas horas por dia ou por semana pode oferecer para o atendimento voluntário e evite comprometer-se

em demasia. Para que o atendimento em curso seja efetivo, de boa qualidade, é essencial que o profissional esteja conectado a pessoa atendida, presente no momento e não pode se responsabilizar ou se comprometer com o futuro. Os atendimentos online devem ter o número máximo de 8 sessões; enquanto nos abrigos, este número costuma ser menor em função do número de abrigados, da carga horária que o profissional está disponibilizando e da dinâmica existente nestes locais. Evite a fadiga da compaixão, que deriva do esforço para conter e ajudar a pessoa acolhida em detrimento do cuidado para consigo mesmo (Figley, 1995).

- Cuidado com o risco de ser dominado pela crise em que está ajudando. Precisamos manter a própria saúde mental para poder ajudar os outros. Nessas situações em que passamos pela mesma crise que o outro, como na Pandemia, por exemplo, certamente nos afetamos. E como é mais fácil lidar com a vulnerabilidade do outro do que com a própria, às vezes, nos dedicamos mais do que deveríamos por fragilidades próprias ou nos tornamos frágeis pelo excesso auto imposto.
- Considere o seu nível de formação, de experiência e capacidade de adaptação ao trabalho em Intervenções Breves. É essencial a atenção a esta peculiaridade, especialmente se não estiver habituado a esta forma de trabalho. Lembre-se que as pessoas em crise precisam ser ouvidas e muitas vezes repetem exaustivamente o que passaram ou o que seguem passando. Estar ali para escutar, acompanhar, acolher, pode ser a melhor ajuda e apoio da nossa profissão neste momento.
- Assegure acesso e tempo para a supervisão do trabalho voluntário ou considere a formação de um grupo com outros voluntários da mesma área para discutirem situações de demandas especiais ou complexas. Os grupos são primordiais para dar e receber apoio, reduzindo riscos de maiores sofrimentos ou atuações, como ter fantasias de salvamento, de apaixonar-se ou outras circunstâncias, que todos nós podemos passar.

- Assegure pausas regulares ao longo do trabalho. O acúmulo do cansaço se dá aos poucos e o estresse de quem está prestando o atendimento também pode recair sobre quem está sendo atendido. Não raro, o impacto do estresse ocorre subitamente, sem que o terapeuta perceba, particularmente quando o tema principal circula a saúde mental. Recomenda-se no máximo três consultas por vez para que sejam "suficientemente boas", como diria Winnicott. É importante ter em mente que não se busca "curar" ninguém, que absorvemos o que escutamos e que nossos limites devem ser respeitados, não só para a manutenção da nossa saúde mental, mas para a saúde mental do outro também (Winnicott, 1982).
- Logo, é necessário organizar um tempo fora do voluntariado, fazer pausas e se dedicar a outra atividade, para não se sobrecarregar e poder estar disponível para voltar a ajudar novamente.
- A escuta deve ser empática, jamais desmerecendo o sofrimento alheio, sempre validado os sentimentos e as experiências que a pessoa teve. Por mais parecido que seja, jamais devemos comparar o que os abrigados passaram com situações próprias nossas e por mais tentador que seja, afinal ficamos muito angustiados com a dor do semelhante, não podemos dar nenhuma garantia, como por exemplo, usar expressões da ordem de "vai passar", "que bom que estás vivo", "poderia ter sido pior".
- Por fim, reitera-se que todo o conteúdo acima igualmente cabe a quem está na "linha de frente" emocional. Também precisamos repetir em foro adequado, em supervisões e com colegas; ter empatia consigo mesmo devido ao que estamos passando; validar nossos sentimentos; e lidar com o fato de que, infelizmente, também não temos garantias...

Conclusão

A enchente de maio de 2024 foi a maior de todos os tempos para o Rio Grande do Sul. O povo precisou se unir em torno da tragédia para minorar a dor e os prejuízos. E o fez de forma exemplar, tanto os gaúchos, como os brasileiros, que vieram e mandaram todas as formas de ajudas, tanto materiais, como financeiras e humanitárias. Ficamos orgulhosos e gratos como gaúchos e brasileiros.

Finalizamos enfatizando que nós, psicanalistas, prezamos o trabalho individual feito nos consultórios, mas cada vez mais nos ocupamos com questões que envolvem toda a sociedade e não apenas cada indivíduo em separado. Os especialistas da área "psi", psicólogos, psiquiatras, psicanalistas, foram incansáveis na dedicação a ajudar o próximo, fazendo-o de maneira intensa e generosa. Para se alcançar este sucesso, foi essencial contar com o auxílio do PACE da IPA, tanto através de seus membros, como pelo uso do seu material teórico, prático e sensível. Contamos, ainda, com o espaço "Escuta da escuta", método Haydée Faimberg, oferecido pelo Projeto "Ações Emergenciais" da SBPdePA (Faimberg, 2010). Tais recursos trazem alento, organizam e estimulam o envolvimento de profissionais cada vez mais qualificados para intervenções em situações de crise, criando uma psicanálise mais humana e comprometida com o nosso tempo.

Referências

Benveniste, D. S. (2019). Crisis interventions after major disaster, In *Stories of the flood.*

Benyakar, M.; Lezica, A. (2005). *Lo traumático: clínica y paradoja.* Tomo 1 – El processo traumático. Biblos.

Benyakar, M.; Lezica, A. (2006). *Lo traumático: clínica y paradoja.* Tomo 2 – Abordaje clínico. Biblos.

Bion, Wilfred R. (1994). *Aprendendo com a experiência.* Imago.

Cardenal, Mónica (2024). *Comunicação oral.*

Cardenal, M. El método de observación de bebés de Bick: un camino hacia el pensar psicoanalítico y su acercamiento a la comunidad.

Experiencia de Seminario de Discusión de Trabajo (Work Discussion) con maestras de un jardín maternal. Publicado en el *International Journal of Infant Observation and Its Applications*. vol. 14, 2011-Issue 3, Routledge and Tavistock CF.

Faimberg, Haydée (2010). Método "La escucha de laescucha". *Revista Brasileira de Psicanálise*, vol. 44, n. 3.

Figley, Ch. Edit. (1995). *Compassion fatigue: coping with secondary traumatic stress disorder in those who treat the traumatized.*

Marans, S. (2013). Phenomena of childhood trauma and expanding approaches to early intervention. *International Journal of Applied Psychoanalytic Studies* 10 (3): 247-266.

Marans, S. (2018). Childhood trauma. In *Textbook of applied psychoanalysis*, 199-208. Rutledge Publishing.

Marans, Steven (2023). Understanding and responding early to childhood trauma, *The International Journal of Psychoanalysis*, 104:3, 565-573, DOI: 10.1080/00207578.2023.2213529.

Minne, C. (2022). *Some tips to manage crisis telephone & virtual helplines*. IPAWorld.

Pace Subcommittee Bibliography And Reviews, Bibliography. Site IPA. https://www.ipa.world/IPA/en/Committees_New/PACE/PACE_Resources.aspx?_zs=eFi1B1&_zl=06MS7

Puget, Janine (2010). Mundos superpostos. In Puget, Janine; Dagfal, Alejandro; Herrmann, Fabio (orgs.). *Violência social e violência de estado: uma perspectiva psicanalítica*. Escuta, pp. 27-45.

Willems, R. C. W.; Drossaert, C. H. C.; Miedema, H. S.; Bohlmeijer, E. T. How demanding is volunteer work at a crisis line? An assessment of work – and organization-related demands and the relation with distress and intention to leave. Front. Public Health,

14 July 2021. Sec. Public Mental Health. vol. 9, 2021. https://doi.org/10.3389/fpubh.2021.699116

Winnicott, Donald Woods (1982). *A criança e o seu mundo*. LTC.

Williams, M. H. (Editor); Harris, M.; Bick, E.; Williams, M. H. The Tavistock Model: Papers on Child Development and Psychoanalytic Training: Collected Papers of Martha Harris and Esther Bick. The Harris Meltzer Trust, UK, 2018.

22. Integrando e diferenciando: tragédias e crescimento tendo por ninho parcerias

Sandra Bulhões Cecilio

"Penso, logo existo"

Em 1637, René Descartes publicou seu livro *Discurso do método*. A obra reforça a importância da razão humana, conceito banal para o homem moderno, mas um tanto novo para o homem medieval acostumado à autoridade eclesiástica. Em um tratado matemático e filosófico, Descartes ousou na frase acima de forma bela e direta, propor a razão como única forma do existir. Se penso, então sou um ser humano vivo.

Tragédias são realidades dentro e fora de cada um dos humanos.

"Pensar", esse atributo do humano que nos diferencia das outras formas de vida não evita que algumas tragédias ocorram. Tragédias anteriormente eram atribuídas aos deuses. Ao pensar pode-se buscar outras causas além das divinas? Elas até podem ser obras do acaso. Será? Sabemos, no entanto, que algumas tragédias podem ser pensadas e quiçá evitadas. Pensar pontos de vista mais amplos pode minimizar tragédias e suas consequências. Precisamos para tanto desenvolver o pensar. Hoje já em direção à complexidade.

Em 2024 acompanhamos o estado do Rio Grande do Sul ao sofrer um severo alagamento passar a viver uma situação trágica.

No final de abril o Vale do Rio Pardo já sofria com fortes chuvas e granizo o que levou o Instituto Nacional de Meteorologia a emitir o primeiro alerta vermelho de alto volume de chuva e ocorreram as primeiras mortes como consequência.

No dia 1° de maio a situação piorou dramaticamente tendo evoluído para calamidade pública e, poucos dias após, o cenário já era de guerra. No dia 10, o estado contabilizava 126 mortos, 141 desaparecidos e 756 feridos. Ao final, cerca de 1,9 milhão de pessoas foram afetadas em 441 municípios. Desse total, 340.000 pessoas tiveram que deixar suas casas e 71.000 foram alojadas em abrigos. Institui-se um cenário de guerra. Evidentemente haveria um pós-guerra.

Diante desde quadro já em 1° de maio a Sociedade Brasileira de Psicanálise de Porto Alegre (SBPdePA) lançou o projeto Ações Emergenciais com o propósito de oferecer apoio emocional aos atingidos por tamanha tragédia. Ao pensar e articular esta alternativa a instituição ofereceu à população parceria para aninhar mentes em profundo sofrimento. Logo após, eu, uma mineira, me inscrevi neste projeto. Recebi no dia 4 de maio o contato de uma das coordenadoras do mesmo, Vera Hartmann: "Bom dia. Estou te conectando para agradecer tua disponibilidade e dizer que estou colocando teu nome na lista de voluntários para atendimentos... As demandas deverão começar mais adiante.".

No dia 10, às 9 h da manhã, recebo contato de Clarissa.

Iniciamos, através do WhatsApp, nossa parceria, conectadas pelo trabalho e apoio da SBPdePA.

Clarissa escreveu:

"Bom dia. Procuro ajuda psicológica. Sou voluntária e apóio crianças num abrigo próximo de minha casa, mas também estou precisando de ajuda. Me passaram teu contato. Sou do Rio Grande do Sul. Pode ser no seu tempo, mas estou pronta quando puder."

Às 13h desse mesmo dia fizemos nosso primeiro encontro.

Clarissa me contou que viveu tragédias familiares desde muito cedo, pois a mãe era usuária de drogas. Foi a parceria de familiares que lhe permitiu ter condições para crescer, apesar do abandono da mãe. Quando episodicamente a mãe deixava as drogas era tomada por crises de depressão com alto poder destrutivo e longos tempos de internação. Vivia, desde muito pequena, suas próprias tragédias familiares. Ainda adolescente, ela mesma, Clarissa, teve sua primeira crise pessoal autodestrutiva: tentou suicídio e passou a ter episódios de agressividade, sendo então internada em hospital psiquiátrico. Relembra com horror a tragédia de viver neste espaço. Na instituição ela fez parceria com sua primeira psicóloga, que lhe abriu espaço para pensar e a ajudou a construir um ninho para amar. Conheceu, ainda neste tempo, Antenor que se transformou em seu parceiro de vida. Juntos eles têm dois filhos. O caçula nasceu com sério comprometimento físico e exige cuidados especiais. As parcerias entre a família e os serviços de apoio terapêutico ajudaram Clarissa a se graduar como Assistente Social e a trabalhar nessa área. Além disso ainda cuida de seu pai com imenso sentimento de culpa por ter precisado interná-lo em uma instituição para idosos. Acreditava que ela, como filha única, devia fazer o atendimento do pai.

Clarissa explicou que o alagamento das ruas e espaços de Porto Alegre deixaram também suas próprias comportas em crise. Embora ela estivesse ajudando pessoas em um abrigo se sentia em pânico, com receio de que suas emoções a alagassem e precisasse ser novamente internada. Estava em pânico. Um estado de terror a inundava ao imaginar ser internada. Em função disso, assim que teve contato com o serviço da SBPdePA de apoio emocional, buscou imediatamente ajuda. Há muito desejava apoio psicológico, mas agora era imprescindível. Sabia que parcerias emocionais já a tinham salvado de outros alagamentos.

"Existo, logo penso"

A frase acima é do psicanalista Wilfred Bion que em sua Teoria do Pensar afirma que os pensamentos existem antes do pensador. Pensamentos estão por aí, à espera de uma mente livre, com uma máquina potente para pensar, capaz de captar verdades como a Teoria da Relatividade, a Lei da Gravidade e tantas outras. Estas verdades estão à nossa volta à espera de uma mente que suporte frustrações e permaneça livre e capaz de captar o mundo como fizeram Einstein ou Newton. Existimos. Podemos repetir o que outros dizem/disseram ou pensar por nós mesmos e criarmos nosso ser contribuindo na construção de um novo mundo. Bion virou a frase de Descartes de ponta cabeça. Criou.

> *Eu penso 99 vezes e não descubro a verdade. Paro de pensar, mergulho em um profundo silêncio, e eis que a verdade me é revelada. (Albert Einstein)*

As sessões entre Clarissa e eu passaram a existir nos moldes da estrutura proposta pela SBPdePA: um trabalho focado nas questões emergenciais da tragédia que viviam e com um número mais ou menos pré-determinado de sessões. Existindo como parceiras (a unidade é a dupla segundo Bion) pudemos juntas pensar e viver as emoções que emergiam desse alagamento. Iniciamos contando histórias de vida exatamente como ela fazia com as crianças do abrigo onde se encontrava como voluntária. Em sua história ela estava sempre em pânico, numa corrida suicida por se ver sem recursos e sentir que a qualquer momento entraria em surto depressivo ou agressivo. Clarissa contava que levava seus filhos com ela para o abrigo e que elas adoravam ir, se divertiam, aliás como todas as outras crianças. Juntas, as crianças desenhavam, corriam, pintavam, construíam pipas sempre aninhadas pelas propostas de Clarissa. Ver o pai era impossível, mas Clarissa tinha notícias do Lar de Idosos de que ele estava bem. Conversando com ele ao telefone, como nós duas fazíamos, se convencia de que estava bem.

Chegado o dia de nosso último encontro Clarisa conta que também o abrigo onde ela oferecia apoio ia ser transferido e o espaço onde ela trabalhava retomaria as atividades anteriores, mas as pessoas estavam todas muito inseguras, as chuvas ainda permaneciam, o medo e a incerteza ainda os rodeava. Clarissa conseguiu consulta psiquiátrica, retomou suas medicações e disponibilizei contatos onde ela poderia fazer um trabalho psicológico continuado de maior alcance. Ela relutou, disse que já havia procurado anteriormente alguns profissionais e não tinha se adaptado, mas que tentaria.

Particularmente, eu tinha vivido minha primeira experiência de atendimento emergencial em situações de crise durante a pandemia. Assim que Alicia LIsondo e a equipe do SOS Amazonas fundaram o projeto, hoje SOS Brasil, participei dos primeiros atendimentos. Existir nesse processo foi extremamente doloroso. Inicialmente nosso ninho de parcerias era frágil e as tragédias da pandemia se juntavam às tragédias de convivências familiares fusionadas no tempo e no espaço. O ninho de parcerias era frágil, qualquer brisa levava. Mas esse ninho frágil foi se tornando uma teia de sustentação. Senti neste projeto da SBPdePA que a Psicanálise, nossas instituições e eu mesma tínhamos crescido muito. As tragédias possibilitaram crescimentos aninhados por belas parcerias.

Clarissa e eu existíamos, logo pensávamos e juntas crescíamos...

Fechar nosso trabalho não foi tarefa fácil, despedir das pessoas dos abrigos foi doloroso, mas não tínhamos mais tragédias, vivíamos dramas. Não tínhamos depressão, mas tristezas profundas e preocupações realísticas. Conversamos sobre fazer dobraduras de papel, construir barcos e aviões de papel. As parcerias saiam dos ninhos e precisavam navegar, ganhar altitude e autonomia.

Existo, logo hesito...

O psicanalista Renato Trachtenberg toma emprestado a frase acima, de Luís Fernando Verissimo, para profundas reflexões relativas à ética em nossos tempos. Em sua visão, a ética é um importante instrumento na progressiva e infinita capacidade de pensar do ser humano. Propõe irmos além do moralismo que obedece a um código binário: bem/mal, certo/errado, justo/injusto, superior/inferior e caminharmos pela complexidade. Para ele, existe um lugar a ser pensado para além da moral: a Ética Complexa. Nela, Deus e Satã são duas figuras do mesmo, não estão fora, nem acima de nós. Estão em nós. O melhor da bondade e o pior da maldade do mundo estão no ser humano. Trachtenberg entende, pois, o pensar como uma espécie de prática da dúvida. Pensar implica hesitar.

No vínculo analítico, podemos estender esta ideia até à noção de que não é o analista que recebe ao seu analisando, mas sim a psicanálise que recebe aos dois. A psicanálise sob esta ótica oferece o infinito como possibilidade e a fé na potencialidade do encontro humano como ninho para o que ainda pode nascer...

No último dia 15 de agosto imersa e dedicada à escrita desse material recebo mensagem de Clarissa: "Quanto tu me cobras para me atender?"

Hesito! Hesito fortemente impactada.

A força da Psicanálise cria pontes...

Existimos... logo hesitamos...

Referências

Bion, W. R. (1962). *Learning from experience*. Heinemann.

Bion, W. R. (1963). *Elements of psychoanalysis*. Heinemann.

Bion, W. R. (1970). *Attention and interpretation*. Tavistock.

Bion, W. R. (2000). *Cogitações*. Tradução de Esther Hadassa Sandler e Paulo César Sandler. Imago.

Chebabi, W. *Comunicação pessoal*.

Chuster, A. (1989). *Um resgate da originalidade: as questões essenciais da psicanálise em W. R. Bion*. Degrau Cultural.

Chuster, A. (1996). *Diálogos psicanalíticos sobre W. R. Bion*. Tipo&-Grafia.

Descartes, Rene. *O discurso do método*, 1637.

Trachtenberg, Renato. O rio, a ponte e os outros lados do rio: alguns pensamentos sobre estrangeiros, fronteiras e psicanálise. *Revista de Psicanálise*, vol. 19, n. 1, 2017.

23. Henri, o bebê que ninguém via

Rosana Igor Rehfeld

Ao chegar pela primeira vez ao abrigo, parei na grande porta que dava acesso ao dormitório no ginásio. Meu olhar foi imediatamente capturado por um berço que estava no meio do salão. De onde me encontrava, via um bebê que parecia sozinho, sem um adulto a cuidá-lo.

Fui até lá, vi um menino que parecia ter em torno de 6 meses. Barriga para cima, olhos pretos bem abertos fixos no teto, braços esticados ao longo do corpo, perninhas esticadas, só de fraldas empapadas de xixi. Completamente inerte.

Olhei ao redor. Tinha muita gente circulando, falando. Ninguém parecia notá-lo.

Sentei-me no chão ao lado do berço. Meu desejo era pegá-lo no colo. Como não conhecia as regras, preferi não arriscar. O berço tem treliças de um tipo de cordas que me permitiram enfiar os braços pelos buracos e chegar com as mãos no corpo do bebê.

Então, comecei a cantar, bem perto de seu ouvido melodias de ninar e deslizar minha mão pelo corpinho: "... boi, boi, boi da cara preta vai embora daqui que eu não gosto de careta."

"... perdi a mamãe no mar, não consigo mais encontrar... a moça que está aqui vai chamar a mamãe para me cuidar..."

"... mamãe vem me buscar, to com medo deste lugar..."

"A dona aranha foi embora da parede. Agora vou olhar e o medo vai passar. A dona aranha foi embora da parede, agora vou olhar e a mamãe já vai chegar."

Percebi que meu coração batia mais forte e rápido do que o normal. Por identificação projetiva também sentia medo. Henri, como decidi chamá-lo não respondeu. Continuou rígido com o olhar fixo no teto. Por outro lado, sentia que sua pele que antes me parecia muito fria estava ficando quentinha, como se eu tivesse colocado uma roupa no corpo nu.

Isto me deu esperança e continuei a massagear Henri e a cantar melodias que não escutava há 30 anos. Lembrei das melodias, mas inventei as letras tentando imaginar as angústias de terror que pudessem estar passando na fantasia de Henri e tentando com aquelas palavras nomeá-las.

Depois do que me pareceu muitos minutos ali já conseguia chegar minhas mãos no rosto e na cabeça dele. Neste momento Henri me viu, virou o rosto na minha direção e começou a mexer as pernas e os braços. Fiz uma conexão com meus olhos, dei um sorriso e recebi outro de volta.

Senti-me como quem fez "respiração boca a boca", "primeiros socorros emocionais". Henri estava vivo.

Algum tempo depois a mãe do Henri surgiu, muito agitada, segurando roupas e objetos que havia ganhado dos voluntários.

Ela olhou para mim e disse que o bebê estava "paradinho" desde que haviam chegado. Disse-lhe que ele estava assustado. Me apresentei e perguntei se gostaria de conversar.

"Sim, eu também estou muito assustada, a morte passou perto." A este primeiro encontro seguiram-se mais 3 onde participaram Henri, sua mãe e uma irmã de 12 anos.

Comentários

Vimos nos abrigos situações dramáticas dessas crianças filhos de adultos desesperados pela experiência de quase morte e perda total de seus bens, casas e objetos que contam a história de uma vida toda.

Estas situações permitem trazer a luz aos caminhos de um trauma e às práticas que podem atenuá-los.

Sabemos que o que mais degrada um ser humano é a privação do outro, o abandono e mais ainda o isolamento total. A alteridade intervém muito cedo na vida de um bebê, antes mesmo do seu nascimento. Nenhum bebê pode desenvolver-se sem a presença de um outro a seu lado.

Encontrei Henri abandonado naquele momento, rígido com o olhar parado no teto. Era sem dúvida uma situação de urgência.

Lembrei de um artigo que havia estudado poucos dias antes, que dizia que o alcance do trauma depende antes de tudo de sua duração. É um texto do psicanalista americano Bruce Perry (2007) que tem uma clínica em Houston para o atendimento de crianças traumatizadas.

Este autor diz que quando o isolamento é rompido depois de pouco tempo, horas ou dias, quando ele está ligado, por exemplo a uma situação de doença ou catástrofe climática, se a criança for novamente cercada pela mãe, pela psicanálise ou por uma boa instituição um neodesenvolvimento pode surgir. A criança pode reencontrar o sono, a fala ainda que guarde em si traços do trauma.

Foi com isto em mente que me sentei ao lado do bebê e me pus a tocá-lo e a cantar ritmicamente canções de ninar. Régine Prat (2008) disse em seu artigo, "A pré-história da vida psíquica: seu devir e seus traços na ópera do encontro" que:

> *A extrema precocidade do desenvolvimento embriológico do tato faz dele o primeiro órgão de transmissão das*

> *informações sobre o mundo, portanto a primeira base do desenvolvimento psíquico. (p. 5)*

Neste mesmo artigo a autora cita Havelock Ellis (1902) dizendo que o "embriologista concorda com o poeta que o que o homem tem de mais profundo é sua pele. A pele é o primeiro órgão dos sentidos a se formar e também o mais vasto de nossos meios de comunicação com o exterior. Se acreditarmos na lei segundo a qual quanto mais precoce for o desenvolvimento de um órgão, mais este será fundamental, então o revestimento externo do corpo e o revestimento interno são essenciais" (p. 7).

Assim acredito que Henri através do contato com minhas mãos pode resgatar um envelope psíquico (Roussillon, 2001) que o trouxe de um lugar de não contato, de sentimento de abandono, para uma lembrança de contato, de ser segurado prazerosamente pela mãe, de segurança, antes do trauma.

Sobre as melodias entoadas por mim na forma rítmica das canções de ninar, encontrei que em 1936, Piaget fez do ritmo uma estrutura fundamental da vida psíquica que marcou o ponto de junção da vida orgânica com a vida mental. Trata-se do primeiro organizador da experiência mental interna do sujeito.

Segundo Piaget, a percepção da ritmicidade interna permitirá ao bebê articular suas próprias atividades e movimentos com o ritmo da mãe e fazer associações, ligações entre fatores que provêm de diferentes modalidades sensoriais.

Segundo Régine Prat (2008), o ritmo permite reunir em uma só forma unitária elementos dispares da experiência vivida. E é devido a percepção de sons que os bebês dão uma nova forma ao mundo e aos objetos.

Já Suzanne Maiello (2000) pensa que o encontro com os sons permite ao bebê perceber diferenças entre ruídos ambientais regulares e permanentes e sons aleatórios.

Geneviéve Haag (2003) diz que na junção da percepção pele (tato) e da experiência sensorial acústica interna e externa com o ritmo da mãe (mamadas, pegar/largar, sons) há uma criação rítmica a dois e cada díade terá seu próprio ritmo e estilo.

A isso, Joyce Mc Dougall (2018) chamou comunicação primitiva, Roussillon (2003) de coreografia do encontro, Stern (1992) chamou de Sintonia afetiva.

Para encerrar este comentário, gostaria de lembrar que a intervenção feita pela analista pode ser entendida dentro do que Roussillon (2001) chamou de meio maleável ou o que D. Quinodoz (2002) chamou de palavras que tocam.

Talvez através da repetição ritmada das canções de ninar tenha ocorrido uma "neosintonia afetiva" que lembrou a Henri a experiência de ser cantado e embalado por uma mãe antes do trauma que se encontrava, no momento, inundada de aflições, mas que poderia voltar a atendê-lo com ajuda de um encontro terapêutico que lhe oferecesse uma escuta suficientemente boa.

Referências

Ellis, Havelock. Um corps vivant. *British Medical Journal*, [s. l.], n. 19, 1902.

Haag, Geneviève (2003). O teatro das mãos. Tradução de Clotilde Pereira de Souza Favalli. *Revista de Psicanálise da Sociedade Psicanalítica de Porto Alegre*, Porto Alegre, v. 10, n. 1, pp. 9-29.

Maiello, Suzanne (2000). Trames sonores et rythmiques primordiales: réminiscences auditives dans le travail psychanalytique. *Journal de la Psychanalyse de l'Enfant*, Paris, n. 26, pp. 77-102.

McDougall, Joyce (2018). *Teatros do corpo: o psicossoma em psicanálise*. Tradução de Pedro Henrique Bernardes Rondon. 3. ed. WMF Martins Fontes, 194 p.

Perry, Bruce D. (2007). *The boy who was raise as a dog and other story as a child psychiatrist's notebook*. Basic Books.

Piaget, Jean (1970). *O nascimento da inteligência na criança*. Tradução de Álvaro Cabral. Zahar, 387 p.

Prat, Régine (2008). A pré-história da vida psíquica: seu devir e seus traços na ópera do encontro e no processo terapêutico. Tradução de Vanise Dresch. *Revista de Psicanálise da Sociedade Psicanalítica de Porto Alegre*, Porto Alegre, v. 15, n. 2, pp. 247-268.

Quinodoz, Danielle (2002). As entrevistas preliminares: ou como despertar o desejo de fazer uma análise em um paciente que não sabe em que isso consiste. Tradução de Ester Malque Litvin. *Psicanálise*, Porto Alegre, v. 4, n. 2, pp. 413-435.

Roussillon, René (2001). L'objet, l'expérience de satisfaction et l'intelligibilité. *Revue Française de Psychanalyse*, Paris, v. 65, n. 4, pp. 1379-1387.

Roussillon, René (2003). Trois catégories pour penser l'analyse. In Coblence, Françoise (ed.); Green, André (dir.); Fine, Alain (colab.). *Le travail psychanalytique*. PUF. pp. 167-175.

Schellekes, Alina (2012). Desenvolvimento emocional precoce e estados mentais primitivos: um breve panorama. Tradução de Alain Pierre Alban François. *Revista Brasileira de Psicanálise*, São Paulo, v. 46, n. 4, pp. 187-195.

Stern, Daniel N. (1992). *O mundo interpessoal do bebê: uma visão a partir da psicanálise e da psicologia do desenvolvimento*. Artes Médicas, 275 p. Título original: The interpersonal world of the infant [c1985].

24. E agora? Só temos dez dias

Aline Santos e Silva

Vládia Zenkner Schimidt

O rio a transbordar: a psicanalista e a enchente

No dia 3 de maio cheguei bem cedo no consultório; era uma sexta-feira e eu teria um longo dia de atendimentos. Dois dias antes já se anunciava nos noticiários o difícil cenário que assolava algumas cidades do interior do estado devido ao alto volume das chuvas. Apesar de impactada e triste com tais notícias, imaginei que meu dia seria como tantas sextas feiras que já vivi, afinal o campo de futebol que se localiza em frente ao prédio do meu consultório tinha apenas suas tradicionais poças que aparecem em dias de chuva. Relembro *Totem e Tabu* (Freud, 1913) e sinto na pele que não só os povos primitivos têm, por fim, a necessidade de controlar o mundo. Todos gostaríamos de controlar o mundo... Mas, em meio ao terceiro atendimento do dia, volto meu olhar para a janela compreendo na prática o que se anunciava, pois rapidamente, a água vinha chegando. Eu poderia descrever neste momento todo um relato de várias coisas que senti, fiz e experienciei, incluindo não poder voltar para casa pela inundação de minha própria rua, mas me atenho ao clima que se instaurou em mim: uma necessidade vertiginosa de ajudar os desabrigados versus os desdobramentos no social do grande grupo.

Minha primeira reação foi fazer tudo que imaginei estar ao meu alcance e assim, um dia após a vivência acima citada, eu estava imersa em um abrigo realizando a ajuda direta a todos que lá chegavam (posteriormente descobri que esta escuta de urgência é denominada de "primeiros socorros psicológicos"). Hoje me lembro de um frenesi que senti com este trabalho de cuidado, e questiono como se origina esta defesa onipotente onde "os secos" acolhem "os encharcados". Muitas pessoas experienciaram isso, aliás muitos, vivenciando este frenesi, foram realmente heroicos. Certamente mais vidas teriam se perdido se não houvesse esse ímpeto da tal onipotência, a ideia protetora de "só eles estão em risco e não eu". A cisão a serviço da proteção psíquica. Mas, no fundo é difícil se deparar com a ideia de que nossa onipotência nada mais é que um recurso frente ao medo do nosso desamparo.

O voluntariado cresceu rapidamente. Todos queriam ajudar, até os que estavam desabrigados e com importantes perdas materiais. Provavelmente, seja um jeito de viver ativamente o medo de experimentar passivamente algo muito assustador, a total perda do controle. Em uma atividade online para discussão destes primeiros socorros psicológicos, falou-se que, usualmente, este tipo de voluntariado que estávamos experimentando, não dura mais do que 10 dias. Essa informação chamou atenção. Por que a maioria da população, incluindo profissionais, possui tempo limitado de doação? Vamos em busca de Freud (1913) que nos explica que sempre estaremos às voltas com nossos desejos agressivos e desejos sexuais. Para viver em sociedade fazemos uso do recalcamento, que dá forma a subjetividade humana e, também, ao laço social que nos ata. O recalcamento, sabemos, não mantém exatamente tudo "sob controle" e, por isso, a ameaça sempre está no ar. O psíquico está sempre ameaçado de ser inundado pela agressividade e pela sexualidade, ambos com poder disruptivo sabido. Será que esta benevolência do voluntariado não se mostra como uma saída contra nossos medos de que os espíritos do mal também venham nos atacar? Devemos esconder o pensamento que é guardado a sete chaves dentro de nós: antes eles do que eu. Para Freud, quando "a neurose parece ser tão compassivamente altruísta ela está simplesmente compensando uma atitude subjacente contrária de brutal egoísmo" (p. 94).

Retomando o Totem

No percurso de formação não é incomum que alguns escritos de Freud já nos acompanhem há mais tempo. Leituras e releituras são feitas sobre o mesmo texto trazendo em cada momento de nossa vida uma nova ótica, uma nova descoberta, uma nova aprendizagem sobre o que se encontra em cada página, em cada parágrafo, em cada palavra. Não foi diferente com *Totem e Tabu* que, neste momento, nos convoca novamente a seu encantamento e genialidade teórica. Tal artigo foi escrito por Freud em 1912 com a contribuição dos campos da arqueologia, antropologia e os estudos da religião. Para o autor permaneceu sendo um de seus artigos favoritos recorrendo ao mesmo diversas vezes em publicações posteriores. Nesta obra contém a hipótese "da horda primeva e da morte do pai primevo", a partir disso atribui a origem "da quase totalidade das instituições sociais e culturais posteriores" (Freud, 1912, p. 15). A partir de *Totem e Tabu*, a cultura passa a ser pensada como um sistema simbólico de leis. Para haver uma civilização as pulsões devem ser domesticadas, em especial as que se referem ao incesto e ao parricídio. Assim, sob esta ótica, essas são as regras fundamentais que humanizam o indivíduo e deem garantias de que a cultura se sobreponha a natureza.

Deste modo, o interdito do incesto e do parricídio é o dispositivo que garante a ordem social. Mas como Freud chega ao mito fundante do Pai Totêmico ou Pai da Horda Primitiva? Resumidamente, o líder mais forte de uma tribo expulsaria os outros homens e tomaria todas as mulheres para si. Em revolta o grupo de homens se uniria para matar o pai, os irmãos reunidos em seu ódio teriam devorado o pai para ocupar o seu lugar. Porém, mesmo com o assassinato do líder, a culpa não permitiria que nenhum outro homem ocupasse tal lugar. Com isso uma repetitiva carnificina é evitada e uma lei é instaurada. Assim, os impulsos que fazem parte da mente primitiva (desejo de matar e desejo sexual) serão domados e o tabu passa a ser o freio que evita e previne as tentações. A proibição acaba tendo efeito tranquilizador. Em nota de rodapé Freud refere que muitos investigadores encaram o totemismo como uma "fase necessária do desenvolvimento humano e que tem sido universalmente atravessada" (idem, p. 22). Quinodoz (2007), em seu estudo sobre a obra de Freud, refere que este ato canibalístico ancestral proporcionaria não apenas um sentimento de culpa individual, mas também organizaria as diferentes fases sociais da humanidade, passando pelo totemismo dos primitivos até a moral coletiva que assegura a vida em sociedade atualmente.

Assim, a função do totem é instituir uma lei que vigore sobre o incesto, lei posteriormente denominada "terror ao incesto". Deste modo, seriam estritamente proibidas relações sexuais com pessoas do mesmo totem. Ao temor da transgressão vários costumes são instituídos para evitar tais intimidades. A exogamia surge como saída para os impulsos convocando a necessidade de restrições matrimoniais em prol de afastar o perigo que possa rondar o grupo. A partir disso Freud propõe uma semelhança entre a psicologia dos povos primitivos e a vida mental dos neuróticos. Reconhece que o horror ao incesto de nossos ancestrais também se equipara a uma característica infantil: os desejos incestuosos em relação aos pais seriam o complexo nuclear das neuroses.

O Tabu e a ambivalência emocional

Tabu é um termo polinésio que evoca a ideia do duplo: por um lado o sagrado e por outro o perigoso e proibido. As restrições que envolvem o tabu são distintas e anteriores dos sistemas religiosos e morais. O tabu possui a "função de proteger de demônios, mas ao mesmo tempo pode ser o ponto de contágio daquilo que desemboca no destino funesto, quando há uma violação" (Correa, p. 25, 2019). Assim, os tabus podem ser permanentes (por exemplo, sacerdotes, chefes, pessoas mortas) ou temporários (menstruação, parto, guerreiros antes ou após expedição) e tem como direcionamento de tais proibições a liberdade de prazer, de movimento e comunicação. O tabu se faz necessário aos povos primitivos mesmo que estes não compreendam nem questionem tal necessidade, apenas creem que sua violação poderá gerar punições. Então, para manter-se, o medo do tabu tem de ser mais forte que o desejo de colocar em ato os impulsos sexuais ou agressivos. Deste modo, o que é da ordem do desejo é recalcado e na suposta iminência de seu retorno tal desejo torna-se objeto de horror.

A ambivalência é a marca permanente na relação do sujeito com o objeto. Moções ternas lutam constantemente com a hostilidade, desejo e repulsa andam lado a lado. Amor e ódio são lançados sobre o objeto e participam igualmente do processo de identificação do indivíduo estruturando sua subjetivação. Para a construção do processo civilizatório espera-se que o amor possa aplacar o ódio. Freud (1913) partilha então da ideia de similaridade entre os tabus dos povos primitivos e da estrutura que norteia a mente dos neuróticos obsessivos. Para ele os obsessivos sofrem de um ódio arrebatador, que não tem o amor como forte contraponto para mitigá-lo. Desta maneira estará fadado a se impor tabus e rituais que aliviem seu estado de ambivalência. O neurótico obsessivo parte do princípio de que algo dentro de si é muito ruim e por esta razão merece ser punido. Assim como os povos primitivos os neuróticos obsessivos vivem um prazer-desejo de transgredir o tabu. No ato compulsivo repousa a punição e com isso a tentativa de alívio momentâneo.

A conclusão que Freud propõe é que a existência de tabus evocam proibições e são consequências dos fortes desejos ambivalentes que permeiam o ser humano. E que compreender os tabus nos remete ao entendimento da origem da consciência moral ou consciência de culpa que mais tarde, em textos posteriores ele nomeará de superego. Essa consciência moral geraria uma angústia irrefreável frente à iminência de violação do proibido e logo o surgimento da culpa. Desta feita, Freud alega que a consciência moral é um sintoma reativo frente à tentação ocultada no inconsciente. A pulsão agirá ininterruptamente e se deslizará constantemente a fim de se escapar das imposições conscientes. Assim também agirá o tabu contra a manifestação possivelmente expressa pelo inconsciente. Obedecer ao tabu sempre anuncia uma renúncia, mas, de modo algum, neutralizaria totalmente a ambivalência emocional.

Totem, Tabu e o trabalho voluntário

Quanto a diferença entre os neuróticos e povos primitivos Freud acrescenta que em relação ao tabu este não é uma neurose, mas sim uma instituição social. A nosso ver, o tabu segue necessário para o estabelecimento de normas e leis para a convivência em sociedade. Concordamos com Freud quando este coloca que o tabu é a primeira proibição moral da humanidade, um mantenedor da ordem social e agente de coerção a serviço da cultura.

Assim, pensamos que os "10 dias de voluntariado" (como uma figura metafórica) que recaíram sobre a maior parte da população do Rio Grande do Sul foi uma espécie de ritual de apaziguamento criado inconscientemente para o alívio das ambivalências, afinal, como humanos, somos sempre suscetíveis ao contágio psíquico e a fantasia (ou a atuação) da violação da lei. Com isso se manteve determinado de que lado a maioria estava, do "lado do bem", da ajuda e do amparo. Não se envolver, não se implicar passou a ser visto com certo desdém. Não respeitar o tabu e se colocar lado a lado com os oportunistas, os que se utilizaram deste momento para saquear as casas, roubar barcos, e cometer abusos, é a mostra de como as pulsões destrutivas se evidenciam.

Entretanto, muito nos chamou a atenção o número elevado de pessoas que, por um tempo, abandonou completamente sua vida, sua família, seus próprios filhos para "cuidar dos outros", inclusive colocando-se em situação de perigo real. Uma parte desta vivência é admirável pelo desprendimento, mas permanece um estranhamento pelo excesso. Será que, o que denominaremos de "hiperternura com extrema solicitude" é efeitos de uma formação reativa exacerbada? Estariam estas pessoas experienciando um ritual obsessivo ao se ocupar dos desabrigados com tanto afinco? Deste modo, apesar de todo o cuidado que expressam, esta vivência encobriria, ambivalentemente, exatamente seu contrário. O que nos leva a mais um questionamento: será que a "data de validade" de 10 dias de voluntariado acabaria por marcar um equilíbrio entre as forças de amor e ódio propensas no ser humano?

Alivia-nos o anúncio que Freud faz "de que os impulsos psíquicos dos povos primitivos fossem caracterizados por uma quantidade maior de ambivalência que a que se pode encontrar no homem moderno civilizado" (p. 88). O homem primitivo teria uma possibilidade menor de recalque, logo possuiria menos chances de deslocar o ódio e a agressividade, assim, pensamos que isto pode também ter promovido nossa grande onda de solidariedade, mesmo dentro de variações possíveis de cada sujeito singular. Esse recurso atavístico que herdamos, também exige, segundo Freud, um enorme dispêndio de energia mental. Assim nos ocorre inferir que mesmo secos todos ficamos de algum modo encharcados.

A partir de *Totem e Tabu* relembramos que é da natureza humana tentarmos fugir de uma realidade insatisfatória. No caso dos neuróticos, a saída é refugiar-se no agradável mundo da fantasia. Mas não é uma saída viável, por ora, a fantasia: a enchente de maio de 2024 ficará na história, assim como a de 1941 nos foi contada por nossos avós. Esse evento disruptivo que vivemos irá produzir diferentes efeitos traumáticos conforme o psiquismo de cada um. O cheiro que ainda perdura nas ruas a partir dos entulhos, restos de animais, lixo e esgoto nada mais é que o cheiro de nossa fragilidade humana. Esse trauma é a experiência de nossa impotência e desamparo. Precisamos, gradualmente, retomar, limpar e reconstruir, essa é a tentativa de reestabelecimento de nossa possibilidade psíquica potente.

Assim, quanto maior o volume das águas maior serão as barreiras que se lhes impõe; caso contrário à inundação será eminente. Esta água pode estar no rio que transborda ou a água psíquica que também nos assolou, a todos, durante esta enchente. Segundo Rosenfeld (1990), ao fazer uma leitura sobre o estilo de escrita de Freud nos traz que o ato de se expressar satisfazia uma necessidade interior onde sua produção oscilava de acordo com seu estado de espírito, percebia-se mais criativo quando estava angustiado e experimentava um estado de sedação e relaxamento ao lançar no papel aquilo que fazia referência a seus insights. Enfim, "ama, trabalha e brinca com a palavra" refere à autora supracitada. Nestas últimas linhas, realmente emocionadas, percebe-se que a expectativa de retorno foi restituída, pela via de amar, trabalhar e, neste pequeno texto, brincar com as palavras. Assim esperamos, que dentro das devidas proporções, o retorno a vida usual daqueles que foram mais impactados seja também sentida com esperança de que a reparação é possível, mesmo em meio a tantas ambivalências.

Referências

Correa, Alexandre Fernandes. O ódio em três textos de Freud: reflexões sobre ambiguidade, hostilidade e identificação. In *Reverso*, ano 41, n. 77, p. 23-30, jun. 2019.

Freud, S. (1974). *Totem e Tabu* (1913). Obras Completas.

Quinodoz, Jean-Michel (2007). *Ler Freud: guia da leitura da obra de Sigmund Freud*. Artmed.

Rosenfeld, Helena Kon (1990). O estilo do escritor Sigmund Freud: um passeio por Totem e Tabu. *Revista Percurso* n. 4.

25. Caso clínico: a esperança da emergência[1]

Sandra Paraíso Sampaio

Em maio de 2024 recebi o contato de Esperança, via WhatsApp. Ela tem 30 anos e foi resgatada de barco com a filha de 10 anos e um cachorrinho. Deixaram tudo para trás: casa, roupas – a sobrevivência se impôs após três dias ilhadas e isoladas no prédio em que moravam.

Em Porto Alegre foram acolhidas na casa de uma amiga até que fosse possível limpar a casa dos pais, que também havia sido inundada pelas águas, e Esperança pudesse ir para lá a fim de cuidar deles.

A queixa sintomática era não conseguir dormir, nem parar de andar de um lado para outro. Sentia-se excessivamente ansiosa, num tipo de agitação motora que me levou a pensar num bebê se debatendo com braços e pernas em movimentos descompassados e choro compulsivo.

Era um dia de sábado e realizei o atendimento imediatamente como exigem esses casos provenientes de situações catastróficas – não tem final de semana ou feriado e nem hora marcada. A compreensão está na urgência e emergência para evitar o colapso psíquico

1 Todos os nomes aqui apresentados são fictícios.

ou que ele se agrave pondo em risco a vida da pessoa. Situação que clama por amparo humano.

Agora, eu e Esperança, estávamos no mesmo "barco". Mas o meu diferencial era o apoio dos organizadores da Sociedade Brasileira de Psicanálise de Porto Alegre (SBPdePA) nas pessoas de Vera Hartmann e Patrícia Goldfeld por meio da criação de grupo de WhatsApp com indicações de leituras, palestras e discussões clínicas. Colegas de todo o Brasil se juntaram ao grupo para os atendimentos, como voluntários, num gesto sensível de solidariedade humana.

Esse foi o primeiro e único contato visual e falado que tive com Esperança, os demais foram por escrito via WhatsApp.

Nesse primeiro contato, Esperança me apresentou Delicadeza, sua filha doce e firme que me apresentou seu cachorrinho, e eu lhe apresentei a minha. Delicadeza demonstrou grande aptidão de se alegrar com a visão de um animal, o que significava a capacidade de se recuperar rapidamente das dificuldades. Estava brincando quando foi chamada pela mãe e demonstrou interesse de saber meu nome, quem eu era e o nome da minha cadela e sua idade.

Voltamos a ficar a sós, eu e Esperança, e ela me disse:

E: Preciso lhe dizer quem eu sou, preciso falar. Fiz terapia por 10 anos. Sofri assédio desde os 13 anos por parte de um senhor amigo de meu pai. Tinha o consentimento de meu pai…

Parei de escutá-la por um momento. Minha cabeça parecia rodar. *As águas baixaram e a lama ficou exposta.*

Retornei a ouvir Esperança

E: … era um amigo rico, cresci me sentindo uma perversa. Os encontros aconteciam em motéis. Eu continuei virgem, eram só manipulações. Mas foi bom! Assim pude pagar meus estudos e hoje sou formada.

Nesse tipo de situação não se trata de um retorno do trauma, mas sim, da apresentação do trauma.

Esperança deixava transparecer uma "inundação" de ansiedade tão intensa que só pode ser própria de uma ausência de "libidinização" em um momento muito precoce de sua existência, impossibilitando-lhe costurar suas dores traumáticas e lidar com elas. Resultado, falar sobre o assunto parecia um descarrego e uma tentativa de se livrar, de clivar novamente esse conteúdo.

Certamente estávamos em contato com seu verdadeiro funcionamento psíquico, minha intenção era de lhe possibilitar esse acesso. Mas agora eu precisava resgatá-la de uma inundação de ansiedade e evitar um rompimento caótico.

S: Falaremos melhor sobre isso depois. Agora vamos lhe socorrer. [Apesar da vontade de dizer: que pai é esse? Mas Esperança era mais importante que esse meu sentimento de raiva e ela não podia perder mais nada nesse momento]

E disse mais:

S: Você me diz com todo esse relato que tem recursos internos dentro de você para sobreviver a catástrofes. Você já fez isso antes, não é, Esperança? [achei importante nominá-la] Vamos atrás de encontrar esses recursos que estão aí dentro de você mesma. Eles permanecem dentro de você.

Ela que apresentava uma respiração ofegante, rápida como se puxasse o ar com dificuldade, olha-me emocionada, de maneira mais tranquila e com ritmo desacelerado e me diz:

E: Obrigada! Sim, vamos atrás disso em mim! Pensei que essa história tinha se acabado de vez e ressurgiu agora...

Enquanto ela falava eu pensava, justificar como algo bom uma grave situação de assédio na infância só pode ser por não ter tido condições de olhar de frente e perceber quão trágica seria a consequência desse acontecimento em sua vida. Pais são para proteger.

Marcamos para o dia seguinte, domingo, Dia das Mães. Esperança sabia que eu atendia de casa e quis saber de onde eu era, pois gostava do meu sotaque, expliquei que morava em Recife e ela quis saber se era na praia. Disse-lhe que sim e pediu para eu lhe mostrar o mar como presente do Dia das Mães. Assim ficou acordado, eu lhe mostraria o mar da varanda da minha casa. Era uma bela metáfora para um vínculo, uma contradição entre a água que suja, invade e destrói com a água que proporciona beleza e prazer.

Quando liguei, ela não atendeu. Deixei um recado por escrito. No dia seguinte escreveu dizendo que estavam sem energia e o celular ficou descarregado. Muito embora no domingo me enviou um feliz Dia das Mães com uma figura de um grande coração. Escreveu: "nem sei se você é mãe, mas é mãe de pet".

Ela não sabia nada de mim, presumo que pessoas abusadas ficam paranoicas. Foi assediada com o consentimento do pai, como confiar?

Agradeci as felicitações e sugeri um horário na segunda-feira após meu expediente.

Qualquer alteração de uma rotina, desorganiza. Transformações e mudanças programadas causam uma descontinuidade incômoda, quanto mais as imprevisíveis e catastróficas.

Uma significativa carga de estímulos, externos ou internos, pode mobilizar uma sobrecarga de informações para um aparelho psíquico ocasionando rompimentos de importantes barreiras para a contenção e o ritmo de acesso a conteúdos conflituosos. A topografia demarca a importância de compartimentos que exigem dinâmica e economia psíquica. Freud genialmente nos oferta essa compreensão para que seja possível um equilíbrio no funcionamento psíquico capaz de digerir gradualmente excessos.

Novamente não compareceu à hora marcada. Só respondeu no dia seguinte.

E: Ficamos sem energia e não temos local de privacidade possível para falar. Estamos saindo para buscar roupa e água e estou tendo que lavar a casa de meus pais que são idosos.

Além dos fatos, pareceu-me que ela tinha uma habilidade para tentar manter seu interior numa vibe mais suportável e constante... tanto o que fazer no real, no concreto que isso demarca a urgência. Dormia com a filha e estendia as roupas lavadas no mesmo ambiente.

Proponho falarmos por meio da escrita pelo WhatsApp e quando lhe fosse possível. Esse foi o acordo. Expliquei que algumas vezes não poderia responder imediatamente. Não queria eternizar o pensamento mágico onipotente, mas não poderia descartá-lo de imediato.

Aos poucos compreendi que, mesmo sendo uma comunicação escrita, funcionava como uma espécie de registros mnêmicos da ordem do pré-verbal, estaria mais para o sensorial por conta das maciças projeções as quais me sentia enredada, sempre a via como um bebê agitado.

No prólogo do livro *Lo disruptivo e lo traumático* (Benyakar, 2016), Eduardo Ramos, pediatra e psicanalista, escreve: "Por isso Benyakar enfatiza que lo traumático no es un evento fáctico o situación sino un proceso psíquico producido por um evento o entorno disruptivo" (Ramos, 2016, p. 8).

Assim, Benyakar desenvolve uma compreensão metapsicológica do aparelho psíquico e das estratégias terapêuticas que devem ser rápidas, mas não uma consequência de actings-outs, exigindo de quem atende um aparelho psíquico capaz de traduzir turbulências (Bion, 2021).

Percebi que para Esperança o importante era encontrarmos uma comunicação possível. Ela sempre fez referências a muitas sensações corporais tipo: tremores, frios intensos, batimentos cardíacos acelerados resultando em sensações de inquietações provenientes desses desconfortos. Não foi fácil lidar com um *setting* bem diferente daquele que eu estava acostumada, mas a percepção da internalização do setting me tranquilizou, embora o sentimento de desafio permanecesse. A compreensão de regras deveria ser construída sem despertar em Esperança descuido, rejeição e dúvidas sobre meu interesse para com ela. Segundo Green (1988) e Roussillon (2023), é necessário cuidar de falhas precoces que promovem vazios importantes – para construir um mundo psíquico sem fantasias se faz necessário utilizar os recursos da realidade.

Vez por outra eu era tomada pelas regras... atender em tantos encontros e repassar para uma terapia. Mas a "Escuta da Escuta" mais uma vez me auxiliou. Numa conversa, Vera Hartmann perguntou: "Não pode continuar com você? Você gostaria?". É interessante como precisamos do outro para saber de nós. "Sim, eu gostaria". Foi assim que propus a Esperança. Ela ficou feliz, animada, mas sempre fugindo do vínculo.

Compreendi que não é possível realizar um trabalho desse porte, pós-catástrofes, sem o apoio de outras escutas para nos auxiliar a metabolizar os excessos de projeções depositadas em quem se propõe a cuidar e acolher pessoas vítimas de grandes acidentes.

Moty Benyakar chama atenção, no capítulo I de seu livro *Lo disruptivo y lo traumático* (2016), sobre o fato de que precisamos refletir ao ponto de distinguirmos:

1. o que é de fora;
2. o impacto que sofre o psiquismo;
3. o modo como se articulam ambos os fenômenos no interior do sujeito (p. 13).

Apesar de Benyakar falar sobre a função que a palavra cumpre nesses atendimentos, parece-me importante considerar a existência de aparelhos psíquicos precários a tal ponto que o som da fala pode significar um estímulo insuportável frente à possibilidade de transbordamentos que, segundo o relato de Esperança, começam com fortes sensações físicas de tremores, frios insuportáveis e dor ao respirar.

E: Meu corpo começou a tremer e daí a pouco explodi.

Captei porque a comunicação entre nós não poderia ser verbal, mas um registro mnêmico com a possibilidade de preencher espaços vazios.

Em "A interpretação dos sonhos" (1900/2019), Freud deixa claro a impossibilidade de apagar traços registrados no psiquismo diante de sua própria experiência sobre a morte de seu pai. No entanto, deixa claro a possibilidade desses traços serem ressignificados à medida que forem incluídos na cadeia associativa, fruto do trabalho psíquico.

A impossibilidade de sono de Esperança deve-se, em parte, a sobrecarga de estímulos externos e desorganização dos estímulos internos topograficamente, como uma gaveta desarrumada em seus compartimentos.

Hoje acredito que o simples som de uma voz seria intrusivo. Ocorre-me a intrusiva sensação que os sons de alta potência causam em mim. Falar com ela seria como gritar.

Não há espaço para uma relação, mas um tipo de vínculo parcial que lhe sirva para projetar seus excessos, um psiquismo ainda sem recursos.

Após o primeiro contato, ela já conseguiu dormir. Sentir-se acolhida e amparada foi fundamental, como um modelo oferecido a ser introjetado por ela, para poder seguir e se amparar frente às suas dores e fragilidades.

Fui me sentido uma tela capaz de captar e transformar os estímulos não metabolizados por Esperança.

Nas palavras de Freud:

> *Toda a nossa atividade psíquica parte de estímulos (internos e externos) e termina em inervações. Então, atribuímos ao aparelho uma extremidade sensível e uma motora, na extremidade sensível se encontra um sistema que recebe as percepções; na motora, outro que abre as*

> *compotas da motilidade. Em geral, o processo psíquico transcorre da extremidade perceptiva para a extremidade motora. (1900/2019, p. 587)*

Podemos conjecturar que Esperança sofre de uma ansiedade originária na qual sua subjetividade é marcada pelo descuido dos primeiros objetos que se identificou, causando uma passagem imediata para o polo corpóreo ou motor. Minha atenção está voltada a essas crises catárticas que mantêm o afeto dissociado, sem chance de representatividade.

Quando Freud nos alerta sobre o aparelho psíquico ser um processo reflexo, ele chama atenção para o fato de o sistema perceptivo não possuir memórias, isso significa dizer que se pode viver uma vida inteira sem reter experiências emocionais e, consequentemente, sem gerar novos aprendizados. Nesses casos, não ocorre nenhuma associação. O resultado são atos desconexos e uma excitação difusa compreendida como ansiedade generalizada, diagnóstico de Esperança junto com TDAH, medicada pelo psiquiatra com Dual e Pregabalina.

Afinal, as emoções de Esperança são excitações não vivenciadas como sentimentos reconhecidos e nominados.

Faltou uma mente que lhe dissesse desde o início: "Calma, mamãe está chegando para lhe limpar, para lhe dar de mamar ou mesmo, posso não lhe responder logo, mas o farei, assim que puder".

Roussillon (Rache e Tanis, 2017) amplia a ideia da importância da associatividade de partes do Eu que ficam tão longe e não se possui alcance, a censura promove esse afastamento e a clivagem mais ainda. Segundo esse autor esse tipo de paciente que compromete a identidade não foi devidamente narcisificado. Não possui fantasias, mas mecanismos de clivagens que só se pode acessar através da realidade e uma mente capaz. Para isso faz uso do conceito de Winnicott de objeto transicional afim de acessar o funcionamento psíquico e o Eu.

Esperança, diante da mínima frustração, entra em contato com um vazio existencial e intransponível que quebra toda a cadeia associativa, pondo um fim aniquilador a sua experiência existencial. Ou tudo ou nada. Se lhe for possível recuperar a existência do objeto, ótimo. Se não for, amputa-o e descarta tudo.

Esse é o resultado de falhas precoces intraduzíveis.

No livro *Roussillon na América Latina* (Rache e Tanis, 2017), no artigo de Martha Isabel Jordán-Quintero, a autora descreve como Roussillon introduz o tema do sofrimento narcísico-identitário:

> *Todos temos sofrimentos narcisistas, mas no caso dos sofrimentos narcísico-identitários, o impacto do sofrimento narcisista compromete, em um dado momento, o próprio sentimento de identidade do sujeito. Essa é a razão pela qual os denominamos sofrimentos narcísico-identitários para enfatizar o fato de que não se trata apenas de uma problemática narcisista, mas que ela ameaça a própria identidade do sujeito. Poderíamos até mesmo dizer que ameaça sua possibilidade de SER sujeito, de ser sujeito de sua vida (Roussillon, citado por Jordán-Quintero, 2017, p. 96).*

Os sofrimentos narcísico-identitários acontecem devido a experiências traumáticas não possíveis de serem integradas à subjetividade. Podem acontecer frente a experiências de decepção para com o objeto, mais do que com sua perda – "de não ser registrado nem existente para o objeto" (Chabalgoity & Leiras, 2017, p. 121). Isso é abordado por Freud em "Luto e melancolia" (1915/2013) e, especialmente, por Ferenczi em *Confusão de língua entre os adultos e a criança* (1933/2011).

Esperança me diz ter levado a irmã ao dentista, mas informou para a empresa em que trabalha (já de volta ao trabalho online e instalada na casa dos pais) que estaria levando a filha.

Guardamos essa informação.

Em outro dia saiu de casa às oohoo para entrar numa fila de apenas 100 lugares e apanhar água mineral. Viu que tinham pessoas pagando para outras que ficavam na fila guardando lugares.

Foi atrás dos policiais indignada e eles disseram: "Nada podemos fazer porque não vimos". Voltou para a fila e o corpo começou a tremer, pensou: "não pode ser tudo por dinheiro. Começou a gritar chamando todos de bando de safados, indecentes e marginais que se vendem por dinheiro" – era uma forma projetiva de lidar com uma dor que a remetia a uma grande decepção.

Escrevi de forma muito cuidadosa, mostrando-lhe o quanto gritava pela lei desde os 13 anos, o quanto tinha esperado que o pai não tivesse permitido que aquele amigo a tivesse assediado. Esperança expressa suas dores. Diz ter se sentido a vida inteira uma perversa que explorava o "velhinho". Que costumava mentir porque foi criada assim, em sua casa todos funcionam dessa maneira. Eu lhe disse que aos 13 anos ela tinha sido vítima. Mas agora era uma adulta, capaz de se defender, fazer escolhas e se responsabilizar por elas.

Conta que está com a carteira de motorista vencida desde 2019, mas em breve irá regularizar. Em alguns momentos cheguei a pensar em cobrar dela uma definição mais formal sobre a nossa terapia, com os horários determinados. Ao mesmo tempo, ocorria-me o pensamento: *e se essa for a única maneira possível?*

Esperança voltou para casa com sua filha. Saiu com um paquera e ficou impressionada por ele ter se interessado por ela. Chamo sua atenção para o fato de se impressionar quando alguém se interessa por ela (desconfiada?). Confessa se surpreender pelo meu interesse por ela.

Num dia sentiu-se cobrada no trabalho e teve vontade de romper e sair do emprego. Lembrei-lhe da necessidade de pagar as contas, ela reconhece e volta a se empenhar.

Perguntei-lhe se já não estaria na época de fixar um contrato terapêutico. Disse-me que não. No grupo "Escuta da escuta" fui acolhida como sendo essa a única maneira possível, ainda, para Esperança. O que me deu condições para continuar esse processo com ela. Esperança passa a me escrever com mais frequência e, recentemente, escreve:

E: Oi... aqui sobrevivemos... sempre. Apesar da exaustão que se apresenta às vezes. Renovei minha CNH. Recomecei a conseguir produzir com atenção no trabalho. Mas a ansiedade faz tremer por dentro. E dói. Um tipo de frio constante q atrapalha a respiração e a coordenação. Acho q é indispensável a terapia. Penso em ti com frequência. Que terei pra quem contar um pouco. Parece q já perdi o medo de dirigir. São pequenas coisas q me mantêm acreditando que vai passar. Indefinições me abalam muito. Tenho conversado com amigas. Amigas inteligentes. São muitas trocas. Tentando sair um pouco da toca. Combinei algum dia ir no happy hour do pessoal do escritório vizinho, fiz amizade com uma das funcionárias de lá. Frases meio aleatórias. Tentando respirar normal. Preciso de um exercício físico.

Creio que caminhamos para a possibilidade de um vínculo mais estável, menos paranoico e mais aceitável dos limites. Assim, Esperança pode ter a possibilidade de estabelecer relações e, finalmente, compreender que receber não significa ser abusada.

Essa é a esperança!

Referências

Benyakar, M. (2016). *Lo disruptivo y lo traumático: vicisitudes de un abordaje clinico*. Universidade Nacional de San Luis.

Bion, W. R. (2021). *Aprender da experiência*. Blucher.

Chabalgoity, A. M. & Leiras, E. P. L. (2017). A clínica do sofrimento narcísico-identitário: trabalhando com as contribuições teórico-clínicas de René Roussillon. In E. Rache & B. Tanis, *Roussillon na América Latina*. Blucher.

Ferenczi, S. (2011). Confusão de línguas entre os adultos e a criança. In S. Ferenczi, *Obras completas. Psicanálise 4* (pp. 111-121). Martins Fontes. (Trabalho original publicado em 1933)

Freud, S. (2019). A interpretação dos sonhos. In S. Freud, *Obras completas* (Vol. 4). Companhia das Letras. (Trabalho original publicado em 1900)

Freud, S. (2013). Luto e melancolia. In S. Freud, *Obras completas* (Vol. 12). Companhia das Letras. (Trabalho original publicado em 1915[1917])

Green, A. (1988). *Narcisismo de vida e de morte*. Escuta.

Jordán-Quintero, M. I. (2017). O sofrimento narcísico-identitário em relação às patologias-limite da infância. In E. Rache & B. Tanis, *Roussillon na América Latina*. Blucher.

Rache, E. & Tanis, B. (2017). *Roussillon na América Latina*. Blucher.

Ramos, E. (2016). Prólogo. In Benyakar, M. *Lo disruptivo y lo traumático: vicisitudes de un abordaje clinico*. Universidade Nacional de San Luis.

Roussillon, R. (2023). *O narcisismo e análise do eu*. Blucher.

26. Vínculo e solidariedade: o grupo como pele diante do trauma

Denise Zimpek Teixeira Pereira

Jeanete Suzana Negretto Sacchet

Lírion Scheuermann da Roza

Gaepsi

Maria Arleide da Silva

As feridas cicatrizam, embora pulsem por dentro da pele.
As feridas são as marcas da vida que insistem em permanecer sempre!!! Não é fácil seguir sem percebê-las...
No entanto é possível aprender com elas e viver com elas e conviver com elas e fazê-las deixar de doer, ou sendo mais humilde, se acostumar com a dor.

Eduardo de Campos Garcia

A história do atendimento emergencial a um grupo de profissionais da educação aqui descrita, teve sua origem na demanda por este modelo de assistência, consequente aos traumas sofridos pelas milhares de vítimas das enchentes no estado do Rio Grande do Sul, no primeiro semestre de 2024. Em atendimento à solicitação de apoio pela Direção da Escola, aqui cognominada Escola da Zona Norte; um grupo composto por quatro psicólogas, que compunham o voluntariado de profissionais no atendimento às vítimas, decidiu-se por assumir a tarefa demandada. No grupo assistido, incluíram-se todo o corpo docente e funcionários em outras funções, com cerca de 45 pessoas.

O objetivo inicial era de uma escuta que pudesse acolher os medos e angústias relativos ao momento que estavam passando individual e coletivamente, e que contribuísse à reorganização da vida privada e institucional escolar, que sendo o lugar físico de trabalho, estava parcialmente destruída e com perdas substanciais, não apenas na estrutura física, perderam-se nas enchentes muitos materiais pedagógicos, construídos ao longo do cooperativo e dedicado trabalho da coletividade escolar, mais de 80% dos alunos e alguns profissionais tiveram as suas residências igualmente destruídas ou extremamente danificadas. Um cenário literalmente de destruição na Escola e nas residências, para além e sobretudo, nas vidas destas pessoas.

Previamente foi definido que este atendimento específico, realizar-se-iam três encontros, com frequência de uma vez por semana, através de plataforma virtual. No dia do primeiro encontro, reuniram-se inicialmente todas as psicólogas e o grande grupo, apresentamo-nos individualmente, informamos que os nossos encontros aconteceriam com o grande grupo reorganizado em três subgrupos.

A experiência psíquica de tamanha tragédia, transforma-se em sentimentos de incapacidade, impossibilidade de lidar com o que está sendo vivido, como se a realidade fosse algo alheio a cada um que vive, estes sujeitos sentem-se "presos" ao caos, um sintoma, que recebeu outrora o apelido de "os abobados da enchente", sujeitos incapazes de equilibrar o que vem da vida interna com o que está fora. Em 1926, Freud escreveu sobre as inibições do Eu, "Quando o Eu é solicitado por uma tarefa psíquica particularmente difícil ..." (Freud, 1926, p. 19), entre os exemplos, inclui o luto, tal qual o vivido por todas as pessoas de alguma forma vitimadas pelas enchentes; e na sequência, continua Freud, referindo-se as situações traumáticas e de perigo, a angústia automática surge na reação a um perigo, seja este de natureza interna ou externa e gera um sinal de alerta (Freud, 1926, p. 99).

A construção ou reconstrução de vínculos, na perspectiva da compreensão do funcionamento mental inconsciente, vislumbra-se como uma estrutura em rede, que subjaz aos vínculos individuais nos vários contextos relacionais e suas interações: família, casal, grupos e instituições (Berenstein & Puget, 1997). É o que aconteceu dentro de nós como resultado daquilo que nos aconteceu. Muitas vezes, no trauma se substitui a conexão pela necessidade de proteção (Maté & Maté, 2023). Assim estavam os profissionais da Escola, sentiam-se impotentes e frustrados, sem condições de pensar ou sentir que houvesse qualquer alternativa para encaminhamento de solução aos problemas, exceto esperar que as águas baixassem e as autoridades públicas providenciassem a limpeza e reorganização da Escola, compartilhavam de alguma forma as suas vulnerabilidades.

> *Antes o barulho da chuva era relaxante para dormir, agora é angustiante saber que vai chover e pode haver novas inundações, talvez eu nunca mais me sinta segura. (Frase de uma participante do Grupo)*

Tragédias climáticas, como as enchentes, funcionam como potenciais vetores de rompimento da barreira antiestímulo que protege o psíquico, constituindo-se como trauma individual e/ou coletivo. A capacidade de vivenciar o trauma depende da articulação entre fatores individuais, fatores externos, e os espaços intersubjetivos dos grupos aos quais o sujeito pertence. Catástrofes ambientais podem desencadear uma catástrofe social, quando uma parte da população perde seus bens mais preciosos, aqueles fundamentais à estruturação de suas vidas e da comunidade a qual pertencem. Estes fatores são disruptivos, paralisam imediatamente a capacidade de pensar e processar psiquicamente as angústias (Benyakar, 2005). Foi nesta quase "inércia mental" que encontramos o grupo de profissionais da Escola.

> *Ao entrar na sala virtual, após a apresentação, foram convidados a falar sobre as suas respectivas situações e sentimentos. A tônica foi o reinício das aulas que aconteceria online, expressaram suas dúvidas, inseguranças e*

> *medos, a maioria expressou não saber "o que dizer aos alunos neste retorno, porque eles perderam muito".*
>
> *É pertinente refletir que todos daquele grupo haviam perdido muito, no trauma e diante do caos instalado nas suas vidas, na vida da cidade e da escola, identificamos o uso do mecanismo de projeção como uma defesa que consegue "expurgar" os sentimentos próprios de cada um, e atribui-los aos outros.*

Bion (1996) explica que a catástrofe advém de uma mudança provocada por um ato, acontecimento ou ideia nova, que ameaça à integridade e a continuidade da organização psíquica, seja individual, grupal ou institucional. Essa mudança é acompanhada de violência, ameaça de angústias e sofrimento, muitas vezes associadas às fantasias de destruição e anulação, podendo levar à falta de representação e ao não pensado. Ou, conforme Gampel (2006), cuja experiência teve início na escuta a vítimas do holocausto, uma tentativa de compreender como as pessoas enfrentaram a situação, como sobreviveram, como viveram seus medos e angústias, e em quais objetos encontram apoio. Concluindo que, a ajuda parece ter sido a possibilidade de falar sobre o trauma, contar a história do que aconteceu. Se não queriam falar, ela esperava, escutava, os relatos que entendeu tratar-se de uma penetração no aparelho psíquico de aspectos violentos e destruidores da realidade externa (Gampel, 2006)

> *Os professores da Escola da zona norte, falaram: no mau cheiro que sentiram quando perderam suas casas e tudo o que havia dentro, no odor de podridão e dejetos, na ansiedade por não terem mais casa, nem escola, desde o pavor de ouvir o barulho de chuva até o choque de ver um bebê morto. Eles estavam com sentimento de impotência e preocupados, também com a volta dos alunos, quando a escola fosse restaurada.*

Puget (2005) ensina que o trauma pode ser vivido no tempo de *Aiôn*, carregando a ideia de que o acontecimento não tem nada em comum com causalidade determinística. São acontecimentos dotados de uma qualidade específica: por um lado, perdem apoio do passado e por outro lado, dão origem a incertezas sob a forma de uma angústia particular, que depende do intrinsecamente novo, desconhecido, e traz um sofrimento adicional, porque escapa a toda previsão. O sofrimento deve-se também à perda da possibilidade de prever, antecipar o futuro, que em algumas circunstâncias sustenta a ilusão de que o futuro possa ser previsto.

> *Os profissionais da escola souberam que vários alunos haviam deixado a cidade com suas famílias e não voltariam, não faziam ideia do que seria bom para organizar à volta as aulas, receavam perderem os seus alunos e seus empregos, acreditavam que os temas das suas disciplinas letivas não despertariam interesse. O sentimento de impotência diante do desastre era notável em cada uma das suas falas. Deixando a impressão de estarem desprovidos da própria capacidade de ensinarem sobre os seus saberes, vislumbravam a volta às aulas na escola como única alternativa de uma possível resolução do desconhecido caos estabelecido. Uma forma talvez de afastarem-se do tempo presente, possivelmente diante do sentimento grupal de caos, o movimento é para um futuro ilusório e sem data provável, a recuperação do espaço físico da escola para o exercício dos seus trabalho.*

As afinidades em grupos que passaram pela mesma experiência traumática podem ser tanto complementares quanto antagônicas, possuindo ao mesmo tempo potencialidades traumatogênicas, e uma grande capacidade elaborativa. Kaes (2005) compreende o grupo como um cenário de excitações e co-excitações acumuladas, com identificações que se inauguram pelos sintomas comuns do trauma e induções oníricas entre seus membros.

> *No grupo, as funções de representações individuais podem se excluir ou se desmontar, em prol de uma desdiferenciação e de efeitos de massa que favorecem transmissões diretas de afetos e emoções não metabolizadas. (Kaes, 2005, p. 160)*

"Eu não posso fazer nada. Tudo está destruído lá (escola). Não tem nada que eu possa fazer. Eu conheço todos, na hora do lanche eles conversam comigo e eu escuto. Às vezes me falam de coisas que não falam nem para os professores." (Fala de uma funcionária da Escola)

Colocamos a fala à reflexão do grupo, porque a fala da escuta realizada aos alunos, contrapôs-se ao pensamento grupal de incapacidade, em destaque naquele dia. Emerge no grupo como uma possibilidade de dar forma a confusão e sentimentos de impossibilidades, incapacidade, após a invasão psíquica por traumas profundos, que parecerem interromper todas as capacidades construtivas do sujeito. Naquele primeiro encontro, as palavras-chave, expressão dos sentimentos, foram: Preocupação, Frustração, Cansaço, Suportar, Resiliência, Incerteza, Esperança, Tristeza, Saúde mental. Um dos professores com tristeza, fala do interesse dos alunos na aula de robótica, recém tinham adquirido os componentes necessários, um investimento expressivo para uma escola pública...tudo estava perdido, com o que trabalharia com eles no retorno?

A palavra recorrente em quase todos foi "incerteza".

A solidariedade transforma o simples "estar juntos" em um vínculo a partir da percepção de um problema e da capacidade de lhe conferir uma qualidade instituinte, onde o próprio problema tem uma força convocadora. A cooperação- ou seja, operar juntos- vai além dos mecanismos identificatórios e da empatia. O problema-sofrimento que cria e se impõe, gerando uma ação conjunta, e assim, a própria solidariedade engendra um vínculo, um conjunto (Puget, 2005).

> *Um dos profissionais expressa o seu desejo de tomar uma atitude efetiva com relação a longa e expectante espera pela limpeza e reorganização da Escola. Digo-lhe que esta iniciativa é uma boa ideia e lhes dou todo o apoio, porque estão desprovidos de mecanismo de controle e de proteção. A atenção a esse grupo chegou em boa, eles nunca mais tinham se visto, nem conversado, alguns não se conheciam, então tratou-se de unir as pessoas, conversar com elas usando a psicanálise não como apoio teórico-técnico da metapsicologia, mas apreciando sua riqueza para criar, cada vez mais algo novo, algo que permita ao outro crescer. O grupo conseguiu se expressar-se e rir da situação. Embora desesperançados, recebi deles uma música relacionada à situação, composta em parceria com alguns alunos. Mostraram um vídeo com alguns deles, mas não sabiam o que dizer às crianças. Pergunto o que poderiam falar, já que também estão traumatizados. Uma professora diz: "podemos fazer o que estamos fazendo aqui". Dou-lhes meu apoio.*

Puget argumenta que, enquanto o jogo das diferenças tem um valor fundante num vínculo, na solidariedade essas diferenças ficam neutralizadas, pois fazer algo junto com outros torna sólido, o que antes não era. A solidez da solidariedade apaga a diferença instaurada a partir da diferença original. A solidariedade dá origem a novos conjuntos que ingressam em uma série antes inexistente, numa perspectiva que nos distancia da dimensão ideológica geralmente atribuída à solidariedade, propondo-a apenas como uma técnica. Enquanto o grupo perdura, a diferença produtora de conflitos não solucionados é abolida, reprimida ou sepultada. A solidariedade torna o jogo das diferenças tolerável.

> *Quando entrávamos no abrigo, havia tantas coisas – doações de roupas, comida, água... ninguém sabia o que fazer primeiro, mas depois de alguns minutos estávamos todos trabalhando juntos. (depoimento de um voluntário em abrigo, Kaes, 2005)*

NA VOLTA às aulas online, alguns professores relataram: foi um bom recomeço com os terceiros anos, as demais turmas, muito prejudicadas, os alunos queriam se falar, queriam saber dos colegas, conversaram muito (O que era esperado).

UMA DAS professoras, ao final do encontro, disse do drama pessoal que viveu com a família e, visivelmente abalada, relata ter perdido todo seu material didático, a internet com sinal ruim, dificultava ainda mais ministrar aulas online.

E, UMA funcionária, cuja tela estava até então fechada ou não visualizada por nós, pede para falar. A imagem que surge na plataforma virtual foi desoladora: uma profissional da escola, sentada sobre algo que parecia um caixote de madeira, num espaço de paredes escoradas paredes escoradas com madeira (para não desabarem), sob uma lâmpada acessa, "... passei quase um mês num abrigo, perdi tudo, tenho um colchão e uma geladeira que ganhei". Perderam tudo, ela e familiares, precisava ficar ali, para garantir não invadirem e esperar a visita do serviço público avaliaria a possibilidade de ajuda do programa emergencial de reconstrução. A cena e o discurso mobilizaram todo o grupo, inclusive a mim, nenhum de nós sabia daquela situação até então. Ao encerramento, o grupo expressava um misto de tristeza, mas conseguiram vislumbrar alguma esperança. A palavra-chave para o sentimento grupal do encontro foi: **"É preciso ter coragem"**.

Nesses grupos, há uma urgência identificatória que funciona como uma invenção defensiva do sujeito contra a desorganização das estruturas familiares e das identificações do ego. O que precipita essa urgência é o encontro violento entre o excesso de objetos e a perda sentida pelo ego de seus suportes constituintes, levando a uma corrida identificatória. Ela abrange aspectos de adesão, projeção ou incorporação, cujo destino será confrontar o sujeito com suas modalidades anteriores de identificação e, sobretudo, com suas introjeções, momentaneamente inoperantes. As potencialidades resolutivas e metabolizadoras do grupo se expressam em diferentes graus: como depósito e enquadre psíquicos externalizados, como para-excitações e contenção; como aparato de transformação através dos efeitos metabólicos que o investimento do psiquismo individual por mais de um outro pode produzir. Diante das perdas, o grupo por ser um dispositivo de escuta, promover a historização e colocar em marcha o trabalho de luto, que permitirá a apropriação de algo transmitido de modo criativo: criação de recordações, remodelações identificatórias, criação de novos pensamentos e crítica ao que já foi idealizado.

Chamou-nos a atenção que metade do grupo faltou, embora tenham apresentado uma justificativa no grupo de WhatsApp. A ausência pareceu simbolizar a dificuldade da despedida em um momento de vida sob circunstâncias catastróficas, e, esse encontro era também uma despedida, último encontro.

Entre os temas, comunicaram: a limpeza da escola foi iniciada, havia uma data provável para voltarem à Escola, receberam muitas doações, e as usariam também para ajudar os alunos, conseguiram muitas doações também a funcionária que perdeu tudo. Professora que perdeu seu material de ensino, teve a casa invadida pela água, foi comunicada no grupo que tinha direito a afastamento justificado, a nova professora que morava na cidade vizinha, voluntariou-se para fazer parte dos que estavam disponíveis para buscarem e organizarem as inúmeras doações recebidas. E esta expressou o seu contentamento.

"Meu sonho era ensinar numa escola do estado, eu consegui este contrato temporário, quando ia assumir, veio a enchente, telefonei para Direção para saber se ainda iam precisar de mim". Falou-nos da própria filha com dificuldades no aprendizado, e ela, a mãe, nos últimos dias, sem trabalho, "limpando os destroços e paredes da vizinhança do bairro, marcadas e sujas pela enchente", sua atividade cotidiana, na ausência do trabalho, limpando marcas.

No último encontro, a solidariedade de cada um, demonstrava que a capacidade de autocuidado, bem como as capacidades individual e coletiva pareciam se reestabelecer, consolidava-se na formação dos pequenos grupos de trabalho, fosse para buscar doações, ou ir à Escola, não apenas para ver o destruído, mas examinar a possibilidade de reconstrução.

> A BOA, criativa e construtiva ideia do profissional referida no segundo encontro, e conseguiu agregar pais, professores e comunidade. Tivemos o retorno do êxito da iniciativa.
> O PROFESSOR de robótica, diz que conseguiu limpar alguns componentes, estava mais entusiasmado com a esperança de que ainda poderiam ter material para trabalharem.

A reduzida possibilidade de realizar mais encontros para os profissionais da Escola, certamente limitou o atendimento aos grupos. Entretanto, foram visíveis as mudanças ao longo de cada encontro, indicativo de que um processo de ressignificação das vivências traumáticas estava em curso. O trabalho de ressignificação é individual, mas algumas condições intersubjetivas podem favorecer ou dificultar esse processo. A proposta foi que os encontros pudessem estimular essa função metabólica dos acontecimentos disruptivos.

O trabalho intersubjetivo com as associações grupais é possível graças à conexão entre as organizações intrapsíquicas, permite cada integrante viver ou reviver o momento disruptivo. A noção de que os nós que os unem são locais de passagem, transformação ou estancamento de uma subjetividade a outra, são pontos de amarração que fazem funcionar o grupo como um aparelho psíquico. Baseado no conceito de ego-pele de D. Anzieu (1985), o envelope psíquico não é apenas uma membrana, mas também um aparato, distinto do núcleo, que cumpre a função de transformação. Kaes (2005, p. 171) entende o grupo como essa pele, com funções de para-excitações, formação e transformação da realidade psíquica. Retomando as propostas de Puget, os encontros grupais foram o início de um trabalho para permitir a inscrição do trauma, esse pode simultaneamente dar origem a um mito, a relatos, a histórias e marcas que se inscrevem no inconsciente e as marcas que interferem na vida vincular, com novas inscrições. Ativando-se em diferentes momentos, dando origem a uma nova história, esse grupo de funcionário e professores depois de viverem em conjunto todas as marcas deixadas pelas enchentes certamente não será mais o mesmo grupo de antes da tragédia. Certamente algo assim apareceu na fala de um professor, quando disse que esperava que os assuntos na sala dos professores de agora em diante mudassem!

> *Estou com saudades do café com bolo na sala dos professores, sinto falta dos colegas, dos nossos encontros, da conversa, do encontro, e dos alunos. Vou fazer um bolo para levar para o nosso café no dia da volta. (Fala de uma das professoras no último encontro)*

Emocionou-nos a experiência de atendimento à Escola, porque a inundação de perdas e lutos foi imensa. É fato que ao recebermos pacientes em nossos consultórios, não sabemos o que iremos ouvir; o grande diferencial num atendimento emergencial como o realizado, é que o analista "ocupa o mesmo chão" do grupo ou da pessoa atendida. Ocupar o mesmo chão, pode e produz uma ação psíquica identificatória, inegavelmente, somos todos humanos, pessoas, e pessoas têm afetos. A emergência climática precisou ser declarada, porque as intempéries da natureza têm acontecido de forma sistemática, e podem atingir qualquer dos cidadãos do planeta. O sofrimento das vítimas deste relato foi intenso, escutar nas tragédias é também dor, é indizível. Ao primeiro contato, os profissionais da Escola pareciam-nos desprovidos da capacidade de realizar qualquer atividade, nós precisamos esperar que eles pudessem, cada um ao seu modo, reencontrarem-se em meio aos destroços da cidade e nas suas vidas psíquicas.

Referências

Benyakar, M.; Lezica, A. (2005). *Lo traumático: clínica y paradoja*. Biblos.

Berenstein, I.; Puget, J. (1997). Lo vincular. In *Clínica y técnica psicoanalítica*. Paidós. 351p.

Bion, W. (1991). Uma teoria do pensar. In *Melanie Klein hoje*. Imago. (Aprendiendo de la experiência. Paidós, 1975)

Freud, Sigmund (1926). *Inibição, sintoma e ansiedade*, E.S.B. Imago, p. 96.

Kaës, Renné (2005). Violência de Estado, o trabalho da memória, consequências da impunidade. In *Os espaços comuns e compartilhados: transmissão/negativo*. Casa do Psicólogo.

Kaës, Renné (2005). La palavra y el vínculo: processos associativos. In *Los grupos*. cap. 4. Buenos Aires: Amarrortu.

Maté, G.; Maté, D. (2023). *O mito do normal: trauma, doença & cura numa cultura tóxica*. Tradução de João Carlos Silva. 1. ed. Alfragide: Lua de Papel.

Portal do Estado do Rio Grande do Sul. https//www.estado.rs.gov.br/geografia

Puget, J. (2002). Las relaciones de Poder y Solidariedade y racismo. In Sedución, Domínio, Poder. *Revista da Asociacion Argentina de Psicologia e Psicoterapia de Grupo*. Tomo XXV, n. 1.

Puget, J. (2005). El trauma, los traumas y las temporalidades. In Trauma, Nuevos Desarrollos em Psicoanalisis; *Psicoanalisis Revista da ApdeBA*. vol. XXVII, n. 1-2.

GRÁFICA PAYM
Tel. [11] 4392-3344
aym@graficapaym.com.br